U0154207

仇英　松亭試泉　國立故宮博物院藏

唐寅　琴士圖　局部　國立故宮博物院藏

唐寅為
季靜作

文徵明　蕉蔭仕女圖　國立故宮博物院藏

仇英 雙駿圖 國立故宮博物院藏

文徵明　江南春圖　國立故宮博物院藏

仇英　臨宋元六景之一　國立故宮博物院藏

仇英　水仙臘梅　國立故宮博物院藏

明四家傳

（三）

沈周
文徵明
唐寅
仇英

王家誠　著

目次（三）

第五十三章　醉舞狂歌五十年

「風雨飄搖」，這淒涼不安的字句，既可以用來形容正德十二三年間江南的霪雨不斷，生活艱難，也可以表現出整個國家局勢的動盪；頗有山雨欲來風滿樓之徵兆。

文徵明以「南樓」爲題的兩首七律，描寫正德丁丑（十二）急景凋年的境況和感受：

「西山開晚霽，返照落窗中，歲事收殘雪，生涯入斷鴻。寒多裘失重，愁劇酒無功，零落雙桐樹，蕭蕭不受風。」─兩首之二（註一）

放眼文徵明這兩年來的詩稿，多半不是愁雨，就是驚風：

「弱雲將暝暗柴關，急雨簫然落坐間……」（註二），由於這是春雨，可能是豐年的吉兆，非但沒有引人愁緒，在屋外春泉的潺潺聲中，連成群的鳥雀，也發出陣陣悅耳的鳴囀。所以，文徵明把這詩題爲「喜雨」；庭院生涼，茶甌香溢，使他不由得詩興勃發，迫不及待地登上金閶門樓，一覽郭西的縹渺雲山，和運河中往來的帆檣。

到了十二年四月底，黃梅雨早該放晴了，但竹叢中卻仍煙霧瀰漫，簷溜聲混雜著起起落落的鷄啼，眞有一種「風雨如晦，雞鳴不已」的感覺。想到東郊一片片待耕之田，望著漫天陰霾連聲嘆息的農家，文徵明心中，也籠罩起揮之不去的悲憫。

及至霪雨不止，屋腳波濤起伏，整個蘇州，已經一片汪洋，成了名符其實的江城、澤國，文徵明就不僅在詩中憐憫那些望田興嘆的東郊父老，連自家生活也成了問題：

「…己掃蘇端迹，仍深仲慰蒿，無錢供晚醉，行擬質春袍。」—雨中雜述四首之四（註三）

十二年秋冬之際，雖然沒有鄉試的壓力，以及往返南京的奔波和功名得失的困惱，但是他的一顆心，卻懸繫在宣府、大同、西安；懸繫在正德皇帝的安危上。天災、人禍，天下黎庶已經夠苦，恐怕承受不起更大的動盪。

前述正德六七年間，北方盜賊蠭起，在兵部侍郎兼右僉都御史陸完奮勇勦寇期間，年輕的正德皇帝，自認獲得一位不世的勇將，衛國的干城——來自北方的邊將江彬。

那時的江彬，僅僅是總兵張俊轄下的山西大同遊擊；官雖然不大，但面貌粗獷，身材魁偉，而馳馬張弓，箭無虛發的他，別有一番謀略：當他隨張俊應召進關勦寇，途經北京東北的薊州，靈機一動，突然把一家二十餘口的居民，盡數殺光，然後誣指爲賊；輕而易舉地便獲得了戰功與獎賞。

不過，這位生長於張家口東南宣府的江彬，也的確有他強悍狠勇的一面。淮上之戰，江彬身中三箭，其中一箭從面部射入，自耳朶穿出，他非但不退，拔箭更戰。這種勇敢的表現，不僅邀得戰功，連正德皇帝聞知，也爲之讚嘆不已。

「彬，健能爾耶！」（註四）在戰後的一次召見中，朱厚照親眼見到江彬臉上和耳朶的創痕，聽他談論兵法，不由得大加賞識，君臣之間頗有相見恨晚之意。

亂事既平，當各路邊防軍紛紛遣回防地之際，皇帝獨把宣府守將許泰和江彬留在京中，擢江彬爲都指揮僉事。

正德二年秋天，錦衣千戶，正德皇帝收爲義子，賜國姓的錢寧，爲了固寵起見，勾結伶人臧賢、回族于永和西域番僧，在西華門建築「豹房」。廣設美女珍玩，進各種秘戲，以使這位年輕的荒唐君主，愈發沉迷於酒色之中。朱厚照經常枕臥在錢寧身上，享受豹房中的輕柔浪漫和神奇。等待早朝的群臣，往往直待到日近中午，見到錢寧出來，才推測皇帝大駕，可能跟著出來；使他們有一睹天顏的奏事機會。

帝眷日隆的江彬，不久就登堂入室，進入豹房行館，和皇帝分享此中的賞心樂事。而江彬、錢寧的帝前爭寵鬧劇，也就無可避免地愈演愈烈。即使在這方面，江彬也有他超人一等的策略：

先以龐大的財力，在故鄉——宣府爲正德皇帝建築豪華的鎭國府第。然後一面建議召邊兵入京，駐紮御苑，操演訓練，鞏固京防；並外調京軍，理由是藉邊塞荒寒的磨鍊，變化懦弱的體質，使能像邊軍一樣慓悍。另一方面，勸皇帝把豹房的美女珍玩移往宣府，微服出巡，不但可以瞭解邊塞形勢，也可以擺脫朝臣的種種牽制：

「宣府樂工多美婦人，且可觀邊釁；瞬息馳千里，何鬱鬱居大內，為廷臣所制。」（全註四）

江彬的兩種策略，一個是鞏固自己的安全和實力，壓制錢寧統轄下的廠衛勢力，一個使皇帝遠離京師，架空錢寧的影響。

自十二年秋天八月起，皇帝便在江彬的誘導下，一次又一次地微服出行，置自身安危和朝政於不顧。以大學士梁儲、蔣冕、毛紀爲首的群臣，則爲了怕土木堡事件重演，一再向京師西北方的昌平、居庸關追趕、勸諫；然而，一心耽迷酒色和戰爭遊戲的朱厚照，終於還是嚐到了江彬所形容的邊塞野趣。

地屬察哈爾重鎮的宣府，由於皇帝臨幸，點綴得格外豪奢。在江彬的帶領下，萬乘之君常常夜入百姓人家，索求樸實無華的少女。這種和宮廷脂粉大異其趣的天生麗質，使朱厚照樂不思蜀，稱之爲「家裡」；「遊龍戲鳳」之類故事的流傳，也就並非空穴來風了。

其後的幾次微服遊幸中，正德皇帝的收獲，就更加豐饒：

十三年初的宣府之遊，適逢太皇太后王氏崩逝，正德皇帝不得不迴鑾奔喪。葬禮前，朱厚照前往昌平祭告諸陵；對他而言，仍是一次擺脫禮法羈絆的獵艷之旅。江彬陪他到古北、居庸二關之間的黃花鎮，及昌平東北的密雲，搜羅北方佳麗達數十車之多，隨著乘輿，日夜奔行。其中驚嚇勞頓而死者，頗不乏人。

自山西渡黃河的綏德之行，納了綏德總兵戴欽的女兒。

已罷免的延綏總兵馬昂，不僅把能歌善射、精通外語、懷有身孕的妹妹，從夫婿懷抱中奪來，獻給皇帝。並爲索求無厭的朱厚照，獻出自己的愛妾杜氏及四位美女，因而馬昂和他的兄弟們，官職不斷地上昇。

山西樂工楊騰的妻子劉氏，在江彬爲皇帝所物色的美人中，似乎是最得寵的一位，左右無不以「劉娘娘」呼之。

當然，在這一次次的北境浪漫之旅中，也有著與邊疆民族的衝突和風險：

十二年九月，冷冽慘淡，正是「李陵答蘇武書」中所描寫：「涼秋九月，塞外草衰……牧馬悲鳴，胡笳互動……」的景象。

忽傳韃靼人五萬餘騎，入寇大同；大同總兵王勛被圍在大同西南方的應州。這則急如星火的戰報，帶給耽于兵馬田獵的朱厚照，與其說是緊張，莫如說是亢奮，立刻和江彬、張永及各鎮總兵從長城邊上的陽和（高陽）西上應援。

解圍之戰，從上午辰時鬥到晚上酉時，激戰百餘回合。當韃靼鐵騎向西退走之際，明朝兵馬則且戰且追，直到平虜、朔州一帶，才受阻于大風和白晝不見人的黑霧，而停止了追擊。然而這次御駕親征所得到的戰果，實在不易正確地評估：

除虜獲的一些刀械衣服之外，共斬敵首一十六級。其中有一個首級，是萬乘之尊所親自斬獲的。

「朕親斬虜首一級。」（註五）他告訴那些朝廷重臣。一生好武的朱厚照，在內官群小包圍下，所殺台輔臣僚難以計數，但他獨對於在千軍萬馬中，幾乎陷敵的危機下所斬的一顆頭顱，異常地重視。他以領兵大將的身份，要求封賞：

「總督軍務威武大將軍朱壽，親統六師，勦除虜寇，汎掃腥羶，安民保衆，雄威遠播，邊境肅清，神功聖武，宜加爵顯，以報其勞，今特加封鎭國公，歲支祿五千石。」（註六）這種自封自賞的鬧劇，使大學士梁儲、楊廷和等啼笑皆非，認爲：

「名之不正，言之不順，此古今所未有也。」（仝註六〈明鑑〉）朱厚照卻不聽苦諫。

與十六級敵首相對的損失，則是官軍死者五十二人，重傷五百六十三人。雖然如此不成比例，正德皇帝仍然肯定，那是一次莫大的勝利。論功行賞的結果，受賞、昇官、蔭授者，竟達九千五百五十五人之多，賞銀發放一百萬兩之鉅。

應州之戰，使朱厚照此後北遊，更加振振有詞。託言「邊關多警」，不得不令「總督軍務威武大將軍總兵官」—也就是他自己，「統六師往征」。既然有這樣堂皇的理由，爲了軍隊調動、後勤支應、餉銀供輸的方便，索性命兵、工、戶三部，各遣侍郎一人，率司屬一起到宣府去辦公。

△　△　△　△

遠在江南金風吹拂下的文徵明，對於皇帝北遊，也許自京師邸報、行人傳說、或從征鄉友的來鴻中，得知塞上起居和山西之戰的片片斷斷。而明英宗征瓦剌，在居庸關外土木堡兵潰被俘的陰影，卻一直縈繞在他的心中。

「君辱臣死」，土木堡一役，台輔、貴胄，死者五十餘人，官兵死傷不下數十萬衆。天下震動，人心惶惶，那不過是六十幾年前的往事，老輩耆宿，言之猶存餘悸。

今之江彬，便彷彿當日導帝北征，終至覆敗的太監王振：非止文徵明，蘇州士大夫，只要一想到正德皇帝在外長城邊徼服出巡，就不寒而慄。當北遊之事，傳說紛紜，情況一時未能明朗的時候，文徵明就在「秋興」中，寫出邊將誘導皇帝出遊的輕率，關懷車駕的安危：

「浮雲奄忽互相逾，北首長安萬餘里；灞上將軍真戲爾，回中消息近如何？祥麟誰見遊郊藪，塞雁空聞有帛書；澤國西風秋正急，有人東望憶鱸魚。」—三首之一（註

七）

及至朔風冷冽，江濤洶湧，霜雪紛飄的寒冬，應州戰況也斷續喧騰於南都之際，文徵明心中，充滿了焦慮和悲惻；暗怨朝中那些高官厚祿的台輔之臣，未能負責盡職，更恨自己，不過是百無一用的書生：

「朔風吹慘渡江城，北雁時傳塞上聲；此日文章寧有益，中朝爵祿久還輕。徒聞漢室誅曹節，不見長沙召賈生。千里蒼蒼雲日暮，更梯高閣望神京。」—朔風（註八）

至於詩中的「賈誼」，究竟隱指高臥洞庭東山的守谿王鏊，掃平川寇，功成身退的林見素中丞，或有爲有守，正直不阿，致仕養疴的叔父文森，則不得而知。

在這前後，所賦的「驚寒」（註九），也與「秋興」、「朔風」同調；十二年秋冬的文徵明，幾乎忘了自身的坎坷和潦倒，整個心靈，寄托於家國的忠愛之上。

十三年的江南春天，依舊是春雨綿綿，但由於北方局勢稍見明朗，文徵明的心弦，也隨之鬆弛下來。看著窗外梅花的飄落，想到石湖的青蓮舫、上方山的郊臺、在王氏溪樓上看落日和遠煙⋯

二月十九日，淸明，文徵明邀蔡羽、王寵兄弟、湯珍等，同遊無錫惠山。在第二泉的泉亭前面，擺起茶爐茶案和古意盎然的茶具。有的對坐八角池畔吟哦，有的相偕於山中幽徑，且行且談。松柑輝映，鳥雀聲喧；沉醉於爛漫春光中，心裡的陰霾，北狩的夢魘，似乎早已消溶淨盡。鼎中茶沸，七位好友環亭而坐，細品名泉。三沸三啜，詩思也像泉水般的湧現。蔡羽、湯珍、王寵等，各以精楷寫下紀游的詩篇，由蔡羽作序。

歸後，文徵明更以他那綿密的筆緻，憶寫「惠山茶會圖」（註十）：石坡下面，野花綻放，充滿了田園的氣息。以赭石染成的茅亭、茶案和漫山的古幹，與青綠設色的山石，相互襯托出濃濃的春意。無論詩思畫意，對照起去年霪雨不止的夏日，和警訊頻傳的秋冬，都可以看出截然不同的心境。

△　△　△　△

儘管春色怡人，然而正德十三年，仍然是多雨的一年。上巳前，文徵明與客在小樓閒坐，拈筆作「杏花煙雨江南」（註十一）時，已有「明朝三月又當三，風雨危樓不自堪」的感嘆。十月，在王氏溪樓中，偶見瓶中供菊，除了以水墨摹寫之外，想到惱人的雨水，又是無限感慨：

「今歲菊事較遲，重以積雨，遂爾落寞……」（註十二）

同樣的風雨，對蟄居桃花塢中，靠繪畫和一些微薄園產維生的唐伯虎而言，就幾乎陷入了絕境。四月中旬，他在寄給友人孫思和的詩序中，形容三餐不繼的景況：

「陰雨浹旬，廚煙不繼，滌硯吮筆，蕭條若僧，因題絕句八首，奉寄孫思和。」（註十三）

這作于七峰精舍的八首絕句，既表現他安貧樂道的素志，也表現出告貸無門，饑饉難熬的苦楚。

詩中所描述的：白色板門，開滿紅槿花的竹籬，溪邊柳下，幾隻鵝鴨，悠然地游著。看著妻子、女兒的笑靨，一種天眞自然的生活情趣，任憑多麼美妙的筆法，恐怕也難以描繪。這時，唐伯虎的心境，正如他所描述的：「三日無煙不覺饑」。

皇都領解，對唐伯虎而言，依然是足以傲視群倫的美好回憶。放縱自恣，落拓潦倒地歸臥茅衡，更不失爲高人達士的故態。立錐無地，以筆墨資身；萬里江山，頃刻之間生於筆下，在唐伯虎的眼中，應該是件灑脫而放逸的韻事。

而令他神傷氣沮的則是：

「十朝風雨苦昏迷，八口妻孥併告饑；信是老天眞戲我，無人來買扇頭詩。」（仝註十三）

在這種年荒饑饉之中，使他很自然地想到讀書人競相趨赴的窄路—科舉與仕宦。他含冤忍辱，從春闈鎩羽東歸的二十年後，竟然夢到重進科場，並留下一首令人讀來酸鼻的七律：

「二十餘年別帝鄉，夜來忽夢下科場；雞蟲得失心猶悸，筆硯飄零業已荒。自分已無三品料，若為空惹一番忙；鐘聲敲破邯鄲夢，依舊殘燈照半床。」（註十四）

八月十四日夜晚，他又夢到「草制」，也就是爲皇帝草擬詔命。他清楚記得其中的一聯：

「天開泰運，成集璚館之文章。民復古風，大振金陵之王氣。」（註十五）

唐伯虎文稿當中，另有一篇「擬瑞雪降群臣賀表」（註十六），典雅瑰麗；擬於何時，以及爲何人代擬，或自娛之作，均無從稽考。

夢入試、夢草制，乃至賀表之作，都可見唐伯虎身在草澤，而館閣之思，卻仍不免深植於心靈之中，偶然浮現；雖然以他的曠達敏慧，也無法連根拔除。

十三年夏天六月，唐伯虎可能仍舊爲了雨澇，三餐不繼而坐困愁城之際，北京城的政壇上，則捲起了另一狂飆。

太子太師華蓋殿大學士梁儲，老態龍鍾地跪在宮城的左順門下。正德皇帝手持利劍，直指這位師輔重臣的面門，怒不可遏地喝斥：

「不草制，齒此劍！」「齒此劍」，也可以解釋成「死於此劍」。

又是草制，這正是年屆半百的唐伯虎，夢寐求之的榮耀。

梁儲卻毫不畏縮地摘下紗帽，跪伏在地，淚汗齊流，且泣且諫：

「臣逆命有罪，願就死……」

原來，爲了上年九月廿八日的應州之戰，朱厚照自認殺敵有功，以帝王之尊下令內閣草制，封他爲「鎭國公」。梁儲以爲事出荒謬，自古那有封皇帝爲公爵的道理；寧死不敢奉命：

「公雖貴人，人臣耳。陛下承祖宗業，爲天下君，奈何謬自貶損！既將授以誥劵，追封三代；祖宗在天之靈，亦肯如陛下貶損否？……」（註十七）

四周一片死寂，經過久久僵持之後，失德任性的皇帝，知道無法使這位白髮老臣屈服，只好擲劍而去。

梁儲，二十一年前唐伯虎鄉試領解的房師，「領解後謝主司」七律，唐伯虎常常不知不覺中，隨口吟哦。當日梁儲賞識欣慰的神情，至今猶在目前。倘若伯虎目睹左順門迫令草制的一幕，則草制的事，不知還會不會進入唐伯虎的仲秋夜之夢？

十四年三月初二，伯虎以一幅「自壽圖」、一首「五十言懷」詩，來祝賀他知命之齒的初度。

詩中，總結他多采多姿，浪漫而潦倒的半生：

「醉舞狂歌五十年，花中行樂月中眠；漫勞海內傳名字，誰信腰間沒酒錢。書本自慚稱學者，衆人疑道是神仙；些須做得工夫處，不損胸前一片天。」（註十八）

如果與前一年四月寄給孫思和的八首絕句相較，這首言懷詩，不僅寫出他的性情、遭際，也寫出了生活的近況。他更把這首詩，題寫在「西洲話舊圖」（註十九）上，贈方外友嘉禾龍洲寺的釋正念（西洲）。

「與西洲別幾三十年，偶爾見過，因書鄙作並圖請教；病中殊無佳興，草草見意而已。友生唐寅。」

畫中，草菴古木，湖石新篁，當是桃花菴的寫照，惟清話中的主、客，皆爲帶髮之人，令人稍感費解；想來西洲或許是帶髮修行的幽人雅士。

與唐伯虎狂歌漫舞，慶祝五十歲生日；文徵明在停雲館西齋面對芬芳的幽蘭，拈筆作「蘭竹卷」（註二十）差不多的時間，正德皇帝在群臣高搭彩牌和夾道歡呼中，從宣府回到了北京。

乘馬腰弓的皇帝，雖然冒著寒風深雪，在長城一帶山嶺間巡幸狩獵，但看不出倦容。反而養尊處優慣了的中官和從者，道途多病。在他敕諭吏部於鎭國公銜外，加封「太師」

以自酬巡邊之勞，又要修馬備船轉向南遊；不知是否與從者難耐北方寒苦有關？

雄偉的泰嶽、堪與天堂相比擬的蘇杭、古人遐想中「腰纏十萬貫，騎鶴下揚州」的江北名城、充滿了種種神秘傳說的道家聖地武當山…都在正德皇帝，和被封爲威武副將軍的江彬，南遊計畫之內。

不過，一考慮到江西藩王多年來的虎視眈眈，以及沿途民間所將遭受的蹂躪，朝臣便心急如焚，紛紛具疏極諫。朱厚照震怒之下，將這些爲保全國本，前仆後繼的疏諫之臣，有的下詔獄，有的加上腳鐐手銬，於午門外罰跪五日；罰跪期滿，再行廷杖。總計監禁、罰跪午門及受杖者，共一百四十六人，被杖而死者十一人。

「**醉舞狂歌五十年，花中行樂月中眠**」的唐伯虎，以及獨坐幽齋寫竹蘭的文徵明，目睹此情此景，是否仍樂於擬賀表，並在夢中也忘不了鎖院的雞蟲得失，倒是一件頗值得玩味的事。

註一、〔甫田集〕頁二一七。

二、〔甫田集〕頁二一〇。

三、〔甫田集〕頁二一一。

四、〔明史〕頁三五〇二〇「江彬傳」。

五、〔明史竊〕卷六「親征記第六」。

六、見〔明史〕江彬傳、〔明史竊〕親征記、〔明鑑〕頁三二八。

七、﹝甫田集﹞頁二一四。

八、﹝甫田集﹞頁二一五。

九、﹝甫田集﹞頁二一六。

十、圖記見﹝過雲樓書畫記﹞頁二八八，圖見﹝吳門畫派﹞頁一二〇。

十一、﹝壯陶閣書畫錄﹞册三頁六四〇。

十二、﹝好古堂家藏書畫記﹞卷下頁九一。

十三、﹝式古堂書畫彙考﹞册四頁四五〇。

十四、﹝唐寅年譜﹞頁九五。

十五、﹝唐伯虎全集﹞水牛版頁二一七。

十六、﹝唐伯虎全集﹞水牛版頁二一一。

十七、﹝明史﹞頁二〇四一「梁儲傳」、﹝綱鑑易知錄﹞卷九「明紀」頁一九九。

十八、據﹝唐寅年譜﹞頁九八～九所載，「五十言懷」詩，一見於伯虎﹝全集﹞，一見於「西洲話舊圖」中，二者有數字之異，本文選後者。

十九、﹝唐伯虎畫集﹞圖七八。

二十、﹝穰梨館過眼錄﹞頁六九八。

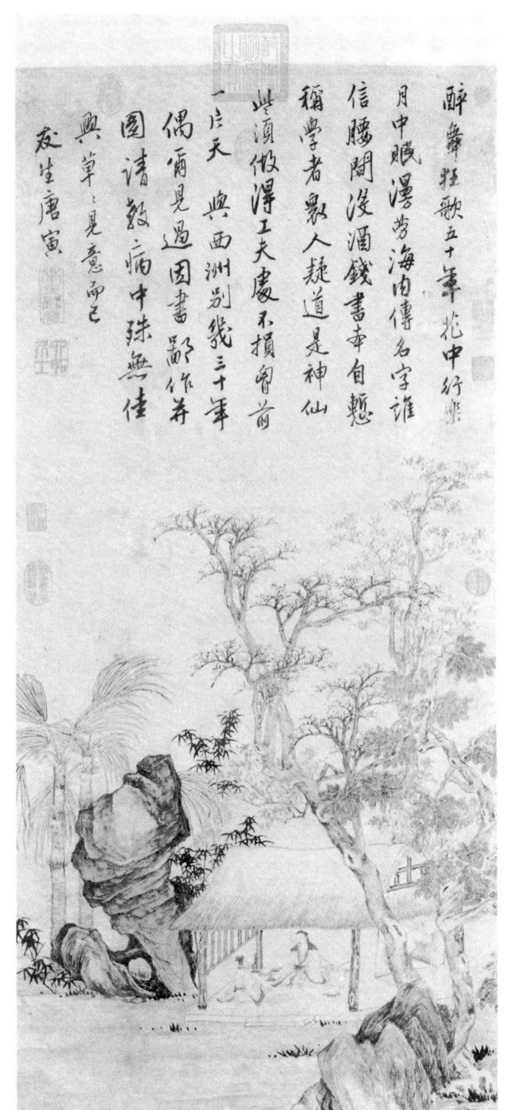
醉舞狂歌五十年花中行樂
月中眠漫勞海內傳名字誰
信腰間沒酒錢書本自慚
稱學者衆人疑道是神仙
些須做得工夫處不損胸前
一片天 與西洲別幾三十年
偶爾見過因書鄙作并
圖請教 病中殊無佳
興草草見意而已
友生唐寅

唐寅　西洲話舊圖

第五十四章　寧王之反

相交二十四年的宜興好友李瀛（宗淵）突然去世的消息，對文徵明好似晴天霹靂。時間是三月十七日；在宜興正是百花齊放，張公洞、善權寺乃至荊溪沿岸，歌聲處處，遊春男女絡繹不絕的時候，而斯人卻在孤獨憔悴中，鬱鬱以終。

「吾老，恐不能數至；尚庶幾兒輩無相忘耳。」（註一）

文徵明耳畔，迴盪著李瀛在西齋夜雨中的話語。

十三年秋天，年高六十四歲的李瀛，攜兒子李采前來停雲館盤桓數日。那夜，這位枯瘦、生性孤傲的文學家，語調變得十分悽然。只是，文徵明再也想不到竟是他們最後的一面。返回宜興不久，李瀛就開始生病，不到幾個月的工夫，便人天永隔；豈非一語成讖！

他們初識於南京鎖院，文徵明以二十六歲的青年秀才，首次參加鄉試。李瀛和都穆卻都是連番落第的識途老馬，他們的友誼就在都穆的介紹下開始建立。

訂交的第二年，李瀛帶著他的著作扁舟過訪，對知音難求和懷才不遇，李瀛充滿了無奈與感慨。文徵明遍讀李氏多年心血結晶之後，爲著「衍毀」一篇，表示對他的支持和讚賞。此後，兩人也就由功名場中的泛泛之交，結成思想、學術上的知己。由於文學上的自負和思想上的孤立，李瀛一向不苟交遊，但每年總有一兩次前來蘇州，和文徵明啜陽羨茶，互相研討新作。除都穆外，楊循吉、沈周，也都和他有著深情厚誼。

當文徵明前往宜興遊覽，眼見李氏的生活情形，對他有了更深的認識，也愈發增進了兩人的情誼。

李瀛六歲喪母，他對父親和繼母孫氏，極盡孝道。對四位異母弟弟所表現的友于之情，尤爲難得。李瀛的居室，雖然簡陋而狹窄，卻窗明几淨，纖塵不染。架上圖書，排列得整整齊齊，園中花竹，秀麗而繁茂，雅客來時，焚香品茗，談笑不倦，勢利紛譁，絲毫不能影響他心中的寧靜。據說，每有異母弟弟長大成婚，或因失業而生活無著時，他便一無吝色地讓出他寧謐的樂土，另覓家園，以奉養雙親。

有宜興好友前來蘇州，和文徵明挑燈夜話時，徵明禁不住就會想到李瀛的種種，心中浮起深深的思念：

「有客扁舟自陽羨，夜堂風雨對高眠。不辭談笑成佳會，祇覺淹留有宿緣。別後交遊如夢裏，意中山水落樽前；青燈酒醒還生戀，明日煙波更渺然。」──與宜興吳祖貽夜話有作就簡李宗淵杭道卿吳克學（註二）

由於那狷介的個性，雖然一般士林之士很少和李瀛往來，但仍不乏望重一時的名公鉅卿，折節與交。甚至對再試再詘，功名不偶，窮困落魄的他伸以援手，薦爲教職。只是他旋起旋仆，貧困依舊──大概只能算是性格或命運的悲劇吧。

「…尙庶幾兒輩無相忘耳。」李瀛話猶在耳，文徵明卻怎麼也沒想到李釆第二次來蘇州，帶來的竟是乃父的訃聞和行狀，乞銘於這位太湖東岸的父執。

正德十四年五月中旬，文徵明重臨闊別十餘載的相城有竹莊。這座落在漁子沙的莊園，修篁、茅舍、溪樓…依然如故，在精心照顧之下，庭中的玉蘭，枝葉繁茂，一切都恍如石田師在日。不知多少次，他陪侍沈周在溪樓中詠雨，在玉蘭花下品茗。當他面對石田師故物——國初畫師王紱（孟端）所畫的小幅墨竹，心中又引發起無限的感嘆。

這幅畫，是家住無錫的王紱，畫贈同患難的長洲友人陳孟敷。沈、陳世好，其後乃爲沈周伯父沈貞吉所有。沈貞吉物化後，這幅小畫曾一度失去。年近八旬的沈周，失而復得之後，對著那灑脫勁拔的筆墨，一時如在夢中，又欣喜又感嘆，又怕它不免再度失去，拈筆和王紱題於畫下的七律一首：

「故園歸計似摶沙，萬事荒荒付一嗟，蟻國不須論幻夢，燕巢今己過鄰家。贈人墨老流離竹，借榻詩存感慨茶；百歲此圖三展轉，後來得失尚無涯。」（註三二）

沈周的詩，題於宏治十七年中秋，在將近十五年的漫長歲月中，故物依然珍藏有竹莊中，石田老人地下有知，也該感到安慰吧。石田詩後，並附長跋，除有感於神物的流轉得失，王紱的宦海浮沉外，對王紱的風範節操，也極端推崇。

王紱，無錫人，洪武年間因案受累，流戍朔州。題竹詩中的：「征衣漠漠帶風沙，蹔得歸來重可嗟；在客每憂難作客，到家誰信卻無家。……」（仝註三二）自黃沙遍野，寒風刺骨的放逐之地，千辛萬苦地回到江南，卻發現家園易主，人事全非，因此一面寄寓野寺，一面寄畫蘇州，慰問同在天涯淪落過的陳孟敷。

其後，被薦再度至北京，在永樂朝作官時，王紱留下一段膾炙人口的韻事。

對於書畫之事，王紱一向以古人自期，絕不輕易落筆。無論鉅卿富賈，想以重金求他片楮隻字，不是拂袖而起，就是閉門不納。只有遊到名山古剎，興會酒酣之際，才醉墨淋漓地揮寫在長廊素壁之上。有人勸他應顧及權貴的顏面，這位供奉文淵閣，繼拜中書舍人的王紱說：

「丈夫宜審所處，輕者如此，重者將何以哉！」（註四）

不過，那一次卻是例外：

一天夜晚，也許為了排遣宦居異鄉的寂寞，王紱在月下徘徊。靜寂中，忽然一縷簫聲從隔牆傳來，清徹悠揚，恍如把人帶上了北國的星空。王紱一面沉醉於那悅耳的音韻，一面想像著那吹奏者的幽懷雅緻。簫出之於竹，似乎也只有竹的孤高風姿，才足以象徵那位幽人的情懷。他乘興畫了一幅墨竹，捕捉住那縈繞耳畔的清音。

第二天，王紱拿著畫，往訪吹奏洞簫的芳鄰：

「我為簫聲而來，以簫材報之。」（仝註三）他笑著說。

對方是位富商，也許知道來者是難得相求的內廷供奉，欣喜之餘，更以紅氍毹相贈，並請王紱再畫竹一幅為配。王紱聽了，不動聲色地從案上拿起畫竹，出其不意地扯得粉碎：

「我來豈徼貨哉！」說畢返身而去。

文徵明從王紱的墨竹、清新中帶著悲涼意味的七律、石田老人對先輩際遇風骨和名作得失流轉的感嘆，再圜視庭中的湖石花樹，樓下的急湍溪流，石田師的笛聲和姿容，彷彿又重現眼前。遂搦管在沈周長跋後面，也追和了一首七律：

「落日懷人漁子沙，淒然長笛不勝嗟，風流未泯看遺墨，造物無情感故家。有竹莊中時詠雨，玉蘭花底晝分茶，十年陳迹十年夢，人事推遷豈有涯。」（仝註三）

時爲五月十四日，算來石田師謝世，已經是十有一年，非但自己一事無成，放眼時局，更是一片混亂，望著河中落日，文徵明悵然若失。

△　△　△　△

正德十四年三月，北京朝廷中爲了江彬等邊將和太監慫恿皇帝南巡，引起了朝臣前仆後繼的諍諫，百餘位忠義之士，因而入獄、罰跪午門，進而飽受廷杖的摧殘。杖死者外，有的再受戍邊、削籍、降調等不同的處分。「伴君如伴虎」，從此朝臣們固然人人自危，江彬等也知道朝廷有人，不能任意而爲，南巡之議，就暫時擱置下來。然而到了七月初，寧王宸濠起兵的奏報傳抵京師之後，出入豹房的邊將們，又紛紛獻策，請朱厚照御駕親征。皇帝隨即傳旨：

「宸濠悖逆天道，謀爲不法，即令總督軍務威武大將軍鎭國公朱壽，統各鎭邊兵征剿。」（註五）

皇帝的璽書不叫璽書，改稱「軍門檄」，隨征的邊將和太監如江彬、許泰、劉暉、張忠、張永等，也一律稱爲「將軍」，大學士梁儲、蔣冕，不得不扈從出京。

車駕才到蘆溝橋西南的良鄉，就接到王陽明從江西傳來的捷奏；寧王就擒，亂黨悉平，爲安全計，正親自押解宸濠，獻俘闕下。然而，這大好消息，對渴欲奪功和南游的皇帝與邊將等，不啻冷水澆頭，稍事商討，便傳檄陽明，不得進京獻俘，等待車駕渡江，再行發落。

車駕進入運河，繼續進行到河北山東交界的臨清，發生一件「浪漫」的插曲，頗饒趣味：

朱厚照南征時，得自山西的「劉娘娘」，因病無法隨駕，便以頭上玉簪交正德皇帝作爲信物；征途之中，如果遣人來接，須以玉簪爲證。偏偏朱厚照馳馬蘆溝橋上時，將玉簪失落，因此，他征途寂寞，遣使回京迎接美人時，「劉娘娘」卻以沒有信物可憑，不允隨行。皇帝不得已，竟乘著單舟，晨夜疾行，直到通縣附近的張家灣，才接到劉氏，載與俱南。爲了這份愛情，行動秘密而迅捷，據說內外從官，竟一律蒙在鼓中。

△　△　△　△

雖然早在兩年前，不僅道路傳言寧王種種謀反的形跡，副使胡世寧、典儀閻順、內官陳宣、劉良等，也先後自江西回北京告變；但眞正起兵消息傳來，仍舊造成不小的震撼。鑑於多年來朝政不修，寧王勢大，不少朝臣，懷著悲觀的色彩。而王陽明的迅速敉平叛亂，卻早在兵部尙書王瓊的預料之中：

「有王伯安在，何患；不久當有捷報耳！」（註六）王瓊信心十足地告訴某些重臣和僚佐。因爲就在本年五月，王瓊才藉著福州三衛軍人進貴等作亂，須派巡撫南贛都御史王陽明前往勘平的理由，把調動軍隊的敕令交付王陽明手中。當時他就對兵部主事應典預言：

「進貴亂小事，不足煩王守仁；但假此便宜，敕書在彼手中以待他變可也。」（註七）回溯王陽明幾年來的宦蹟，彷彿上蒼有意把他一步步導向江西，專爲立此不世奇功似的：

正德八年十月，王陽明到滁州就任太僕寺少卿，雖與少卿文森短暫共事，卻與前來省親的蘇州名士文徵明失之交臂。短短的六個月後，席未暇暖的王陽明，就調陞爲鴻臚寺卿，在滁州弟子們戀戀不捨的驪歌聲中，渡江前往南都赴任。

十年秋，正是菊黃蟹肥的時候，陽明再度遷爲都察院左僉都御史，巡撫南贛汀漳等處。此後數年之間，他就在贛南、漳州、湖廣一帶，一面整頓民政，一面剿平各處山澤巨寇。由於嚴於法令、熟識地勢、善用反間，加上本身的誠信與果敢，使他每戰必克，成爲南方四省的支柱，並得到王瓊的信賴和支持。可以便宜行事的旗牌及敕令、掌生殺賞罰的大權，使之對軍隊的調動、指揮，也就異常靈活。

然而，這位幾度出生入死的理學家，在軍事上所以能有這麼大的成就，不能說沒有僥天之倖的地方：

十四年六月十三日，是寧王宸濠的壽誕，江西寧府中鼓樂齊鳴，大宴賓客。除寧王的謀士、禮聘來的賢才外，更有布政使、按察使及都指揮使三司的首腦；杯觥交錯，熱鬧非凡。

都御史孫燧，曾七次密奏宸濠逆謀，都被宸濠埋伏在通往北京路途上的偵伺人員攔截下來。按察司副使許逵，近日正會同孫燧搜捕凌十一、吳十三、閔廿四等寧王所勾結、包庇的湖寇；兩人雖已成爲寧王的眼中之釘，必欲去之而後快，但席間，彼此仍維持著應有的禮貌，引杯上壽，歡呼祝嘏。

席散之後，寧王派往京中負責行賄、探聽朝廷動靜的林華逃歸，約略報稱朝廷已遣駙馬都尉崔元、都御史顏頤壽等持諭前來江西，恐怕對寧王不利；寧府氣氛隨即緊張起來。

寧王和謀士們的原意，訂八月中秋，趁南昌鄉試，考官、試吏、及來自江西各地的秀才都在鎖院之時，劫持起事。崔元此行，僅僅奉旨收回王府的護衛；但一時不明就裡的宸濠卻猛然想到一段往事；以前朝廷路過江西往擒荆王、抄府眷時，豈不就派駙馬蔡震？加以林華從京中聽到的傳言，彷彿也是要擒伏寧王；有了這些疑慮的宸濠，不得不在倉促間立下決定：

按禮，六月十四日黎明，三司首腦、地方要員，必然晉府謝宴。此時即可出其不意地發難；順服者錄用，抗拒者當即加害，以絕後患。

這一天早晨，各官依時進入王府拜謝壽宴。平日王府雖然自有一番威儀；不過只一夜之隔的王府，卻處處排列重兵，披甲露刃，如臨大敵，似乎有甚麼重大的變故。

「孝宗爲李廣所誤，抱民間子，祖宗不血食者十四年；今太后有詔，令我起兵討賊，亦知之乎？」（註八）

正在衆官面面相覷，不知所對的時候，都御史孫燧挺身而出說：

「密旨安在？」

「不必多言！我今往南京，汝保駕否？」

聽了宸濠的話後，數年來一力想挽回江西危局的孫燧，兩眼直視著宸濠，凛然不屈地厲喝：

「天無二日，臣安有二君，太祖法制在，誰則敢違！」

衆人駭愕失色中，宸濠怒命衛士綑縛孫燧。一向勸請孫燧先發制人的按察司副使許逵，則大聲呵斥，衛護孫燧；孫許兩位具膽識，敢擔當的大吏，遂同時遇害。烈日當空的南昌城，忽然變得陰暗慘淡，城中百姓，也爲他們之死，痛哭流涕。其餘官吏或入獄、或順從。宸濠革除了正德年號，并派人到處宣揚朱厚照的罪狀，傳檄遠近，共同爲「奉太后密詔」入朝監國的寧王效力。

六月初九日從江西南部贛州啓行北上的王陽明，據說也要趕在十三日晉省，依禮向藩王賀壽，然後再前往福州勘亂。不知何故，一向嚴謹小心的參隨官龍光等，這次卻出了令人費解的差錯。

他們把兵部所頒信物敕印綑包起來，留于後堂，倉卒中封門起轎。船沿贛江，到了中途吉安，都堂大人王陽明登岸想取勑印使用時，衆參隨才慌成一團，想起遺忘在後堂。官船只好遲不起碇，遣中軍官速回贛州取印。這樣一耽擱，原定十三日前趕到省城，直到十四日午後，才行至南昌西南百餘里之遙的豐城。王陽明和孫燧，鄉試時爲同年，當豐城知縣顧佖向王陽明報告宸濠反情的時候，大約正是孫燧、許逵殉難不久。如非有這樣一件費解的差錯和延遲，置身於寧府謝宴班中的王陽明，乃至整個明朝的命脈，也就令人難以想像了。

然而，也有人認爲，寧王反象早已顯露，王陽明義無爲其賀壽之理。其所以沒有從贛州直接東進福州勘亂，而自贛江北上，轉道南昌，溯盱江或過鄱陽湖再溯信江…迂迴數千里前往，主要是想循著延平、邵武、建寧等變亂的起源，一步一步地向福州處理過去。持此說者，並引據王陽明上兵部尚書王瓊的一封信，以證實王陽明繞道南昌的眞正意向（註九）。

聞變後的王陽明，第一個反應是退回吉安，和南昌保留一段可資迴旋的空間；既可以避免宸濠對他的邀留，又因吉安是個大邑，便於集聚錢糧，整頓兵馬、器械和船艦。

依王陽明的推測，宸濠如果以迅雷不及掩耳之勢，從鄱陽湖北上，東下長江，南京必然不保，天下也爲之震動。若能以疑兵之計，使之遲滯十餘日，讓各處有所準備，也就不足爲患了。乃多遣間諜，傳檄各地，詭稱都督許泰率京軍四萬，王陽明及湖廣、兩廣諸將，也各率所部集結，總兵力不下十六萬之多。所至之處，務必供應無缺，否則按軍法治罪。

又遣間諜，以蠟書致寧王的宰相李士實、劉養正，假稱二人既然誠心歸順朝廷，就當力勸寧王早日發兵東下，攻打南京；這些故意洩露出的「機密」，加上王陽明刻意訪求李、劉二人的家眷，百般優待保護，使寧王對兩位心腹謀士，不能不產生懷疑。尤其當兩人都勸他急趨南京，早即大位，以拉攏趨炎附勢者之心，他就愈發懷疑二人與陽明互通聲息，想趁其進兵南都之際，一舉攻佔南昌，於是寧王愈發堅守南昌不動。

十餘日後，寧王偵知陽明按兵不動，也不見許泰等兵馬動靜，才知道中了陽明之計。

然而，這也正是王陽明故示不動，轉而希望寧王離開南昌，以便犂庭掃穴，克復省城的時候；其時已爲七月朔日。

出師不久，寧王大軍，就在離省未遠的安慶攻防戰中，膠著下來，變得進退維谷。到了七月二十日，天色微明，王陽明所率各軍，則以不到一個時辰工夫，就光復了南昌，安撫受困的吏民。

王陽明雖然爲人誠信，講究存天理、去人慾、致良知；但行軍作戰時，卻堅守「兵不厭詐」的鐵則。例如圍攻南昌前夕，王陽明先將不用命者數人斬首示衆，各軍無不股慄，限期一到，各個奮勇登城。實則，王陽明所殺的，是寧王派來招降的人馬；走了負責招降主角季斅，捉住五個隨來的旗校，留作戰前的犧牲，藉以整頓軍紀。

寧王久攻安慶不下，得知南昌已失，因此不顧李、劉勸阻，焦心如焚地回軍反攻南昌；這又中了王陽明的以逸待勞之計，以便在鄱陽湖中部展開一場生死的決鬥。

七月二十五日的一場激烈水戰中，宸濠盡發九江、南康守兵，投入鄱陽湖的戰場，立下千金重賞以激勵將士。加以北風強大，寧王戰艦乘風奮擊，官兵中，連能征善戰的吉安知府伍文定，都漸有不支之意。王陽明急忙取出令牌和執法寶劍，交給中軍官，命取伍文定頭顱示衆；卻又暗囑中軍官，如果伍文定能奮勇力戰，就暫緩執行。伍文定一見執法令牌，大驚失色，立即親握兵器，立在船頭指揮死戰。逆風之中，砲火反燎其鬚，也在所不顧，終至反敗爲勝，使寧王兵將，鄱陽水寇，折損無算。

二十六日，最後一戰結束，寧王被擒之後，王陽明卻步下察院大堂，執手向伍文定知府誠懇地致賀：

「今番破賊，足下之功居多；本院即當首列，必有不次之擢。」（註十）其威嚴及權術的靈活運用，與對僚屬的眞誠愛護竟能並行不悖。

然而，這一切以機智、汗血得來的戰果，安定江右，使軍民共同休養喘息，恢復元氣的一線希望，似乎都因正德皇帝的執意親征，蒙上了一層灰暗。

對隱棲桃花塢中，與世無爭的唐伯虎而言，皇帝的南征，勢必會引發對寧王黨羽株連不已的動盪。雖然當日見機不謂不早，智脫寧王牢籠不謂不速，但一想到錦衣衛、三法司的暗獄，唐伯虎心中仍然不寒而慄。

註一、〔甫田集〕頁七三五「李宗淵先生墓志銘」。
二、〔甫田集〕頁一三五。
三、〔石田集〕頁九〇七、〔辛丑銷夏錄〕頁四二九漢華版。
四、〔明史〕卷二八六總頁三一四九「王紱傳」。
五、〔明鑑〕頁三三五。
六、〔明史紀事本末〕頁四八六。
七、〔明史紀事本末〕頁四八五。
八、〔明鑑〕頁三三三。
九、〔明王文成公守仁年譜〕頁三三，商務版。
十、〔王陽明出身靖難錄〕卷下頁一九，廣文版。

第五十五章　滿目西風撫劍歌

朱厚照和環繞他的一群邊將、太監堅欲南征，一方面想飽遊江南古老而華美的都城和秀麗的山川，以及垂涎於江南佳麗；另一方面想襲取王陽明的平賊之功。當他們收到王陽明八月十七日從南昌發出的奏疏，陳說沿途奸黨密伏，窺伺車駕，恐有博浪、荊軻之謀；爲安全計，仍以由他率軍，親自押解重要人犯赴闕獻俘爲宜。正德君臣的情緒，不僅失望，簡直變得十分激憤。既顧不得梁儲、蔣冕兩位大學士的勸阻，更把國家社會的安全置之度外。竟再度以威武大將軍名義，傳軍門檄，令陽明把寧王等一干要犯，放縱於鄱陽湖中；待御駕和邊軍親自圍捕擒拿，以便論功行賞，讓史書傳述正德皇帝的英武。

九月十一日，王陽明便已押解要犯，從南昌起程，過鄱陽湖、溯信江，抵廣信府（上饒）。當他接到所謂「威武大將軍」令牌，面對傳令的錦衣千戶，眞有一種啼笑皆非之感；整個世事，彷彿是場鬧劇。不僅早年爲劉瑾所陷，下錦衣衛的種種慘酷景象浮現眼前，南昌城死去的忠魂、鄱陽湖中蔽天的硝煙、到處漂浮的破船和屍體，也一總縈繞在胸臆之中。

三司官員、左右參隨多勸他遷就現實，以免取禍，他慷慨激昂地說：

「人子於父母亂命不可告語，當涕泣隨之，忍從諛乎！」（註一）

因此，他不但不肯交付人犯，對錦衣千戶，也想以例行區區五金的程儀，打發了事。

受慣了奉承與賄賂的錦衣衛官員，怒而拒收時，他卻握著千戶的手說：

「下官在正德初年，下錦衣獄甚久，貴衙門官相處極多；看來未見有輕財重義如公者。昨薄物出區區鄙意，只求禮備；聞公不納，令我惶愧。下官無他長，單只會做幾篇文字，他日當爲公表章其事，令後世錦衣知有公也。」（註二）

錦衣千戶聽了，也無可如何，只得唯唯而退。王陽明唯恐遲則生變，連夜越過江西浙江交界的玉山，然後循富春江北上，以避開皇帝和邊兵；想不到太監張永，卻在杭州等候正著。揭發劉瑾罪行之後，在環繞正德皇帝左右的太監中，張永是比較能守正的一人。他瞭解王陽明的處境，和受朱厚照左右的仇視，也瞭解王陽明所說御駕親征及縱囚可能引發的危機和苦難，不過，他有他的見解：

「吾之此出，爲群小在君側，欲調護左右，以默輔聖躬；非爲掩功來也。但皇上，順其意而行，猶可挽回萬一；若逆其意，徒激群小之怒，無救於天下大計矣。」（註三）

大約十月上旬左右，把寧王宸濠等一干重犯，交付張永之後，王陽明便稱病到西湖淨慈寺休養。這時的王陽明，除了憂心親征可能造成天下騷動，以及對江南百姓的蹂躪外，家中父親老病甚重，祖母逝世未久，母柩則久厝未葬；幾次上疏省葬，都無法如願。寧王事發，雖然立下不世之功，卻捲進重重的政治漩渦之中，能否得脫，似乎只能委之天命了。

△　△　△　△

南征途中，江彬矯旨逼辱地方官吏；有的長吏被縛，有的通判懼而自縊，綱紀、體統，在堂皇的「親征」名義下，一時蕩然無存。兵馬到達揚州，江彬選擇鉅大豪華的民居，作爲提督府。到處搜羅寡婦及處女。揚州是江北要衝，西南不遠的彼岸應天府，就是六朝建都之地的南京，六部衙門俱在，與北京遙遙相對；是大明朝的另一個都城，自然該是親征天子駐蹕之地。溯江而上，不僅可達這次禍亂根源的江西，並可進抵湖湘。倘如過江之後，循著運河南下，就可遍歷有人間天堂之稱的蘇杭兩地。對邊將和春秋鼎盛的皇帝而言，似乎每條路線都富有極大的誘惑。計議、爭論、諫阻，也許連日益得寵的「劉娘」也發生一些制衡作用，最後，尚在淮揚的正德皇帝車駕遂以南京爲目標。江彬、許泰、張忠則以寧王餘黨尚多，須加速逮治爲名，率軍先往南昌。他們挾持著從張永手中接收過來的宸濠，到處搜羅財物，捕殺良民當作逆黨，以求論功行賞。

十一月前後，在張永的勸說下，正德皇帝降旨王陽明兼任江西巡撫。舊地重臨，飽經戰火，復受北軍蹂躪的江西省城一帶，更是滿目瘡痍。屢立奇功的伍文定知府，備受邊將和太監的窘辱，王陽明和江、許、張三人的磨擦，也自在想像之中。

撤離江西，進駐南都後的邊將，除留連於秦淮河畔的金粉世界，威迫在南京的國公貴冑、六部大吏之外，就是搜尋王陽明的把柄，挑撥陷害，以報一箭之仇。

王陽明所以獲罪江彬、許泰和張忠，一則是他迅速敉平藩亂，幾乎使親征之舉，不得成行。一則不肯交出俘虜，縱之鄱陽湖內，讓南征君臣飽享揚帆圍捕之樂，以及論功行賞的榮典。另一使他們恨入骨髓的，是王陽明獲得宸濠僞檄後，在奏報疏中，說明擄獲過程，僞檄內情以外，又加了幾句對正德皇帝的勸諫之言：

「……陛下在位一十四年，屢經變難，民心騷動，尚爾巡遊不已，致宗室謀動干戈：伏望皇上，痛自刻責，易轍改絃，罷除奸諛，以回天下豪傑之心，絕迹遊幸，以杜天下奸雄之望：……」（註四）

如果班師回鑾之日，各道言官據此紛紛論奏，既要皇帝「絕迹遊幸」，又要其「罷黜奸諛」，則他們未來的命運，也就可想而知。

江彬等人首先逮捕王陽明的門人冀元亨。元亨字惟乾，武陵人，是位純樸務實的舉人，忠信可託，王陽明聘之爲公子王正憲的塾師。

在宸濠拉攏地方大吏、禮賢下士、潛爲異謀的時候，王陽明自然也在其禮遇之內。在禮貌上，王陽明不得不遣人入謝。

言談間，寧王論及天下大勢，稍吐胸中大志之時，受託入謝的冀元亨，不僅佯作不解其意，反而與之大談理學，想暗中開導這位一心謀叛的藩王。寧王聽了，竟洪聲大笑說：

「人癡乃至此耶！」（註五）

在宸濠心目中，大概覺得蘇州才子唐伯虎之顚，和武陵舉人冀元亨之癡，可謂徒具虛名，都是百無一用的書生；因此立刻把冀元亨逐出王府之外。

但是，當他返棹贛南，將此行經過面報王陽明，王陽明頓感事態嚴重，嘆道：

「禍在茲矣！」（仝註五）

王陽明急忙遣人護送冀元亨返鄉避禍；卻不意冀元亨之禍不在宸濠，而在於繼宸濠之變後的邊將和太監。他們誣指王陽明暗中交通寧王，先遣門人冀元亨前往寧府，許舉事之日，借兵三千相助。後來見宸濠事勢無成，王陽明才轉而以兵躡襲寧王，來遮掩自己的罪行。

在南京法司，雖對冀元亨百般拷掠，但他並無一語累及陽明，加以言官交疏爲王陽明論辯；交通寧王之說，只得不了了之。隨著，王陽明又備咨部院，爲冀元亨雪冤；然而，等到嘉靖皇帝登基，釋詔將下之際，冀元亨卻因病瘐死獄中。

江彬等，一再從南京發出僞旨，召王陽明從江西進京；倘王氏相信前來，他們即可以參他擅離職守之罪。但王陽明查出是矯旨，便堅不啓行；三人之計，一時也就無法得逞。

一次，在飮宴中，正德皇帝言及江南已平，可高枕無憂時，三人則藉機進言，指稱王陽明在江西，手握兵權，早晚必反。考驗的方式，莫過於傳旨召之進京，如果抗旨不至，就足證他心懷反意。

三人想到王陽明前幾次的不奉僞旨，預料這次免不了會以眞作假，依舊置之不理；其抗旨謀叛之嫌，也就百口莫辯了。

不意這次，張永暗中遣人馳報江西，揭發三人的陰謀，王陽明才未爲所乘。加以張永不斷地在朱厚照面前剖析王陽明之忠，以及奉旨來京途中，又被矯旨留於蕪湖長達半月之久的情形，終於消除了正德皇帝的猜疑；傳旨王陽明重返江西。

「……又蒙欽差總督軍門，發遣太監張永前到江西，查勘宸濠反叛事情，安邊伯朱泰、太監張忠…各領兵亦到南京、江西征勦。續蒙欽差總督軍務威武大將軍總兵官後軍都督府太師鎭國公朱，統率六師奉天征討。及統…平虜伯朱彬等，幷…亦各繼至南

京。…」（註六）

正德十五年七月十七日，王陽明奉威武大將軍朱壽——也就是正德皇帝自己的鈞帖，指令他重上「江西捷音疏」。疏中，要把隨御駕親征的功臣，加錄進去，好作爲御駕親征鬧劇的收場；這眞正是一篇「改變歷史」的奏疏。王陽明除了像「擒獲宸濠捷音疏」（註七）那樣歷述平亂過程之外，便如上面那樣字斟句酌地列入事後平亂，及到南京平亂「有功」者的名錄。他進一步指出整個親征隊伍，對勦平藩亂的特殊「貢獻」：

「…臣竊照宸濠蒸淫姦暴，腥穢彰聞。數其罪惡，世所未有。不軌之謀，已踰一紀。積威所劫，遠被四方。而旬月之間遂克堅城，俘擒元惡，是皆欽差總督威德，指示方略所至也。……」

在這篇奏疏中，皇帝充欽差、大臣爲皇帝記功請賞，在歷史上，恐怕鮮有前例。不過親征的君臣，見到這篇奏疏，無不積忿稍舒，覺得總算有了轉圜的餘地，遂議論在南京獻俘班師。

△　　△　　△　　△

文徵明、唐伯虎、楊循吉；在宸濠變亂、御駕親征的荒謬時代脈絡中，這幾位蘇州才子、名士的感受和遭遇，卻大不相同。

七月，鄉試的日子一天天的接近。文徵明和二十三歲的長子文彭正加緊準備前往南京應試。一陣秋風吹過，萬木齊鳴，大雨隨之傾盆而降。一時之間頗有風吹海立，飛濤萬點的驚人之勢。

其時，起兵未久的宸濠，正在圍攻安慶。王陽明一面傳檄遠近，一面發兵吉安；整個江南人心惶惶，兵連禍結，不知將伊于胡底。

狂風驟雨過後，停雲館的玉蘭堂外，雖然水流成渠，潦象立時可見，但，也爲暑燠的江南，憑添了幾許涼意。望著滿院狼籍的花木，想著令人難測的兵災，文徵明在詩中祈求：

「…不愁涇渚迷牛馬，願瀉天河洗甲兵。…」—驟雨（註八）

赴南京途中，過往船隻和運河碼頭上，不時傳出種種謠言和警報。寧王的矛頭，似乎正指向南京；安慶棄守，看來只是遲早之事。南昌人馬究竟能在安慶遲滯多久，無人能作預測。匆匆調動的軍伍，裝束準備逃難的居民，把陰雨綿綿的仲秋，裝點得詭異而陰沉。在戰前的緊張中，能否如期鄉試，成了赴試生員，乃至趕考場商販的主要話題。

寓居好友許鏜家中的文徵明，心緒變得極爲矛盾，想著時局的動盪、生民的苦難，一個胸懷壯志的儒者，似乎正該有所作爲的時候。然而，聽著戶外寒蟲的悲鳴，放眼盆池間迎著疏雨顫動的衰荷，一絲落魄失意的淒冷，不覺又襲上文徵明的心頭。

「…江上時情傳警報，樽前壯志説登科；帝京爛漫江山在，滿目西風撫劍歌。」—金陵客懷（仝註八）

到了夜裡，惱人的雨聲，使他輾轉難眠。想像數十年前祖父文洪和父親文林同院應試的情景；當時蘇州金陵路上，無論渡口的船夫、沿途的商販、客邸的主人，乃至名山古刹的知客僧，都熟識文洪老人的鄉里、姓氏，以及他那一科復一科，徒勞往返的噩運。文徵明感覺中，今日自己，似乎成了祖父的化身。前些年，與好友、門生一同赴試，滿頭霜髮，早已成爲衆人照顧憐惜的對象。今後也不知那一年才能超脫這三年一度的赴試行列。耳邊傳出兒子熟睡中的均勻呼吸，文徵明心裡就愈發百感交集。

他索性燃起油燈，喚醒文彭，一吐心中的抑鬱。

「青衫潦倒髮垂肩，一舉明經二十年；老大未忘餘業在，追隨剛為後生憐。槐花十日金陵雨，桂子三秋玉露天；壯志鄉心兩無著，夜呼兒子話燈前。」（仝註八）

八月六日，江西捷報和親征軍馬南下的消息，先後傳抵南京，整個局勢似乎已經明朗下來，但依舊傳言紛紛，令人懷著疑慮不安。文徵明以「八月六日書事」爲題，賦七絕四首，紀一時的感喟：

「翠華南巡方授鉞，捷書西上已成俘，可憐劉濞區區業，贏得功名屬亞夫。」四首之二（註九）

詩中「亞夫」，自然用以比喻以迅雷不及掩耳之勢，敉平叛亂，安定社稷，功高蓋世的王陽明；但他萬沒想到王陽明因此所受到的困厄和窘辱；終正德之世未獲封賞。直到正德皇帝駕崩後的八個月，朝廷才下制，封王陽明爲「新建伯」，官拜光祿大夫柱國兼兩京兵部尙書。聖旨到日，適逢陽明父親王華壽誕之日，老人感慨異常地對兒子說：

「寧濠之變，皆以汝爲死矣，而不死。皆以事難平矣，而卒平。讒構明興，禍機四發，前後二年，岌乎不免矣；天開日月，顯忠遂良，穹官高爵，濫冒封賞，父子復相見於一堂，茲非幸歟！然盛者衰之始，福者禍之基；雖以爲幸，又以爲懼也。」（註十）

一旁賀客聽了，無不爲之嘆息。

數年前文徵明堅拒寧王之聘，及至宸濠被俘，蘇州士林，莫不稱爲明智之舉：

「衡山文先生徵明，有『病起』、『遣懷』二律，蓋不就寧藩之徵而作也。詞婉而峻，足以拒之於千里之外。…後寧藩敗，凡應辟者，崎嶇萬狀，公獨宴然；始知公不可及也。」（註十一）

從這則詩話，可以見出文徵明賦「八月六日書事」的心境，純以悲天憫人的胸懷，發而爲憂國憂民的詠歌。

「凡應辟者，崎嶇萬狀。」再與冀元亨的遭遇、江彬等嚴搜宸濠餘黨之舉，互相對照，人們對戰後唐伯虎的處境，就不免格外的關注。

伯虎在寫給友人元善譚詩卷中，有「兵勝雨晴」七律一首：

「電掃干戈復太平，天開晴霽擬豐營。一朝頓減糟糠價，半夜收回鼓角聲。天子聖明成大慶，野人歡喜保殘生。□遭盛事須歌頌，慚愧無才達下情。」（註十二）

依詩中語意，似乎作於十四年八月，江西捷音與親征消息傳抵吳城之日。但其中對天子聖明的歌頌，以及對「無才達下情」的慚愧，又似乎是正德皇帝車駕渡江前後的「表態」之作。和文徵明的「八月六日書事」的淡泊超然，在感覺上並非同調。這首詩，多少顯示出伯虎心中的忐忑，以及對未來命運的隱憂。

〔風流逸響〕，有一則對伯虎此際處境的記述：

「宸濠事敗，六如幾不免，當事者甚憐之，然不能挽也。及見題壁一詩云：『碧桃花樹下，大腳黑婆娘；未説銅錢起，先舖蘆蓆床。三杯渾白酒，幾句話衷腸；何時歸故里？和它笑一場。』遂保護其壁，深白伯虎鬱鬱思歸，略不與黨狀，復奏得釋。」（註十三）

從這僅有的一鱗半爪中，透露出寧王事敗後，伯虎已再次身繫囹圄，面對錦衣衛，對簿於南京法司；拷掠似也在所難免。

他在十四年所作的「西洲話舊圖」上題：

「…病中殊無佳興，草草見意而已。」

前述寫給元善譚的行書詩卷尾款表示：「來敎索書鄙作，謹具數紙，詞律俱惡，慚愧，慚愧！」

多病的身體、惡劣的情緒，再加上這場牢獄之災，對晚歲的伯虎，不能不説是一種嚴酷的摧殘。

「當事者甚憐之，然不能挽也。」伯虎在衆所矚目之下，受聘前往南昌，半年的王府生活，雖然預見事機，佯狂而歸，但不一定能爲人們所普遍理解；由這一句簡潔的記述，可見伯虎「交結叛逆」事態的嚴重性。

然而，能瞭解伯虎當日在王府中的心意，同情寧王事敗後的伯虎處境，又千方百計地前往江西廢王府中尋找有利於他的線索—題壁詩，到底是何人呢？

能僅憑這樣一點含蓄隱晦的證據，「復奏得釋」，救江南才子唐伯虎於危厄之中，可能只有隨駕南征的親信吧；因此，不由得使人想到唐伯虎好友祝枝山的長子祝續。

翰林散館後，祝續由庶吉士授禮科給事中。在南征行營中，祝續和御史張綸，受命隨軍紀功，也具有言責。伯虎獲釋，究竟是否得到祝續，或鄉試後，對伯虎贊賞備至的房師梁儲的迴護？事無佐證，只能算是一種推測及想像而已。

△ △ △ △

吳下名士中，最出人意料之外，也最爲人所惋惜者，莫過於年逾耳順，深隱支硎南峰的楊循吉的復出。

宏治初年，仕於明時的楊循吉，以三十一歲壯齡，致仕歸隱，曾引起蘇州士林極大的震撼。

「都門祖帳百花飛，多見龍鍾賦式微。較取柳條千萬折，不曾送一少年歸。」（註十四）多少爲宦京師的江南遊子，抽身歸來時，早已老態龍鍾，鬢髮皆白；幾曾見過如此壯齡，毅然辭別帝都，投向青山白雲。爲此，相城大隱沈周賦七絕三首，備加贊嘆，傳誦一時。

結廬於南峰的楊循吉，經常以松枝爲籌自我督楚課讀，因此所讀之書，日益廣博深奧，自內外典到稗官小說，幾乎無所不讀。

鮮少交遊，帶著幾分神祕色彩的楊氏，往來於山路之上，往往穿戴著破舊的冠服，坐著陳舊的山輿或騎匹羸馬。有人說他性格狷隘，好論人短長。也有人說他好以學問難人，往往爭得面紅耳赤亦在所不顧；但他對父母的孝道，卻是衆口一詞。

父母過世之後，楊循吉結廬墓側，按古禮守孝三年。其後每至冬令，往往持齋誦經，百日不出，以報先人。

有時約朱存理、祝枝山、文徵明、陳淳等到宅中讌集，分韻賦詩，風流儒雅，絲毫無遜於古人。

但是，正德皇帝南征時，這位南峰隱者，不僅前赴行在，並留下種種傳言：

傳言之一，循吉和朱厚照所寵幸的伶人臧賢，係屬舊識。征途寂寞，正德皇帝突然問起江南一帶有沒有擅長詞曲之人，臧賢便以前禮部主事楊循吉爲薦。

臨行之時，地方守令不得不勉強爲他治裝，但他裝備起來，卻一反常態的怪異：頭戴武冠，身穿熟皮祭服和錦繡的戎裝，形同戲臺上的武生；大概是爲了配合戎馬臨陣的正德皇帝吧。由於係奉旨晉見，一向有顚主事之稱的楊循吉，又仗勢對知府、縣令等地方官吏，冷言冷語的奚落幾句，就更引發人們的反感。

不過，晉見之後，皇帝略試賦詞作曲之後，覺得他頗爲稱旨，就留侍身邊，但並未授官與他。只是在遊幸飲燕之間，命其應制賦詞，隨手賞賜，和對待優伶無異。

有一次，朱厚照更直截了當地問他：

「若嫻樂，能爲伶長乎？」（註十五）

滿頭飛霜的楊循吉，一時愧悔交加，汗流浹背。終於在臧賢的懇求下，正德皇帝才將他放歸故里，也由此，愈發爲鄉里後進所薄。

不過，這個傳說不僅和楊循吉素性不合，也留下無法自圓其說的漏洞。證之〔明史〕「錢寧傳」（註十六），太監錢寧和伶人臧賢，共同交結寧王，幫助寧府使者行賄京師、窺探朝廷、營復護衛……寧王反時，錢寧爲了歸罪臧賢，一方面請皇帝將之發配邊閼，一面使校尉殺之於途，以爲滅口。所以臧賢從征的說法，根本是子虛烏有。

另外一個說法，則是正德皇帝南巡，在北固山上見到楊循吉的題詩，因此傳旨召見。至於未獲授官，隨即放歸的原因，則是應對未能稱旨。

二十七八年後，日形落寞的楊循吉，以八十九歲高齡，逝世於吳縣支硎南峰。正德南巡時所帶給他的是是非非，也如瀰漫於南峰的雲霧，令人感到神祕而矇朧。

註一、〔明王文成公守仁年譜〕卷一頁四四、〔王陽明出身靖難錄〕卷下頁二三。

二、〔明王文成公守仁年譜〕卷一頁四四、〔王陽明出身靖難錄〕卷下頁二四。

三、〔明王文成公守仁年譜〕卷一頁四三、〔王陽明出身靖難錄〕卷下頁二四。

四、〔王陽明全集〕頁一五二「奏聞宸濠僞造檄疏」（十四年七月初五日），自力出版社版。

五、〔王陽明全集〕頁六四五「年譜二」。

六、〔王陽明全集〕頁一七四「重上江西捷音疏」；疏中「朱泰」、「朱彬」即「許泰」、「江彬」，因受正德皇帝國姓之賜，故寫成朱姓。

七、〔王陽明全集〕頁一五五，十四年七月三十日疏。

八、〔甫田集〕頁二二四。

九、〔甫田集〕頁二二七。

十、〔王陽明全集〕頁六五〇「年譜二」。

十一、〔詩話〕，影印自中央圖書館善本書室。

十二、〔穰梨館過眼錄〕册二頁六七二。

十三、〔唐伯虎全集〕水牛版頁二五二「詩話」。

十四、〔石田集〕頁六九四「聞楊君謙致政賦此以致健羨」三首之二。

十五、〔明詩紀事〕册四頁八九三。

十六、〔明史〕頁三五〇二三。

第五十六章　山靜日長

「安化跳梁即日平，中原群盜敢縱橫，洪都定亂誰堪使，除是君王自將兵。」——絕句十三首之三（註一）

在正德皇帝、太監和邊將一意南征的擾攘聲中，退隱洞庭東山達十年之久的太傅王鏊，也憂心忡忡地賦絕句加以諷諫；對朱厚照而言，自然，又是馬耳東風。

十四年八月十七日，王鏊七十壽誕，就在這南征的風風雨雨中度過。其時，王鏊許多得意的門生如蔡羽、文徵明等均在金陵應試未返。長子延喆、女婿子容遠在北京。次子南京中軍都督府經歷延素，職責所在，自難返鄉爲老父祝嘏；場面不免稍爲清冷。

門生唐伯虎，爲曾受聘寧府事，雖在道路傳說紛紜，妒才樂禍之人，更處處造謠中傷的情況之下，仍以其瀟脫綿密的筆緻，精心繪製「長松泉石圖」獻壽，倩太倉張雲槎，補繪王鏊小像於泉石之間。唐伯虎復有七律一首，和長松泉石圖一樣備受賀客稱道。

「舒卷絲綸奉禁闈，夢思桑梓賦遄歸；古聞南極稱天老，今見東方有袞衣。蓮社杯酒陶靖節，獺囊詩句謝元暉；無疆陵上諸生祝，萬丈岡陵不算巍。」（註二）

人言宰相能燮理陰陽，多年來，王鏊雖然深隱林泉，但子、婿、門生多人在朝爲官，對朝政民生，一舉一動無不關懷。青年君主的巡遊無度、各處盜賊蠭起，藩邸的逆謀，乃至陰陽失調，莫不爲之動容，形諸筆墨之間。

壽筵中，賓主談起今年開歲那場大雪。

正當爆竹聲喧，家家賀歲的時候，天氣忽然乍陰乍晴，晴而復陰，接著狂風大作，雪片翻飛。連綻放的梅花，也顯出一種受不住風雪摧殘的神態。正德皇帝腰弓跨馬深入邊塞的消息，則不時從家人或親友書信中傳來，「土木堡之變」的陰影，一直縈繞在人們的心頭；愈發使人感到那狂風驟雪定是歲兇年荒的警兆。

王鏊在風雪撼動的堂屋裡，寫出胸中不吉的預感：

「……漁蓑未愛江頭好，龍馭惟憂塞上深；我是袁安方閉戶，地爐火暖獨愁吟（是歲年儉民飢）。」——己卯開歲連雪有作（註三）

到了七月，正是江西戰況撲朔迷離之時，江南忽然颳起颶風，濁浪滔天，頗有駕海驅山的兇惡之勢。沿江濱海的地方，竟有一半人家漂流而去，葬身蛟鱷之腹。意想不到的是，雖然僥天之倖，宸濠之亂迅速敉平，生民的苦難，兇年的饑饉，眼看可以稍微降低一點，卻由於邊將的慫恿，天子的好遊，而益形加劇；又使王鏊的心緒，感到無比的憂慮和痛苦。到八月中秋之後的七十初度，雖是賀客盈門，獻詩祝壽，卻無法驅散王鏊心中的惆悵。回憶正德四年六十歲生日；剛從北京致仕東歸，那時劉瑾肆虐已至頂峰，朝中忠義之士，不是被殺戮，便是遭致放逐和囚禁的命運。離京時，看到同僚們痛苦絕望的神色，路途上荒涼殘破的景象，至今猶在王鏊心田。

「今日是生時，滿座親知，都來上壽把金卮。百歲人生今過半，好共開眉！玉帶挂花枝，醉墨淋漓，世間名利不關伊；況是功成名遂了，不樂何為？（浪淘沙）」（註

四）

當時醉中塡詞四闋，王鏊用以寬慰自己，也寬慰親友和家人。然而，眞的「好共開眉」？十年於茲，王鏊心中，依舊一片茫然。

王氏三公子—中書舍人國子上舍王延陵，堅邀唐伯虎爲乃翁作七十壽序。序文一道，伯虎生平著筆不多；但青年時代的「送文溫州序」，分析士林前輩與後進之間，一方面教誨、引擢，一方面是推戴輔翊；然後才能上下相成，使長者的學問道德得以彰顯於世，使後輩既能高山在瞻，有所標的，其才智更可藉以發揮。態度之懇摯，剖析之透徹，不僅文林心中感到無比慰籍，沖淡了離鄉背井的惆悵，讀者也莫不贊嘆。近年的「送陶大癡分教撫州序」，以反諷、幽默的手法，描寫飽學、貧困之士的時代遭遇，更是傳誦一時，令人嘖嘖稱奇。

唐伯虎在王鏊七十壽序中，稱道王鏊：

「……祁寒盛暑，手不釋卷，天下服其勤；貴璫用事，計陷宰相，公力拒之，天下尚其義；遂引疾以歸，天下推其勇；歸臥包山之麓，太湖之上，耳目所接者，松風雪浪，于世事無一預也，天下稱其高。凡是數者，皆天下之所不可得，或有其一，猶自以為踰于天下；況備有之哉？……」—柱國少傅守溪先生七十壽序（註五）

短短數百字，非但寫出王鏊的性格、功名，節操和風骨，更描繪出歸隱後的林園風貌，直與「長松泉石圖」相互呼應。

序文之首，伯虎認爲冥冥之中必有司福之神，福之多寡厚薄，端視各人德業而定；能造福天下人的，其所享福份，也必踰於天下之人。結論是：

「……蓋公平日以言行之善，處宰相之位，施諸普天下，蒙其福者，自人及物，不可計算；故其享福也，備有衆美，而踰諸人耳……」

這篇序文，對王氏而言，既爲「知言」也可謂之「善頌」，在兵荒馬亂的年歲，在略覺清冷的壽辰中，未嘗不是一件值得珍惜的獻禮。

△　　△　　△　　△

在無錫諸華中，收藏書畫最豐，鑑賞力最高的，無過于五年前逝世的華珵華尙古先生。其博雅好古，僅次於相城沈周。石田老人生前，尙古不時蕩舟前往有竹莊，二人互出所藏，相與評隲，累旬不返。正德初葉，華尙古七旬左右，文徵明曾爲其作小傳（註六），對他的廉潔自持、淡泊名利、樂善好施，以及對古書字畫的寶愛，頗加揄揚。

華夏華中甫，也當算此中翹楚，這年五月，文徵明往客無錫，曾跋其珍藏「淳化閣祖石法帖」六卷。

年逾而立的補菴華雲（從龍），可謂後起之秀，不僅藏品豐富，對吳下的文、唐、仇諸家，更是備極禮敬。

正德五、七年間，唐伯虎曾作客於華雲的劍光閣中，少則數旬，多者數月。吟詠品茗之餘，爲作「白居易詩意册」達四十幅之多。十四年秋節過後，傳言江彬、張忠等正欲前往江南搜捕宸濠餘黨的風聲鶴唳中，唐伯虎又復進入太湖北岸的桃花源，避開擾攘的塵囂。劍光閣的書案上，擺設著南宋羅大經所撰（鶴林玉露）一部。映入唐伯虎眼簾的，則是「山靜日長」篇。想是主人正爲江南暑熱的餘威，以及局勢的紛擾，極思遁入古人所開闢出來的那片心靈世界。正德二三年間，一度以「山靜日長」爲題作畫的唐伯虎，對華雲這位青年文學家、書畫鑑藏家的心弦，似乎很快地就產生了共鳴，於是一起策畫分段描摹「山靜日長」中的境界。

他們構想中的圖冊，共分十二幅。溪山樹木、茅屋書舍、巾服人物……唐伯虎一一按文中所形容、描寫的景象，勾畫佈置，然後以南宋那種勁拔而工緻的筆墨，捕捉於絹素之上。總計十二幅畫，一共花了將近三個月的時光，才告完成。不僅劍光閣主人心滿意足，見者無不讚爲伯虎生平傑作。

同年冬日，大約「山靜日長」圖冊繪成不久，適王陽明來訪；華雲曾先後師事鄉前輩戶部侍郎邵寶，和這位餘姚理學家王陽明，時局混亂，戎馬倥偬之際的短暫相會，師生二人，又是欣喜，又是感嘆。

十月初，在杭州把一干要犯交付張永之後，王陽明就在南屏山淨慈寺中養病；事實上，平定藩亂期間，他太半是在病中籌畫和指揮。位於西湖南岸的淨慈寺，離蘇堤第一橋映波橋不遠。每日在深松老屋中靜坐，進入耳中的無非是鐘聲與梵誦；但腦海裡卻怎樣也排除不了江西民生凋敝的景象；雪上添霜的御駕親征，更不知給苦難的江南，帶來何等樣的劫數。記得以前在這座古寺中養病，還可以跟老僧下棋，乘侵曉湖中無人之際泛舟遊湖，或登高眺遠，功成名就的此際，卻只能望著紛亂交纏的藤蔓，聽著淅淅索索的落葉，昏昏沉沉，日復一日地嗟嘆：

「帶苦人間不盡愁，每拚須是入山休，若為此夜山中宿，猶自中宵煎百憂。百戰江西方底定，六飛南甸尚淹留，何人真有回天力，諸老能無取日謀。」—宿淨慈寺四首之二（十月至杭王師遣人追寧濠復還江西是日遂謝病退居西湖）（註七）

他把勸挽天心的希望，寄托在廊廟諸老身上。

時近深冬，不僅回鑾無望，傳抵王陽明耳中的，盡是太監和邊軍邊帥挾持宸濠濫捕餘黨、搜刮民財的消息。王陽明之搭舟北上，想前赴淮陽行在，孤注一擲地向正德皇帝犯顏直諫。到了京口，卻爲致仕家居的大學士楊一清大力勸阻。楊一清督學甘、陝總制三邊多年，劉瑾之誅，也多由他所策劃；是以無論對正德皇帝，邊將、太監，他都有深入的瞭解。他的極力阻勸，無非不願王陽明，這國家棟樑，生民柱石，白白犧牲於佞倖和罔顧國家安危的皇帝之手。

華雲看得出乃師清癯的臉上，映現著進退維谷的苦悶。由「心靜日長」所幻化成的十二幅圖畫，也許正是王陽明渴欲臥游、隱遯的桃源。劍光閣的書畫、惠山泉的滋潤，對半年來日夜焦思苦慮，勞碌奔波的王陽明，似乎眞正產生了心靈的慰撫作用。此外，命其巡撫江西的詔令，也在仲冬傳抵江南；他又可以回到江西收拾殘局，對太監和邊將的肆虐，多少產生一些制衡的作用。因此，王陽明很快地便應允了門生華雲的祈求，分段爲唐伯虎的圖册、書寫〈鶴林玉露〉中的「山靜日長」。使劍光閣主人大喜過望的是，王陽明竟在江西歸舟中很快地寫好寄至，可見他對伯虎作品的珍賞。臘月，當唐伯虎在桃花菴學圃堂中，題三十年前曾一度見於金陵的「李嵩羅漢圖」（註八）時，「山靜日長」的書與畫，早已裝裱成帙。華雲以興奮喜悅的口吻，爲陽明、伯虎一代兩奇人；且均與宸濠事件相關連者的書畫合璧作識：

「……夫子畏得輞川之奥妙，而伯安行書，磊落有奇氣；況二公人品才地，皆天下士也，一旦得成合璧，豈非子孫世襲之寶耶？是歲嘉平月十日，補菴居士識。」（註九）

△　△　△　△

對年屆知命的文徵明而言，正德十四年，也是個多事之秋；三月中旬，二十多年好友宜興李瀛卒，九月，繼母吳安人逝世。

吳安人，和前歲十月九日亡故的伯虎岳母吳孺人，同樣是默默一生的賢淑女性，生平事蹟，鮮爲外人所知；但她們往往是家庭生活的支柱。

吳孺人素寧，育有一子三女；次女就是伯虎的元配妻子。伉儷情深，遺憾的是，在伯虎二十五歲前後，就撒手人寰。孺人七十年的生命歷程，倒有六十年手不離紡車和筐籃，紡績不輟。她長年茹素，並非因爲好佛，僅僅是生性儉樸。她認爲人生修短有算，禍福有數，天道不能以膜拜和祈求而改變；也可說是一種很豁達的人生觀吧。從這些方面看，對唐伯虎的人生態度，未嘗沒有影響。且看唐伯虎在一首「嘆世」七律中所表現的觀念：

「富貴榮華莫強求，強求不出反成羞，有伸腳處須伸腳，得縮頭時且縮頭。地宅方圓人不在，兒孫長大我難留；皇天老早安排定，不用憂煎不用愁。」（註十）

唐伯虎更在所撰「徐廷瑞妻吳孺人墓銘」裡，頌揚她平凡生命中的諸種美德：

「……寅為女婿三十年，內言不聞，非儀兩絕，親所豫見，故為銘其墓之戶……」（註十一）

徵明繼母吳氏墓銘，則是由王鏊執筆；足見王、文師生情誼之篤。文林逝世時，吳氏年未四旬。

「其爲我穿穴冢傍，吾且從公！」

溫州公文林葬時，吳氏悲戚至極的話語，猶在人們耳邊迴蕩。二十年後的吳縣梅原之上，吳安人即將和先文林而逝的原配祁安人，同事溫州公於九泉。感於吳氏獨居二十年的冰蘗之操，以及對原配子孫的慈愛，王鏊感慨無限地銘曰：

「詩詠柏舟志矢弗他，鳴鳩飼子其愛無頗，我懷伊人寧復有之，洵美安人維其似之。……」（註十二）

文中，王鏊也特別提到徵明潦倒場屋而名徹宇內的景況：

「……徵明雖未第，名已徹海內；每秋試，主司以不得徵明為歉，而徵明未嘗以不第為懟也。……」

經過十五年的歲月，琴士楊季靜，也早已邁入中年。

宏治十八年挾琴南遊，訪求知音，唐伯虎曾爲作南遊圖，吳下題贊者無數。而一幅淺絳設色的「琴士圖」（註十三），山石皴法，亂中有序，似在有意無意之間。款：「唐寅爲季靜寫」，鈐「南京解元」朱文印；未署年款。平臺松陰下面，杯壺香爐彝器羅列。泉石旁邊，對流揮絃的楊琴士，唇側平添了兩綹烏鬚。從畫中筆法，和琴士面容上的歲月表徵，學者推斷爲伯虎知命前後的作品。

此外，嘉靖五年文伯仁所繪「琴士楊季靜小像」（註十四）後，裱附唐伯虎的楊季靜像贊：

「指隨流水，心逐冥鴻，白眼一雙，青山萬重。昭文調高，陽春寡和，櫪馬仰秣，梁塵暗墮。劉媛短調，稽生廣陵，譜中傳指，律內符心。石室煙霞，竹窗風雨，流水百灘，冥鴻萬里。友生唐寅。」

嘉靖五年，伯虎早已回歸道山，想來也是知命前後，爲楊季靜的琴藝和不群的豐采，所作的嘆賞吧。

「昭文調高，陽春寡和，櫪馬仰秣，梁塵暗墮。」然而，這又何嘗不是伯虎晚歲，發自內心的嘆息。

△　　△　　△　　△

徵明、伯虎兩位近鄰好友，上巳日往往同聚一處，臨流修禊；桃花塢本身就是絕佳的流觴曲水，暢敍幽情的地方。但，正德十五年（庚辰）三月初三，兩人修禊的方式，卻大異其趣。

吳城西面的小溪上，帶著幾分酒意的文徵明，獨自望著西逝的流水，遙想煙波浩淼中的太湖西山。晚風吹拂下的溪柳中，見不到故人舟楫，只有成群的燕子，在落日霞光中穿梭。不知蔡羽是否已經忘記和他的約會，反正這位西山古文大師和陳湖公子陳淳一樣，慣於爽約。

唐寅　琴士圖

其實，前一年八月，他們才同往金陵應試。試畢回航阻風，又同在靜海寺，達摩巖和盧龍觀留連數日；至今不過六個多月，但在文徵明的感覺中，似乎已經相別經年。

陣陣江風，飄動著他那單薄的衣襟，連兩岸的新綠，也泛出一絲絲的寒意，使他備感孤獨和寂寞。他在詩中寫：

「……日落晚風吹宿酒，天寒江草喚新愁；佳期寂寞春如許，辜負山花插滿頭。」（註十五）

回味一日間的孤獨與失落，文徵明作「溪上小圖」一幅，連詩寄往洞庭西山，讓蔡羽也咀嚼咀嚼那孤獨等待的滋味。

明末南京工部郎姜紹書（二酉）在「韻石齋筆談」中，述及其外祖父孫吾陽正德十五年的一次雅集：

孫氏世居武進縣之七峰山，宅近江濱，奇巖壁立，龍蹲虎踞，臺閣山林相互掩映，是個修禊的好去處。孫氏與唐伯虎、祝枝山、楊邃菴（一淸）、陳石亭等名彥均屬莫逆之交。據說相思命駕，群集吟詠，詩詞書畫，時有流傳。庚辰上巳，不僅照例群賢畢集，更把唐伯虎的詩、畫，以及諸名士的題名，鐫於磨崖之上，以紀勝游。懸崖揮翰者，正是屢立邊功的致仕大學士楊一淸。

經過百餘年的風吹雨淋，姜紹書想到遣人搨下這些名公手蹟的時候，可惜多已漫漶，只有唐伯虎的圖與長歌，焜耀于天壤之間。爲了對唐伯虎才華藝業的尊崇，姜紹書並和伯虎長歌兩首，其和歌第二首的最後幾句是：

「……伯虎前身顧虎頭，與酣盤礴方留筆。掣筆迅如風雨來，驥渴鴻驚憑腕力。石淙墨與垂琬琰，風雅不孤徵有德。紀元前度是庚辰，驚喜百年傳舊跡。雲巒幻出蝌蚪文，蒼頡書成鬼應泣。」（註十六）

在歲月和風雨的摧殘下，磨崖題名半已漫漶，唯有伯虎圖畫清晰可辨，所作長歌，竟一字不差；綜觀姜氏此記，多少有些不可思議。

再以庚辰年，祝枝山自興寧北返的時間相互印證，恐怕也難以趕赴盛會：

正德十一年，祝枝山到達嶺南未久，荒僻小縣，在他辛勤的治理下，好不容易有些起色；這位愛民如子的百里侯，卻以拙於催科，被罰停俸。題詩廣東旅邸粉壁，賦過表現憤慨、失望的「歸與」之後，對宦海生涯，一天比一天感到無奈。

十四年，早已三年考滿，仍無調遷消息的他，把心中焦思，化成「己卯春日偶作韓致光體」七律：

「亡羊何日返初岐，失馬由來不用悲。靈藥不消心底火，世情猶惡夢中棋。三年紫陌長虛履，一紐銅章只礙詩；好景每將閑領取，淡煙明月兩參差。」（註十七）

推測這位年屆耳順的東吳書家，得到薦陞應天府通判的訊息，已經是十四年深秋時節了。專督財賦的新職雖非所長，但離鄉背井，骨肉離散多年的祝枝山，仍對重返鄉山，抱著無比的欣慰。他到廣州辭別表弟趙二詩中，流露出此際的心境：

「江沱已喜干戈定，吳越猶聞稻蟹肥。把酒正看黃氣好，凝眸無奈白雲飛。……」（註十八）

及至十五年春天二月，官歸舟中，內心的興奮與矛盾又一起湧現心頭：

「世棋年矢兩相催，絕嶺春深與雁回；無限胸中未酬事，蓬牕燈枕酒醒來。」—庚辰二月廿七日曉官歸舟中口號（註十九）

僅從祝枝山這一個時期所賦詩題上，就不難找出他北上的帆影棹痕；

「三月初峽山道中」（註二〇）—峽山在廣東清遠縣東，從廣州出發未久，四周仍然一片嶺南春色。

「庚辰三月歸至保昌館李君士元家適士元車馬有行色廿四日解攜各北南臨岐口占為贈」（註二一）—保昌，即廣東南雄，行踪已近粵贛兩省的交界。

船過贛州，歸心似箭的祝枝山在「贛州」（註二二）七律中，吐露出長途航行的無奈：

「蕭瑟灘聲怒復幽，四程猶未是炎州，行人不解居人語，章水相逢貢水流。……」

好不容易挨到距南昌六十里左右的市汊，又為颶風所阻，屋瓦飄飛，贛江波濤，衝激如雷，在船上，祝枝山眼睜睜的看著水沒村落。屢次昇帆，都抵不住風浪而韮回，一連三宵，停滯在一個狹窄的山隈之中，行動不得，因而譜下「市汊阻風」（註二三）。

由此推測，他過鄱陽、湖口入長江，再橫貫安徽南境，到南京赴任時，恐怕已時近端陽了吧。

註一、〔明詩綜〕卷二五頁二載三首，此為其二。〔震澤集〕卷八頁二五載十三首，此為其三。

二、〔唐寅年譜〕卷九八。
三、〔震澤集〕卷七頁二四。
四、〔震澤集〕卷九頁七「六十初度」四首之一。
五、〔唐伯虎全集〕水牛版頁二二三。
六、〔甫田集〕頁六六〇。
七、〔王陽明全集〕頁三六五。
八、〔秘殿珠林〕頁一一五。
九、〔唐寅年譜〕頁九九、〔墨緣彙觀錄〕頁一七一，松泉老人撰，商務版。
十、〔唐伯虎全集〕水牛版頁六一。
十一、〔唐伯虎全集〕水牛版頁一八九、漢聲版頁一五九。
十二、〔震澤集〕卷三〇頁一四。
十三、〔吳派畫九十年展〕頁八、二三四、二九三。
十四、〔吳派畫九十年展〕頁一二七、二四七、三〇八。
十五、〔式古堂書畫彙考〕冊四頁四八一。
十六、〔韻石齋筆談〕卷上頁一九四，刊於〔美術叢書〕冊一〇。
十七、〔祝氏詩文集〕冊上頁一五八、冊中頁六九六。
十八、〔祝氏詩文集〕冊上頁一五九、冊中頁六九五。
十九、〔祝氏詩文集〕冊上頁一五九、冊中頁六九七。

二〇、〔祝氏詩文集〕册上頁一五九、册中頁七一七。

二一、〔祝氏詩文集〕册中頁七一八。

二二、〔祝氏詩文集〕册上頁一六〇，册中頁七一一。

二三、〔祝氏詩文集〕册上頁一六〇、册中頁七一八。

第五十七章　震澤煙樹

綜觀蘇州四周的美景，和唐伯虎生活、藝術最關密切的，無過於太湖和湖中洞庭西山的桃花塢。這一大一小的景觀，不僅爲他終生所愛戀，並以一種無限柔情與神秘感，交織於他多采多姿的藝術品中。

推測唐伯虎作於青年時代的「桃花塢」和「洞庭湖」（按指太湖），就可以看出他的血液和呼吸，早與它們合流，融爲一體：

「花開爛漫滿邨塢，風煙酷似桃源古，千林映日鶯亂啼，萬樹圍春燕雙舞。青山寥絕無煙埃，劉郎一去不復來，此中應有避秦者，何須遠去尋天臺！」（註一）

事實上，這個位於西山縹緲峰側的桃花塢，千百年來，僅存一片廢墟和荆棘，卻在青年唐伯虎心中，經過醞釀而復活，也成爲他生命中的永恆象徵。

「具區浩蕩波無極，萬頃湖光淨凝碧；青山點點望中微，寒空倒浸連天白。鴟夷一去經千年，至今高韻人猶傳，吳越興亡付流水，空留月照洞庭船。」——洞庭湖（同前註）

透過他的詩筆和畫筆，太湖永遠是那樣壯闊、清澈，充滿了神秘和歷代興亡的嘆息。

△　△　△　△

「湖上桃花塢，扁舟信往還……」從北京東歸未久的唐伯虎，已有意覓地隱居。桃花塢雖然只是一片荒蕪的舊蹟，千林映日，春鶯乳燕交相飛舞的景象，也唯有在想像之中出現。但他依然能在廢墟亂流間，依稀找出心靈所需求的那份幽隱和寧靜。他彩筆下的「花溪漁隱」（註二）已經勾畫出桃源入口的景觀，可惜此際的他既無買山錢，也無法棄生性懦弱的弟弟唐申於不顧。

已故好友徐禎卿，比他晚好幾年才渡湖前往西洞庭。當時的徐禎卿是從涵村陸姓友人家，策馬進入這片群山環繞的避秦谷地。映入徐氏眼中的情景，和伯虎所緣行的那條幽僻的小溪，可能大異其趣；但他卻也從那片荒蕪的泥土中，看出所蘊藏著的發展潛力：

「猶有佳名照荒寂，百年塵跡已都非……草木歲深應委腐，山原春好欠芳菲；誰能更買千株種，走馬來看十里緋。」——經桃花塢（註三）

植樹千百株，在爛漫春光中，開滿一望無際的紅白桃花；這醉人的景象，先後出現在兩位好友的腦際，不能不說是英雄之見，不謀而合。

從詩中的「誰能更買千株種」來看，無論當時功名不偶，深失父歡的徐禎卿，乃至數年後，因貌寢而潦倒金臺的他，都無法達成心中的美夢；否則，也就不必寄長詩，向籌金築園的唐伯虎「解嘲」了。

那時，甫遭父喪的文徵明，對縹緲峰、林屋洞、桃花塢……雖然心嚮往之，但尚無緣登臨斯土。他在和徐禎卿「經桃花塢」七律中寫：

「夕陽下馬桃花塢，不見桃花塢亦蓁……圖經可按桑田異，詩客多情燕麥新，不用苦辛仍買種，梁園金谷總成塵。」（註四）

這首和韻的最後兩句，充分表現出文徵明性格中的淡泊；連隱居的園囿，都不必刻意經營。其停雲館的狹隘，館外積水處處。雜草叢生的景象，也就其來有自了。

對唐伯虎而言，閶門一隅的桃花塢，可能只是湖上桃花塢的替代。但它，仍舊是他隱居、吟嘯、著書和行樂的地方，是他心靈的寄托與驕傲。在唐伯虎的詩歌和彩筆下面，桃花塢有各種不同的情態：

「桃花塢裏桃花庵，桃花庵裏桃花仙。桃花仙人種桃樹，又折桃花當酒錢。……」

他那作於桃花塢草創，甚至規畫時期的「桃花庵歌」，描繪的是他未來生活的遠景；但願年復一年，沉醉於桃花、美酒之間。

「記得五陵豪傑墓，無酒無花鋤作田！」歌的尾句，唐伯虎餘韻無窮地抒發出對世事和生命的感慨。

正德二年上巳，可能是桃花塢落成後的首次修禊。仕女雲集，管絃悠揚。在時新酒令和詩人的吟哦聲中，桃花庵主人感於時光的流逝，青春難再，乃舉杯奉客：

「……白日不停簷下轍，黃金難鑄鏡中身，莫辭到手金螺滿，一笑從來勝是嗔。」

次年春天，在柳絮飄風，乳燕呢喃中，和沈周、黃雲、祝枝山等三數高人雅集（註五），情調自然和前一年穀雨祓禊不同。爛漫花樹，遍開園中，竹木環繞著的草亭，愈發顯得幽深。竹叢、曲欄的掩映下，桃花庵的疏櫺，給人的感覺，明潔而雅緻。

其時沈周，年已八十二歲，數年間，雖然連遭喪子和喪母之痛，面貌癯瘦，但神情依然健朗。他所倡和的倪雲林「江南春」詞，依然到處傳鈔著。像「落花詩」一樣，追和的人愈來愈多。

船在水上緩緩地滑動，一雙雙野凫，在柳絲下嬉戲，輕柔的管絃聲中，杯觥交錯，詩思源源而出。

至於他和祝枝山、文徵明等同輩好友，平日在桃花塢中飲讌，又是一番情境。從「桃花庵與希哲諸子同賦」詩中，可以略見端倪：

「傲吏難容俗客陪，對談惟鶴夢惟梅；羽衣性野契偏合，紙帳更寒曉未開。長嘆九皋風淅淅，高眠一枕雪皚皚，滿腔情思無人定，付與詩篇細剪裁。」三首之二（註六）

傳說花落之時，殘紅遍地，感於人生和時事，幾位好友往往相擁痛哭。遣小僮把落英撿拾於錦囊之中，珍重地埋葬在藥欄下面。

沈周過世那年，經過四五年經營的桃花庵四周樹木，很有些蒼蒼莽莽的感覺了。畫中的唐伯虎幽齋獨坐，儼然若仙。假山石畔，曲屈多姿的古梅，與桃花庵主默然相對。庵側彎彎曲曲的溪流，兩岸修篁密布，把人導入幽深遼遠的境地。

從伯虎寫在畫上的「四十自壽」詩判斷，不惑之年的他，仍然是閒雲野鶴之身，了無牽累：

「魚羹稻衲好終身，彈指流年到四旬，善亦懶為何況惡，富非所望不憂貧。僧房一局金騰著，野店三杯石凍春，自恨不才還自慶，半生無事太平人。吳趨唐寅自述不惑之齒於桃花庵畫並書。」（註七）。

△　△　△　△

一位衣裳襤褸，口若懸河的術士求見伯虎，自稱善於燒銀。聽他喋喋不休地講述燒銀的方法和妙用，伯虎心中，不禁浮上一絲疑惑：

「先生既有此妙術，何不自爲，而貺及鄙人耶？」

術士並未因伯虎這句反問而醒悟，愈發鼓其如簧之舌，表示人生于世，有的命中帶有仙福，有的僅具法術，不可相易：

「吾閱人多矣，而仙風道骨，無如君者。今君有此福，而吾有此術，合而爲之，鮮不濟矣。」

眼見術士一副不到黃河心不死的糾纏，伯虎眉頭一皺，忽然若有所悟地說：

「如此則易矣，吾有主房在北城，頗僻靜；吾但出仙福，君爲修煉，煉成各分之，無不可者。」

術士依然沒有體會出伯虎此話的絃外之音，不但厚顏趨謁，更出紙扇求題。只見伯虎大筆一揮：

「破布衫中破布裙，逢人便說會燒銀；君何不自燒些用？擔水河頭賣與人。」（註八）

直到這時，術士方知受到調侃，羞慚而去。

伯虎自號「六如」，學術範圍涉獵極廣，風水、遁甲、占卜，幾乎無所不包。他也一再求夢於九鯉仙祠；但對於禪坐燒煉之事，卻雅非所好。

「不煉金丹不坐禪，不為商賈不耕田；閒來就寫青山賣，不使人間造業錢。」（註九）

唐伯虎揭示在隨街小樓上的七言絕句，幾乎是盡人皆知的佳話。

但，不知起于何時，他以「不煉金丹不坐禪」爲首句的七絕，變成了風流蘊籍的七律，顯示桃花塢中的生活情調，已經有了根本的改變：

「不煉金丹不坐禪，饑來喫飯倦來眠。生涯畫筆兼詩筆，踪跡花邊與柳邊。鏡裡形骸春共老，燈前夫婦月同圓。萬場快樂千場醉，世上閒人地上仙。」感懷（註十）

伯虎生平的詩詞歌賦中，常可看到贊美迷人少女的嬌媚，描繪歌樓舞榭和平康陌巷女子的妖嬈。

「相思兩地望迢迢，清淚臨風落布袍，楊柳曉煙情緒亂，梨花暮雨夢魂銷。……」（註十一）他深情款款地寄詩給妓女。

「……再托生來儂未老，好教相見夢姿容」（註十二）妓女徐素之死，他不但哭之以詩，更祈求她能再世爲人，重續前緣。

然而，綜其一生，著墨於夫婦之愛、閨閣之情的，卻非常有限。

元配徐氏青春早逝，伯虎的一首「妒花歌」，生動地描寫出少婦的嬌憨神態：

「……佳人見語發嬌嗔，不信死花勝活人；將花揉碎擲郎前，請郎今夜伴花眠。」（註十三）那自然鮮活的筆緻，使人不能不想到是他新婚未久的閨中記趣。但接踵而至的，是唐伯虎的「傷內」，那首令人讀來鼻酸的悼亡之作。

對於第二度婚姻的記載，出自伯虎手筆的，可能只有「與文徵明書」中：「僮僕據案，夫妻反目」，寥寥數字而已。

「歸無幾，緣故去其妻。」（註十四）

「坐事免，家以好酒益落，有妒婦，斥去之。」（仝前註）

出自後世文人和史家的記述，也同樣的簡短。

此後十餘年中，除了遨遊名山大川之外，就是寄跡野寺之中，前所引用的「春日寫懷」，最能形容北京歸來後的孤獨歲月：

「新春蹤跡轉飄蓬，多在鶯花野寺中；昨日醉連今日醉，試燈風接落燈風。苦拈險韻邀僧和，煖簇薰籠與妓烘……」（註十五）

塢裡桃花日益茂密時，繼室沈氏，成了桃花塢裡的靈魂人物。年逾不惑，飽經滄桑的江南才子，在不知不覺中，改變了他的生活理念。

「鏡裡形骸春共老，燈前夫婦月同圓。」對顛沛半世的唐伯虎而言，幾乎是想都沒有想過的生活情境。

桃花塢和東門的園圃，出產均十分有限，不煉金丹、不燒銀的「地上仙」、「生涯」就只好依靠唐伯虎的「畫筆兼詩筆」了。

及至陰雨浹旬，連詩畫也沒人買，或空索詩畫一無餽贈的情形下，就發生了正德十三年四月中旬，伯虎在題「丹陽景圖」中所描繪的廚煙不繼的窘況。

推測伯虎的獨女這時已五六歲，正是滿園追逐嬉戲的年紀。無柴無米，使他深感愧對妻女。但，她們是他苦悶心靈的慰藉，因而即使深陷在窮困的泥淖，伯虎仍不忘在詩畫中，描寫雨後籬邊綻放著的紅槿花，以及隨著雲散天青，展露在妻女臉上的美麗笑靨。

第二年春天，桃花庵主人的「五十言懷」詩，和「西州話舊圖」中的庵景，似乎都蒙著一層濃濃的淒冷與蕭索。

圖中的唐伯虎，病容滿面地接待著闊別近三十年的老友。狂歌醉舞的歲月，恍如白駒過隙，他藉著這幅詩畫，所要告慰於好友，也告慰自己的，是他的所作所為，一直能夠俯仰無愧。

題句中的「不損胸前一片天」，是他恆久不變的作人原則。但接下去的「漫勞海內傳名字，誰信腰間沒酒錢」，卻也是桃花庵主人，難以去懷的困境。

花開花落，唐伯虎度過知命之年的時候，桃花塢也歷經了十二三個春秋。主人由孑然一身的孤獨，到充溢著妻女的溫馨和歡笑，更夾雜著貧病饑饉的悲吟。桃花塢在變，人的氣運也在變，浮現在「西州話舊圖」中的淒冷和蕭索，究竟是陣隨風飄過的暗霧，或如文徵明在和徐禎卿「經桃花塢」詩中所說的：「不用苦辛仍買種，梁園金谷總成塵」？依舊等待著時序來印證。

△　　△　　△　　△

唐伯虎奇蹟似的使湖上桃花塢，復現於閶門之北。無獨有偶，太傅王鏊的幾個兒子，則把洞庭東山的莊園勝景，重建於閶門之南；為的是歡娛父親晚年，並避免王鏊經常往返吳市和太湖之間，飽受帆棹勞頓之苦。

但是唐伯虎自少至長所熱愛、謳歌的三萬六千頃太湖，又如何能移置於蘇州城內？因之，他只能以一顆眞摯熱誠的心，靈活的筆墨，一遍又一遍的描繪：

三十幾歲所作的「黃茅小景圖」，洞庭西山消夏灣附近的「熨斗柄」，也就是唐代大文學家柳子厚筆下的「鈷鉧潭」。在唐伯虎的鐵線描繪，淡墨烘染之下，愈發顯得淸奇絕俗，有如無聲之詩。張靈、文徵明、祝枝山、錢貴……莫不爲詩贊嘆，羨慕唐伯虎能夠屢游勝地。

「……我生何幸廁其間，短笠扁舟水共山，黃茅石壁一百丈，熨斗湖水三十灣。北風烈烈耳欲墮，十里梅花雪如磨……」（註十六）題畫詩中，唐伯虎也不掩飾他內心的自豪和喜悅。這幅高九寸，長僅二尺五寸的紙本小卷，一片老樹古藤，和鐵壁漁帆的荒涼景色，由於氣勢磅礴，學李唐而又擺脫李氏的窠臼，所以被後人視爲「天下唐卷第一」。

正德十五年，唐伯虎生命結束前的第四個中元節前後，他爲太湖第二大島馬蹟山隱者丁潛德，作「西山草堂圖」。

一邱邱的古木，浩淼波光中的點點帆影，把草堂襯托得更加幽隱。水墨寫成的草堂圖，配合錢貴的「草堂記」，使人對孤懸太湖北面的名山，愈發心嚮往之。

「……頰壁破憑蘿自補，乳梁低與燕分居……」（註十七）伯虎題詩，引的雖是杜典，那種親切自然的語調，一如在吟詠桃花塢的春色。

「震澤煙樹」，可能也是這數年間的用意之作。煙波蒼茫，巨舟輕舸，閒閒地停泊著。修篁密篠的層層環繞中，一大一小的茅屋，昇起裊裊的炊煙。左上角的數筆礁石，在波濤蕩漾裡，和眼前的漁舟、沙岸、曲曲折折的水灣，形成一個流動的整體。像是神秘而永恆的歸宿，又像是載浮載沉的鷗鷺。畫中筆墨幾乎分辨不出那些是前人的畦徑，感覺他就是那樣隨心所欲地揮灑。

題畫詩的筆痕墨跡，濃淡相間，也全似行雲流水般，在水天之間滉滉漾漾，彷彿是一個蘊藏萬有的混沌世界：

「大江東去水為國，其間巨浸稱震澤，澤中有山七十二，夫椒最大居其一。夫椒山人耿敬齋，與我十年為舊識。畫耕夜讀古人書，青天仰面無慚色。令我圖其所居景，煙樹茫茫渾水墨。我也奔馳名利人，老來靜掃塵埃跡，相期與君老湖上，香飯魚羹首同白。」（註十八）

又是一番對太湖的盟誓。他眞誠得彷彿要藉這幅「震澤煙樹圖」，飽攝太湖的煙霞與精爽。讓他的魂魄，千秋萬世地周遊於太湖的巖壁、沙洲、密林與煙水之間。

△　△　△　△

正德十六年五月，一些不尋常的訊息，在南北兩京間傳遞，自然，也就很快地傳抵了蘇州。

三月十四日，正德皇帝崩於豹房。皇太后和大學士楊廷和等計議，以內閣、中貴及勳戚爲禮官，齎金符前往湖廣安陸興獻王府，迎接已薨興獻王的世子朱厚熜入繼大統。厚熜，是憲宗的孫子，孝宗的侄兒，大行皇帝朱厚照的堂弟；他的入繼乃遵照「兄終弟及」的祖訓。

大快人意的是，正德皇帝駕崩未久，奸佞江彬，竟在楊廷和與太監的策畫下伏誅，結束了他罪惡的一生。

楊廷和一面以重賞遣邊軍回駐防地，罷江彬緊抓不放的威武團練營，一面溫語勸慰稱病不出的威武副將軍江彬，以安其心。

那一天，是坤寧宮安裝獸吻的黃道吉日，皇太后命司禮太監魏彬，召江彬和工部侍郎李鐩入宮，主持祭典，因之江彬的家人和侍從，一概被擯於宮外。

儀式之後，太監張永，又留江彬、李鐩在宮中用膳。等到江彬發現太后已經下詔逮捕他的時候，才倉皇逃向西安門，但宮門已閉。又急忙轉向北安門，宮門衛士則早已奉旨，不由分說地把謀叛有日的江彬拿下，並積忿難消地拔盡他所有的頭髮和鬍子。

新天子即位之初，江彬父子俱遭凌遲於市。只有妻女和幼子，倖免一死，發配功臣之家，永久爲奴。

據說，天怒人怨的江彬一死，久旱不雨的京師，立刻降下甘霖。證之江南又何嘗不是，消息傳來，一陣甘霖之後，清風吹得暑意全消。繞院野鵲飛鳴，好像在傳述著吉祥的訊息。

文徵明欣喜異常地，把江彬譬喻爲漢末的董卓，把新迎請來的天子，比喻成造就文景盛世的孝文帝。

「甘雨如膏遍草萊，清風庭院少塵埃，一番春事飛花盡，萬里青天宿霧開。狂卓豈知郿塢散，孝文方自代藩來，不辭零落江湖遠，潦倒元非賈誼才。」──五月雨晴書事

二首之一（註十九）

但是，回想去年秋天，南征車駕遲遲不肯回鑾，牛首山上，軍士夜驚，紛傳江彬爲逆的情景，文徵明不禁倒抽一口冷氣，感到餘悸猶存。

註一、〔唐伯虎全集〕水牛版頁一八、漢聲版頁一三。

二、〔吳門畫派〕頁一九九、〔吳派畫九十年展〕頁三。

三、〔太湖新錄〕頁二（影印自中央圖書館善本書收藏室）。

四、〔太湖新錄〕頁二〔甫田集〕頁九六（僅有詩題，詩則誤置於頁九九）。

五、〔唐伯虎全集〕水牛版頁三二、漢聲版頁二八「桃花庵與祝允明黃雲沈周同賦五首」。

六、〔唐伯虎全集〕水牛版頁四九、漢聲版頁四一。

七、畫見於〔唐伯虎畫集〕頁一四六、〔唐伯虎全集〕漢聲版葉首。詩見於〔唐伯虎全集〕水牛版頁五〇（詩題「言懷」）、頁六二（詩題「四十自壽」）、漢聲版頁四二（詩題「言懷」）、頁五五（詩題「四十自壽」）

八、〔唐伯虎全集〕水牛版頁二三八「遺事」。

九、〔唐伯虎全集〕水牛版頁二三五「遺事」。

十、〔唐伯虎全集〕水牛版頁六〇、漢聲版頁五三。

十一、〔唐伯虎全集〕水牛版頁五七、漢聲版頁五〇「寄妓」。

十二、〔唐伯虎全集〕水牛版頁六三、漢聲版頁五五。

十三、〔唐伯虎全集〕水牛版頁二四、漢聲版頁一九。

十四、〔唐寅年譜〕頁四八。

十五、〔唐伯虎全集〕水牛版頁五二、漢聲版頁四五。

十六、〔大觀錄〕卷二〇頁二七、〔唐伯虎詩輯逸箋注〕頁一二。

十七、〔石渠寶笈〕續編册二頁一〇三七、〔唐伯虎詩輯逸箋注〕頁三五。

十八、〔吳門畫派〕頁一九八、〔唐伯虎畫集〕頁三三。

十九、〔甫田集〕頁二三六。

第五十八章　五月雨晴

正德十五年六月，江南正是燠熱難當的季節。

其時，王陽明的「重上江西捷音疏」，還沒有呈奏上來。在各道言官紛紛論奏國是的情況下，江彬、許泰、張忠之輩，雖然以其橫暴之勢，使百官貴冑不得不側足而事，但御駕親征之事，依然讓人有師出無名之感；可能連年已而立的朱厚照，也不知將如何落幕。

江彬除了到處物色寡婦、處女、秦淮佳麗供君臣歡娛之外，又特別著人到善於養鷹的蘇州，選取四名好手，供奉御前。雉、鶻之類翔空而過，只若正德皇帝略加示意，立刻有人手起鷹飛，摩空一擊，那些禽類無不彩羽紛飄，墮於御前，皇帝心中喜悅，眞是難以形容。

在溽暑，以及爲親征尋求下台階的苦悶中，南京城南的牛首山（又稱牛頭山），自是遊畋避暑的勝地。南宋名將岳飛，曾設奇兵大破金兀朮於此山，對生性好武的正德皇帝而言，尤其値得嚮往與流連。

牛首山的夜晚，各路軍兵夜驚，傳言江彬爲逆，似乎並非無風起浪；就在同月稍早時，江彬曾派遣軍官，索取南京各城門鎖鑰，南京兵部尙書喬宇，以祖宗法制爲由，加以嚴辭拒絕。江彬其他一些矯旨行事的地方，喬宇也以必須面奏皇帝才能奉行，予以破解，使其陰謀，無法得逞。

牛首山夜驚之事，雖然過一陣就平靜下來，但是留在人們心中的猜疑，卻並未因而平息：

美酒、佳麗、財寶、犬馬、漁獵、軍旅、阿諛……江彬可能詳細分析過正德皇帝的性格和嗜好。只要能處處投其所好，就可以挾天子以令諸侯。所能擁有的榮華、富貴和權勢，比起一國之尊，並無遜色；又可以免蹈宸濠的覆轍，何樂而不為？

也有人認為，江彬所以遲遲沒有舉事的原因，一半是王陽明巡撫在江西，閱水軍於九江、教戰法於贛州、命參隨前往萬安選錄多膂力勇武之士……牽制鎮懾所至。當王陽明弟子及參隨人員，發覺江彬遣人到贛州觀看動靜，紛紛勸陽明早回南昌，以免啓江佞之疑，得不測之禍；王陽明處之澹然地說：

「吾在此與童子歌詩習禮，有何可疑？吾昔在省城，處權豎，禍在目前，吾亦帖然；縱有大變，亦避不得。吾所以不輕動者，亦有深慮焉耳。」（註一）

並作「啾啾吟」，以解眾人之憂：

「東家老翁防虎患，虎夜入室啣其頭，西家小兒不識虎，持竿驅虎如驅牛。」（仝前註）

時序進入仲秋，警報傳來，屢寇北邊的韃靼小王子，進犯大同、宣府。

所俘獲的寧王及其子女等一干要犯，均拘囚在揚子江邊的船艦之上；民間謠言四起，寧王殘眾據傳也不時窺視，萬一縱火脫逃，後果不堪設想；使正德皇帝也不能不有所疑慮。

到了閏八月的時候，王陽明既已受命重上捷書，又在大學士梁儲、蔣冕一再勸諫之下，朱厚照遂決定受俘班師。受俘的方式，也爲曠古所罕見：

南京城外數十里遠的一片廣場上，正德皇帝和他的近侍們整肅軍容，大纛高樹。各路軍馬，頂盔亮甲，弓刀在握地環繞在廣場四周。面容憔悴的宸濠和其主要黨羽，被釋去桎梏。三軍伐鼓鳴金，踴躍吶喊。宸濠等則重被戴上鎖械，軍兵齊奏凱歌，皇帝受俘，大典於是完成。

冬天十月，車駕還至離北京不遠的通州。九月間積水池捕魚覆舟的悲劇，使正德皇帝滿面病容，疲憊異常。連江彬邀請北幸、防邊，兼到「家裡」休養，均爲所拒。宸濠之獄，也決定在此了結；並未按例祭告天地宗廟，再劾天下諸王共議其罪。他先賜宸濠自盡，繼而焚毀其屍。還京之時，輦道兩側，縛著諸逆家屬數千人之多，可憐吏部尙書陸完，因交通宸濠有據，竟與佞倖錢寧同樣裸體反縛著，以白幟標示其姓名於後。

正德皇帝立馬正陽門下，看著俘虜、罪臣、和掛在高竿上面的敵首……許久之後，才策馬進入紫禁城中，頹然臥於豹房之內。

就在聖駕回鑾之前，江南人民備受官軍、太監、邊將及各種天災蹂躪，韃靼小王子入侵、江彬造反、宸濠殘黨劫囚等傳言紛紛之際，憂國憂民的文徵明，曾譜下兩首意味蒼涼的七律：

「江城縹緲度飛鴻，露下高天月正中，宮調誰家歌白苧，商飆昨日到青桐。雲迷八駿應回蹕，涼入三邊合奏功，桂楫蘭橈期不至，芙蓉開滿五湖東。」—秋懷二首之二

（註二）

△　△　△　△

那年十一月初六，文徵明四十九歲生日。筵後，幾位知友陸續散去，陣陣西風，把簷下竹叢吹得蕭蕭瑟瑟。疏落的燈影，悽冷的月色，隱約的更聲，使他愈發感到孤獨。信手翻開〔太白集〕，目光落在「潯陽紫極宮感秋作」上面。無巧無不巧的，那首豁達而又充滿了感喟的五古，正是詩仙李白知命的前一年所作：

「……白雲南山來，就我簷下宿。嬾從唐生決，羞訪季主卜。四十九年非，一往不可復。野情轉蕭散，世道有翻覆。陶令歸去來，田家酒應熟。」（註三）

時光流逝，不捨晝夜，回憶半生的落魄，文徵明自覺所能把持得住的是無愧於獨。至於未來的轉變，似乎也只有像李白一樣，聽天由命，順其自然：

「……百年已強半，大夢才信宿。老作負轅駒，無疑我何卜。圓景有盈虛，逝水無終復。天道良不私，吾人自傾覆。豈無徑路趨，思之亦云熟。」——十一月六日初度與客飲散獨坐誦太白紫極宮詩有感次韻（註四）

近二十餘年來，每當歲暮，他習慣孤獨地整理一年間的詩作。只要翻檢這些詩册，就可以看出他的心路歷程、爲人處世的原則，乃至功名路途上一次又一次的挫折。

倘如細加分析他積累下來的書畫題跋，也可以找出他書畫的主張和發展的軌跡。只是「大器晚成」的他，並非像唐伯虎書畫那樣成熟、豐碩；一眼便能看得到演變的脈絡。

文徵明早年學書情形，盡見於「跋李少卿帖」（註五）中：

「破卻工夫，何至隨人腳踵；就令學成王羲之，只是他人書耳！」

數十年後，文徵明依然記得，李應禎老師對他學書的當頭棒喝。他從中領悟到，學書既不能一味追求新巧，也不能規規於一絲不苟的臨摹。應多閱古帖，開闊眼界，融會貫通後，寓古法於帶有個性的創新之中。

「……按張融自謂：不恨己無二王法，但恨二王無己法；則古人固以規規爲恥矣。」

文徵明在跋中寫出對李應禎老師這番訓誨的心得。

其後論書者，也往往認爲李氏的眞行草隸，清潤端方，正像他那清正尙義的人品一般。

此外，李應禎一面爲文徵明示範以三個指尖搦筦的懸腕方法，一面爲他講授書論。從運指凝思，吮毫濡墨，到字的起落轉換，小大向背，長短疏密，高下疾徐，一一加以指授。

文徵明所服膺的另外一項書學觀點，則是書以人傳。他在歐陽修「付書局帖」後題：

「歐公嘗云：學書勿浪書，事有可記者，他日便爲故事。且謂：古之人皆能書，惟其人之賢者傳；使顏公書不佳，見之者必寶也。」（註六）

文徵明並以歐陽修那寥寥數語的「付書局帖」，其能流傳數百年而不朽，來印證歐氏的論點。書以人傳，也是文徵明堅信不移，努力以赴的標的。

近代書畫篆刻家吳昌碩，在題文徵明的十幀法書時，引用文氏的話說：

「衡山自云：『幼時書學山谷，嫌瘦硬。繼學吳興，病軟弱。五十後學右軍，筆之所至，波側隨之，而墨亦聚於鋒尖，毫不外溢。』……」（註十）

在跋「李少卿帖」末段，文徵明就自謂，應禎師傾囊相授的書法理論和技法，雖然可以領會，但多少年來，仍舊無法心手相應。到了百歲強半之年，對前此所下的書法功夫，深入檢討的結果，乃決心以王羲之雄逸的筆勢，遒媚的字體，來挽救瘦硬、軟弱的弊病。

文徵明的繪畫，雖啓蒙於沈周，但他涉獵的範圍，和沈周一樣的廣闊。趙伯駒、郭熙、李唐、趙孟頫乃至元末吳鎮、倪雲林、黃公望諸家，都是他學習的對象。像學書的過程一樣，文徵明並不規規於古蹟的摹寫，遇有古人名蹟，他往往細心觀賞，深入地領會其筆法、意境，然後再師心自詣地形之於筆墨之下。

也許由於個性的關係，回首知命之年以前的筆墨，總覺得偏鋒較多，細謹有餘，奔放不足。

「千村綠樹一谿分，百疊晴巒鎖白雲，貌得江南煙雨意，錯教人喚米敷文。」—題春山煙樹圖（註八）

無論文徵明三十九歲那年爲黃雲所畫的「米法雲山圖」（註九），或推測畫於五十歲的春山煙樹圖，不僅氣暈生色，筆緻靈活，書法也異常圓熟。大抵受米氏父子曠逸的筆緻，淋漓墨韻感染所致，因此，不知不覺間，也打破了早年性格上的那種細謹，成爲人們所特加寶愛的「細沈粗文」畫風。

三五棟水榭，疏疏落落的寒林，把幾間村屋襯托得格外的冷寂。曲屈的山路，把觀者的視線，引向樹木掩映的山後古寺。愈到畫幅的上方，山勢愈發奇峭，古木縱橫，積雪皚皚的重重遠峰，使人不由得想到范寬筆下的「雪山蕭寺」；文徵明這幅畫於四十八歲的「溪山深雪圖」（註十），是贈好友蔡羽的用意之作。是否爲蔡氏隱居洞庭飄緲峰西山的寫照，不得而知。

在此之前，他山水布局，往往一排遠山，與近樹遙相呼應，顯得單純而樸素。此後市局，則日益繁複，因此有人認爲「溪山深雪圖」，在文徵明山水畫的發展歷程中，頗有里程碑的性質。

從上述種種發展迹象看來，對文徵明而言，無論書畫，五十歲都是一個反省、檢討和蛻變的時期；由此漸進於成熟醇和的佳境。

△　△　△　△

當朝中奸佞，有的逐斥，有的伏誅，許多新人新政，使即將改元的新朝廷，充滿了光明的遠景，文徵明的心情隨之開朗起來。那種豁達而灑脫的聲音，從他「追和王叔明溪南醉歸詩」裡，流露無遺。

王蒙詩中的「溪南」，指的是宜興荊南山下的荊溪景色，曾經多次旅遊過的文徵明，對之倍感親切爲此也增加了和韻的旖旎與浪漫。

「荊南山前花滿溪，山空獨有春風知；春風幾度吹花落，溪上花飛春亦歸。溪女歌殘桃葉渡，相思幾綠江南樹。思君欲濟川無梁，千片桃花溪路長。春風桃李秋空月，人生易得頭如雪。萬里才看北鴈來，一樽又與東風別。對酒當歌秋月明，摘花釀酒

春杯冽。溪翁不見草堂間，無限春光付啼鴂。」（註十一）

和韻之時，杭道卿、吳大本，乃至過世未久的李瀛身影，紛紛浮現眼前。大本吳綸，已八十二高齡，數年前，兒子吳仕作了戶部主事，曾獲朝廷封贈。正德十二年，吳仕遷昇禮部員外郎；新的封誥，大概不日即至。可惜，他卻像宋陽里華子一般，得了遺忘症，詔下之日，怕也只能懵懵懂懂，莫知所以的了。想到這些，使文徵明對人生變幻，世事無常，又憑添一分悵惘。

王鏊往遊宜興時，與大本邂逅於荆溪，曾同游善權寺，並邀過其家，贈以茶爐、茶竈，和一匹馴鹿．大概他已把王鏊引爲隱逸中的同道。前一年冬天，文徵明與蔡羽、王寵兄弟，同聚王鏊府邸的東堂賦詩、作畫之餘王鏊還提及此事，並感嘆不已。

正德末年，新天子即位以來，在蘇州道路傳說最盛的，無過於太傅王鏊，和正德十二年以都察院右僉都御史致仕文森的出山問題。兩人不僅同在蘇州，同樣正直廉明，且同樣在正德之世與權奸抗衡，不得已而致仕。因此，朝廷內外，莫不爲之惋惜。

由於新天子對老成的敬重，朝野政要紛紛論薦；但璽書未下，無論當事者乃至家人，都不宜表示任何意見。

這一年年初，文徵明在「金山追賦」詩中，以謫仙李白來暗喻自己的心境：

「……江漢東西千古逝，乾坤高下一身浮；謫仙故自多愁緒，更上留雲望帝州。」（註十二）

祝枝山初登仕途時，曾無限感慨地賦「五十服官政效白公」：

「五十服官政六十方熟仕，七十乃致政，古今固一致……」（註十三）

行年五十二歲的文徵明，不僅深明是理，也一定讀過枝山這首背井離鄉，孤舟南下時的五古。

數十年潦倒場屋，德名、才名、文名雖然日益遠播，無奈鏡中雙鬢，卻愈加疏稀霜白。一種時不我予的惆悵，時時襲上文徵明的心扉。

當新朝廷積極起用老成、招致賢才的消息，紛紛傳播。望著又一度南歸的飛鴈、飄飛的湖葦，一直希望能爲國用的文徵明，心靈深處，卻不無感嘆：

「歷服明堂次第成，漢廷行致魯諸生。周南留滯寧非命，江左優游漫策名。四海秋風雙鬢短，百年飛鳥一身輕。樓高不礙登臨目，直北青雲是玉京。」—感懷（仝註十四）

△　　△　　△　　△

北京城中奸佞伏誅、新天子選才……消息南來，文徵明以欣喜而又感嘆的心情，賦「雨晴書事」的五月，深居寡出的唐伯虎，正埋首於桃花塢的畫案上。

五月望日，他以劉松年那樣細緻的筆法，繪寫趺坐於奇巖之下，閉目瞑思的應眞像（註十五），莊嚴的法相，寧謐至極的境界。是否顯示玩世不恭、風流不羈才子晚歲心靈的虔敬？

兩天之後，又作了一幅山水小立軸。浩淼湖光中，漁人漾著一葉小舟。在層層遠山和古岸、老樹、蘆荻的櫬托下，倍感舟中人的孤獨和渺小。伯虎在畫中題：

「荻蘆瑟瑟西風裡，唱出漁歌自按腔；欲採芳華何處所，芙蓉朵朵隔秋江　正德辛巳夏五月望後二日晉昌唐寅畫並題。」（註十六）

在這勤耕豐收的五月中，唐伯虎遺留於人間的另一鉅作，是那長幾四丈的「倣宋郭河陽手卷」。

畫中充溢著北方氣勢雄渾的高山巨川，使祝枝山感動不已。五年之後，伯虎已歸道山，祝氏也已致仕歸隱，在其新築懷星堂中，重睹故物，不勝唏噓地題：

「唐居士子畏，坦夷疏曠，漫負狂名。舉業之餘，益任放誕，託情詩酒，寄興繪事。務去塵俗，冥契古人，有所臨摹，輒亂真蹟。然所為率盈尺小景，少見其長卷大幅。今觀此圖，幾長四丈，峰巒起伏，煙水雲林；非胸中有萬壑千巖，孰能運妙思于毫端哉！……」（註十七）

枝山之跋，把好友的性情、遭遇、藝業、以及這幅秀潤可愛，筆法郭河陽的長卷如何精擅巧妙，娓娓而言，飽含著懷思與感傷。

豈料，跋後一年，這位才子書家，便與唐伯虎、徐禎卿等在黃泉中重聚。

註一、〔王陽明全集〕頁六四六「年譜二」。

二、〔甫田集〕頁二三二。

三、〔李太白全集〕卷二二頁五，綜合出版社。

四、〔甫田集〕頁二二〇。

五、〔甫田集〕頁四八二。

六、〔甫田集〕頁五一〇、〔吳派畫九十年展〕圖八〇。

七、〔吳昌碩のすべて〕頁六〇，日・二玄社。

八、〔吳派畫九十年展〕圖九七。

九、〔文人畫粹編〕卷四圖五二。

十、〔吳派畫九十年展〕圖九〇。

十一、〔甫田集〕頁二三七。

十二、〔甫田集〕頁二三五。

十三、〔祝氏詩文集〕頁五九六。

十四、〔甫田集〕頁二三七。

十五、〔唐宋元明名畫大觀〕續足本下册圖一六一。

十八、〔壯陶閣書畫錄〕頁六四五。

十七、〔唐伯虎全集〕水牛版頁二六二、漢聲版頁二九五。

第五十九章　庭梧與松柏

嘉靖改元，萬象更新，蟄居桃花塢不問世事的唐伯虎，也以「嘉靖改元元旦作」七律一首，以資慶賀：

「世運循環世復清，物情熙皡物咸亨；一人正位山河定，萬國朝元日月明。黃道中天華闕迴，紫微垂象泰階平；區區蜂蟻誠歡喜，鼓腹歌謠竟此生。」（註一）

寧王事敗，正德南征時，他在「兵勝雨晴」中寫：

「……天子聖明成大慶，野人歡喜得殘生，□遭盛事須歌頌，慚愧無才達下情。」

兩首詩，同樣有點應時應景的意味，或爲地方大吏徵集進呈之作。但對唐伯虎而言，後者含有表態避禍的成分，前者則慶幸一個黑暗時代的過去，受聘寧王所造成的陰霾，從此煙消雲散，「鼓腹歌謠竟此生」，是他眞正的願望。

歡欣之餘，這位桃花庵主當即搦管在妻女環繞、賀客祝福聲中，揮灑成一幅「千山萬木圖」（註二）。重疊如屛的峰巒，在參差萬木的擁簇中，顯得崇高而神祕。山樹之間，隱含著濃濃的煙霧，黃茅遍地，予人一種杳無人迹的荒寒之感。祝枝山在畫中題：

「……喬林草偃知藏虎，陰壑風腥定有蛇。駐馬不堪回首望，孤雲飛處是天涯。」詩畫輝映，愈發引人生出一種世外之想。

然而，在這歡欣鼓舞的嘉靖元年，季秋之後，蘇州士林，就沒有見過另一位才子文徵明的踪跡。

依照往例，每屆鄉試之年，經過日夜的寒窗苦讀，往返金陵的勞碌奔波，再加以黃榜落第的無情打擊，在場屋間煎熬了二三十年的文徵明，總有一陣纏綿病榻。到了菊黃蟹肥的深秋或初冬時分，在酒的滋潤和詩友的召喚下，開始拖著羸弱的身子，登高賞雪，或陪同同樣落魄而歸的忘年好友王寵，到楞伽山麓的治平寺小住。

尤其自正德十五年前後，長子文彭與王寵同在治平寺中跟蔡羽學古文，文徵明、湯珍和袁表、袁袠兄弟，更時往飲宴。詩酒之中，文氏父子對王寵的才華和頗有魏晉古風的詩文、虞世南風格的書法，都大爲讚賞。

文彭得同窗之便，不斷地向王寵索求所臨的眞行草各體書法，到了十六年十月，竟積成十冊之多。從文彭的書跋中，不難見出時年二十八歲的王寵書法成就，以及和文氏父子的深厚情誼：

「家君每稱述履吉先生翰墨精美，結構圓熟，深得永興遺意，尤爲世所推重；予亦最愛之，相乞無已。茲成十冊，爲其生平用意之作。此係雅翁一時神來，拈毫托素，如漁郎偶入花源，景色殊勝，使之再入，不可復得矣。……」（註三）

就在文彭爲跋盛讚王寵法書前後，乃父文徵明則爲王寵七首清新的五古所沉醉。「舟中望靈巖」、「虎山橋」、「登玄墓」、「宿僎上人房」……文徵明吟哦玩味，愛不忍釋，一一和韻：

「……閒心會空寂，塵世思欲避，所以高世人，往往輕祿位。轉首昔人非，舉目溪山

異，衰盛故相尋，歡娛不容意；同是百年期，何須嘆荒棄。」——光福寺（註四）

受到王寵靈明而一無俗慮詩意的感染，加上近年新從世事的體驗，文徵明自覺和韻時不但靈思泉湧，字裡行間，也自然充溢著一種遠離塵囂的心志。

由於這些詩句的日夜縈懷，他的思想，似乎也正從入世蛻變爲出世，因此，文徵明這七首次韻之作，看來也頗有里程碑的意味。十月十六日，他棹船到盤門送客，回到停雲館中，時將夜半。爲這些詩句和靈思所驅迫的文徵明，顧不得身體的疲累和初冬的寒意，張燈揮翰，再一次寫下次韻王氏游玄墓等五古七首。

到了嘉靖元年初冬，石湖、楞伽山依舊，治平寺中，卻不見文氏父子的蹤影。直至寒梅已含苞待放的臘月，王寵也只能拖著病體，形影孤單地攬鏡自照自吟；

「閉戶十日病骨僵，手龜髮燥面色蒼，朱顏綠鬢不相待，俯仰天地為淒涼……」——病起對鏡作（註五）

九月初從南京鎖院又一次潦倒回來的文徵明呢？按照蘇州一般士林人士的傳說，恐怕已經物化多時了。

△　　△　　△　　△

嘉靖元年的清明前後，唐伯虎在長洲藏書家俞弁俞子容的困學齋中度過。俞氏又號「守約居士」，能詩，著有〔山樵暇語〕。伯虎此來，應邀校勘南宋張世南於理宗紹定年間所著的〔游宦紀聞〕手鈔本。紀中詳載各種果木揷枝接種、藥物鍊製配方，乃至各地風俗異聞。對伯虎而言，種樹灌園，或整理醫方，校勘之外，可能亦有實際參考價值。邊讀邊作眉批；尤其果木改良之法，更不難從批語中體會出驚奇，或「先得我心」的喜悅。每卷的尾頁，均題有「嘉靖改元唐寅勘畢」、「嘉靖改元淸明日吳郡唐寅勘畢」一類字樣。巧的是這部留有伯虎手澤的古書，其後更轉爲文徵明所藏，鈐有「玉蘭堂」小方印。後世嗜古之士，或因伯虎之題批，或因徵明之一度收藏，或愛其爲難得一遇的宋本舊鈔，爭相購藏，爲千金不易的瑰寶（註六）。

同在淸明前後，有好事之徒，持伯虎三年前正月所作「琵琶行圖」，到停雲館索書「琵琶行詩」。

楓葉、蘆花、迷茫的夜色……

舟艙外望，還可見籠燭繫馬的僕夫，和商婦乘坐來的小舟，感受出潯陽江畔秋天的蕭瑟。官舫中，主客別情依依，懷抱琵琶的商婦，在一旁側身而坐。

「……千呼萬喚始出來，猶抱琵琶半遮面。轉軸撥弦三兩聲，未成曲調先有情……」燭影下，羞澀、側坐的神態，使人不由得聯想到他早期所作「陶穀贈詞圖」中的蒻蘭。筆緻的工整細潤，更表現出桃花庵的本色。文徵明三十二行結體瘦勁的行書琵琶行，與伯虎筆墨輝映成趣，款署：

「嘉靖壬午修禊日書于停雲館之南榮。」（註七）

這幅文唐詩畫合璧的琵琶行，也成爲兩人才華、友誼長相結合的象徵。

座落在蘇州西南十二里的治平寺，地處上方山下；上方山又名「楞伽山」，所以這座梁天監二年由僧人法鏡所建的古寺，原本叫作「楞伽寺」，宋英宗治平元年，始改名爲「治平寺」。治平寺前面，就是廣闊的石湖了。

前一年秋天，僧人智曉想建石湖草堂，點綴風景，又可爲文人雅集和游客休息之處。適巧蔡羽、湯珍、王寵及文氏父子都在寺中，贊助、經畫，很快就作好了一切準備。正式興工動土，則是嘉靖元年四月的事。在王寵的主持策動下，工程進行得異常順利，只化九十天左右，不到六月底，就告落成。由文徵明題額，蔡羽則義不容辭地秉筆作記（註八）。

望著雅緻淨潔的堂廡，堂外修竹和船帆往來的平闊湖面，年近而立的王寵，感覺托身有地，簡直可以終老此山：

「蘿帶還初服，山樽落草堂，獻書長不達，招隱得相將。勒字芙蓉壁，繙經紫翠房，百年何自苦，裘劍欲摧藏。」—新築石湖草堂二首之二（註九）

八月，當文、蔡、湯、王一干人前往南京應試，治平寺中的石湖草堂，頓時冷落下來，倒是一向埋首筆墨的唐伯虎和陳淳相攜前往，寺僧釋方正感覺泉石草堂之外，似乎少了一個竹亭。

伯虎於草堂四周繞了一轉，略加思索之後，「治平禪寺化造竹亭疏」草，一揮而就：

「……是以香嵓和尚擊節而悟空，清平和尚指竿而說法。意歆前輩，僉發衷情，謀建草亭，翼輔蘭若。波清池水，足詠檀欒，土地伽藍，冥空鑒證。撰茲尺牘，用告大方……」（註十）化造竹亭疏由陳淳書寫，時爲嘉靖元年八月十六日。並由釋方正立石，告請善男信女，各方文人雅士，共襄盛舉。

後爲紀念幾位才子高士，經常詩酒流連於寺，兼有造堂，化亭之功，特建五賢祠，祀唐寅、文徵明、王守、王寵、湯珍五位師生好友的神位。

治平寺營堂造亭，不妨看作又一件「唐文合璧」；對文徵明而言，在四十餘年的漫長歲月中，好友間的每一點滴，都會留下不可磨滅的印象。

「姑蘇城外古禪房，擬鑄銅鐘告四方，試看脫胎成器後，一聲敲下滿天霜。」—姑蘇寒山寺化鐘疏疏後偈語（註十一）

據〔蘇州府志〕所載，寒山寺自梁天監年間建寺之後，屢毀屢建，嘉靖中鑄巨鐘並重建鐘樓；因此，化鐘疏極可能也是伯虎生命晚期之作。

寺中，同時藏有文徵明草書「楓橋夜泊」詩：

「月落烏啼霜滿天，江楓漁火對愁眠，姑蘇城外寒山寺，夜半鐘聲到客船。」

這方龍飛鳳舞的刻石，和伯虎化鐘疏刻石中的：

「……月落烏啼，負張繼楓橋之句；雷霆鼓擊，愧李白化城之銘。……」互相輝映，成爲千古叢林佳話。

△　　△　　△

暗沉沉的停雲館，充滿了各種草藥的氣味。頭髮稀疏，兩眼呆滯的文徵明，擁被而坐。耳鳴的聲音，擾得他坐臥不寧。

白天，有子女、孫男身前身後地圍繞著；尤其三歲長孫肇祉，牙牙學語，最能逗他喜愛。冬天的夜晚，則變得無比漫長。昏暗的燈光下，老鼠肆無忌憚地窺伺著桌案。藥爐中的火燄，微弱地躍動，彷彿他生命的脈博。兒子熟睡的鼾聲、陣陣襲來的冷風，和他那不自覺的幽幽長嘆，相互交織。

更鼓、寒雞的聲音，一遍遍響起，但欹枕轉側的他，感覺中卻好像總也等盼不到那一線曙光。

劉嘉、沈雲鴻、徐禎卿……他想著那些凋零的好友。

那時，他尚未冠，和劉嘉相偕往訪舍西吉祥菴的禪師權鶴峰，兩位年輕秀才曾以詩互相唱和。

幾年後，好友已故，徵明再過寺中，重讀兩人舊日題詩，唏噓之餘，又復追和劉嘉遊吉祥菴七絕一首。

正德十五年，非但劉嘉墓木已拱，權禪師化去數載，連吉祥菴也被大火焚毀，追撫往昔，文徵明不覺愴然，涕淚交加地再疊前韻：

「當日空門對燕閒，傷心今送夕陽還；劫餘誰和邢和璞，老去空悲庾子山。」（註十二）

上年二月初八，偶然與劉嘉獨子劉穉孫相遇，談及此事，愈加感慨繫之。徵明爲寫前後唱和各詩，並追圖二人交往情境，交付年已三十六歲的亡友之子持去。

病中誦及伯虎在劉嘉墓志銘中所寫：「……嗚呼！大化有期，固識蜉蝣之不永；修程頓局，豈亡狐狸之傷類……」及自己當年祭禎卿文中的：「……疇昔之時，惠言縺綣，謂當南還，展笑非遠；曾未幾時，訃音來馳，丹旐在目，遽哭君幃。嗚呼，昌穀！百年悠悠，君歸何遽！……」忽然，他感覺人生是那麼短暫、脆弱，而又不可捉摸。

宜興好友吳大本之死，使病中的文徵明倍感悲戚。

久患遺忘症的吳大本，一天早晨，突然醒悟，對平生一切，了然於心。到了臨終之時，所有後事，均由自己區畫，巨細無遺，隨即瞑目而逝；文徵明不知將來自己能否走得這樣安詳、明白。

文徵明風聞，人們紛紛傳說他早已物故；但，像這樣一連三月，纏綿病榻，除苟延殘喘外，又與死何異？他在詩中，發出絕望的呻吟：

「久病生蟣虱，搔頭有雪霜；自憐身蹇劣，漸與老相將。擁榻衾裯薄，挑燈刻漏長；意衰神亦倦，心事轉茫茫。」—病中四首之一（註十三）

事實上，文徵明種種出世乃至消沉、絕望的思想，單從他的書畫和詩文中，就隱約可以見出轉變的痕跡。

十五年九月，和仇英合臨李龍眠的白蓮社圖（註十四）。在這種前此少見的合作中，徵明寫山水，仇英寫他一向專擅的人物。

十六年六月，為薦福寺古泉大師，在仇英的藥師像後書寫藥師經（註十五）。

元年四月初六，在老子像後，泥金楷書道德經一冊（註十六）。九月十六，為蘇州名醫王存菊寫金剛經一套二冊（註十七）。

兩三年間密集的畫佛道，寫經卷，對飽經挫折的文徵明而言，雖是書畫題材的拓廣，也未嘗不是在尋求心靈的寄托。

「……謫仙故自多愁緒，更上留雲望帝州。」

「……潮生潮落夜還曉，物與數會誰能窮。百年形影浪自苦，便欲此地安微躬；白雲南來入長望，又起歸興隨征鴻。」（註十八）

前面一首是十六年春天追賦金山的七律，後一首則是這年仲秋廿二日登臨金山後，舟中所賦的七古；曾幾何時，文徵明原有的一點館閣之思，已經化成了山林之想。

至於這年五月，杏花落盡，梅子又圓又黃，治平寺石湖草堂工程正在興建時所賦的七律「五月」，也可以窺見文徵明古井一般的心境：

「……黃鳥故能供寂寞，綠陰何必減芳菲，子雲自得幽居樂，不恨門前轍跡稀。」（註十九）

事實上，文徵明對嘉靖元年的南京之行——也是他此生最後一次鄉試，似乎早已意興闌珊；只是陪著子弟、好友聊走一遭罷了。

文徵明心中的抑鬱，入世與出世心態上的急遽轉變，從王鏊的「傷庭梧」五古中，或可略見端倪吧。

△　△　△　△

新朝天子起用老成、正直之士，雖然道路傳聞甚盛，只是遲遲未見天使的傘蓋與帆影。傳說中最可能東山再起的王鏊和文森，反而愈加審慎；一個洞庭高臥，一個閉門謝客，以免惹出任何流言閒語。至於文徵明在新天子即位後，所賦「感懷」詩中的：「漢廷行致魯諸生」，恐怕也只是空抒思古之幽情而已。

冬去春來，直到嘉靖皇帝即位的第十個月—元年二月初四日，正德十二年進士，任職行人司的行人柯維熊，才奉遣到洞庭東山，宣示璽書，對三朝老臣王鏊加以慰問。

在謝恩疏（註二十）中，王鏊除了表示只求終老山林，無復當世之望外，並懇切地隨疏呈獻所著「講學」和「親政」二篇。

「講學」，就是建議聖躬除了時御經筵之外，也常常在淸燕之間，召請文學侍從之臣，從容講論治理天下的大經大法，增進皇帝對學問事理的了解，以使聖心日明。

「親政」，則祈求皇帝於視朝之暇，更能常常在便殿中，召集公卿大臣，侍從臺諫，當面論對時政，諮訪民間疾苦，朝政得失。並接引忠賢，免於疏遠，如此則可使聖政日修。

王鏊以帝王之師，及輔佐朝政的豐富經驗所著前朝聖王治學、修政的範典，對開啓朱厚熜的心胸和視界，究竟產生了甚麼樣的作用，無由得知。但，消息陸續傳來，皇帝爲尊崇本生父興獻王爲「興獻帝」，母妃蔣氏爲「興獻后」，和朝廷各部大臣，堅持不下。對興獻王藩邸的舊臣和希旨倖進之徒，不次錄用，而一些穩定社稷的元老重臣，則漸漸遭受到疏遠和斥逐。尤其令朝野不安的是，在某些倖佞的誘導下，朱厚熜一反初衷地大興寺觀，崇奉諸敎，置許多急切的政務和民生於不顧。

七月廿五日，白晝之間，大江南北突然颶風大作。屋瓦飄飛，行人顚仆，海水翻騰。像正德十四、十五兩年的七月所吹起的颶風大浪那樣，濱江的千千萬萬家屋和老少，刹那間，隨流漂沒。

石湖草堂中養病並準備赴試的王寵，抱著屋柱，禁不住渾身顫慄。他在「紀變」詩中，描寫那恐怖的狀況：

「……一鼓江河翻，再簸海嶽拔。黃沙暗中原，白浪高觀闕。古樹斬十圍，夔罔逃百粵。淮揚既澎湃，吳楚轉突兀。……」（註二一）

在同一場大風沙中，王鏊莊中的兩株巨大梧桐之一，竟山崩地裂般連根拔起，倒在庭院。

當年膚寸大的兩株樹苗，由他親手所栽種，看著它挺拔上長，居然雙蓋幡幡，直摩霄漢。

有時他嫌它們遮星蔽月，使人眼目不暢，想稍加斫伐，但看到那鬱鬱蒼蒼的生意，也就於心不忍。想不到卻在新紀元的秋天，一陣颶風中，像蛟龍一般僵仆下來。他和住在楞伽山上的宗侄王寵一樣，深信陰陽不調，乃是蒼天示警。

王鏊一面憐惜手植的梧桐，一面遙想新朝景象，意味深長地在詩末寫：

「……翻惜堂構初，不種松與柏。」—傷庭梧（嘉靖改元七月廿五日颶風大作庭前雙梧其一忽頹賦詩傷之）（註二二）

註一、〔唐伯虎全集〕水牛版頁六五。

二、〔式古堂書畫彙考〕册四頁四六二。

三、〔故宮書畫錄〕卷三頁八四。

四、〔石渠寶笈〕三編册四頁一九〇六。
五、〔雅宜山人集〕頁一一七。
六、〔游宦紀聞〕舊鈔本藏國立中央圖書館。
七、〔紅豆樹館書畫記〕頁九四二。
八、〔蘇州府志〕頁一八三、一一六一。
九、〔雅宜山人集〕頁二二二。
十、〔吳都文粹續集〕卷三一頁四九、〔唐伯虎全集〕水牛版頁二〇三。
十一、〔唐伯虎全集〕水牛版頁二〇三。
十二、〔式古堂書畫彙考〕册二頁三八二。
十三、〔甫田集〕頁二四〇。
十四、〔秘殿珠林〕頁二六三。
十五、〔秘殿珠林〕頁五一。
十六、〔秘殿珠林〕頁一六五。
十七、〔秘殿珠林〕頁四九。
十八、〔石渠寶笈〕頁一一二九。
十九、〔甫田集〕頁二三九。
二〇、〔震澤集〕卷二〇頁一。
二一、〔雅宜山人集〕頁四八。
二二、〔震澤集〕卷八頁十四。

第六十章　冬藏

春耕、夏耘、秋收、冬藏，是自然節奏和人類生活的一種契合。對一位文學家和藝術家而言，「冬藏」可能出于他的預感或本能。當他著手整理舊作，準備藏之名山的同時，內心往往有著既悲壯又悽愴的情懷。

大約嘉靖元年冬天，唐伯虎在給詩社社友若容翰學信中，吐露出那沉鬱的心聲：「若容老兄翰學，省示浮休遷化，欲往哭之，事冗不克遂懷也。故人朋舊，漸就凋落，深可慨嘆；自度衰颯，又何能久世耶！昔者，瓠庵閣老、石田高士相繼作古，余竊悲悼，以為前輩風格頹委，使後生無所師法。今我盟社，亦復零落，新進後生，既無謙謙之德，又不及接見前輩，豈淑世風氣使然耶！中心恝然……緣僕收拾舊所著書，為身後計耳。……」（註一）

從伯虎同一封信中，也可以對他的名山業績，看出大概輪廓：

〔三式總鈐〕三卷

〔唐氏文選〕八卷

〔書畫手鏡〕一卷

〔將相錄〕二十卷

〔吳中歲時記〕二卷

〔史議〕四卷

〔時務論〕六卷

信中更殷殷囑託，一旦從祉友浮休遊於九泉，希望若容翰學能爲他把這一生耕耘所得，書於壙側。

不過唐伯虎臚列出來的書單，既非全部，其中重要作品，也並非完整的藏於箱篋之中，隨時可以付梓。

〔周髀算經〕，趙君卿、甄鸞諸人的勾股算法，唐伯虎不僅深入研究，復加以精核的辯證，洋洋數十條之多。此外，對佛教的內典，他也下過極大的心血，有關著作，信中均未見列入。

書目中的〔唐氏文選〕八卷，是自攄其才情心性之作，最能表現這位江南才子半生的坎坷落魄，和盤鬱在胸中的塊壘；但竟爲張承仁御史借沒。急著整理舊作，想對生命歷程有個完整交待的唐伯虎，反而要輾轉託人到張承仁處鈔錄自己的著作。

伯虎詩文，吐語珠璣，落筆成章，多半不留草稿；他的看法是：「後世知不在是，見我一斑已矣。」一般估計，他所散失的文字，不知多過所保存的多少倍。

好友若容是否無負所託，將伯虎畢生的心血結晶，刻石墓側，不得而知。而情同手足的祝枝山，在「夢墨亭記」（註二）和後來所撰的「唐伯虎墓誌銘」（註三）中，則一再提及伯虎治學的態度和範圍，與寄若容手札兩相印證，或可見出端緒：

「…少長縱橫古今，肆恣千氏。一日忽念欲了其先人之遺望，且以畢近易事；遂乃苞銛坊滔，萃神於科第業，閉戶一歲，信步闈場，遂錄薦籍，爲南甸十三群士冠。……」

夢墨亭記中，枝山先以生花妙筆，描寫少年唐伯虎的才氣，不囿於一家一派的豐富學養。只爲了對先人的一份孝意，埋首於八股文中，不過閉戶經年，就一舉奪魁，成爲南京的解元。

「……領薦之明年，會試禮署，乃用文法詿誤，卒落薦籍，人又駭之，而子畏夷如也。去覈求神鈐天軌，至理極事，山負海茹，鑽琢窈惚，於是心益精，學益大，而跡益放；或布濩餘蓄，以爲繪畫。……」

桃花塢中的夢墨亭，成於伯虎三十八歲左右。

從二十九歲中舉，冤獄後的鎩羽而歸，受盡鄉里的鄙視和屈辱，婚姻破裂後寄食僧舍的孤獨歲月，乃至壯遊歸來，築園定居，是唐伯虎人生路上，最坎坷顚簸，也是波瀾壯闊的一段。無情的打擊，使他空虛的心靈，皈依於佛；使他學術的視野，從狹窄瑣屑的舉業文，轉變到命理、占卜乃至風鑑一類的玄虛之學。以上這些，不僅是學術上的探討，更重要的，也許他想爲這變幻莫測的人生，尋求出一個可資窺測的軌跡，尋求出天人之間既微妙又隱晦的互動脈膊。

夢墨亭的構建，在於應合九鯉祠祈夢所得的朕兆，此際伯虎，將以楮墨丹青作爲終身的事業，因此，祝枝山應邀而寫的夢墨亭記，也著墨於：「或布濩餘蓄，以爲繪畫」的繪畫上面，文中對唐氏的研究著作，不過略加點綴而已。至於「唐伯虎墓誌銘」中，則著眼於伯虎的整個生命歷程，生平際遇、繪畫文學、研究著述……一無偏頗的作爲「蓋棺」之論：

「……其學務窮研造化，元蘿象數，尋究律歷，求揚馬元虛邵氏聲音之理而贊訂之。旁及風烏壬遁太乙，出入天人之間，將爲一家學，未及成章而歿。其于應世文字詩歌，不甚措意；謂後世知不在是，見我一斑已矣。奇趣時發，或寄于畫，下筆輒追唐宋名匠。……」

無法確知伯虎預備刻於壙側的書目，是否依他心目中價値的高下，定其先後。墓誌銘中所謂「旁及」的風烏壬遁太乙，也就是占卜、命相、風鑑之類「三式」之學，伯虎自列爲書目之首。其次，是墓誌銘中所謂「不甚措意」的應世文字詩歌。墓誌銘中列舉的有關易與律曆之類，伯虎自列書目中則付闕如，也許伯虎生前即已散失。

自列書目中的〈書畫手鏡〉，不知和引起後人爭論的〈唐六如畫譜〉（註四），有無相類之處？

〈書畫手鏡〉，明末清初錢謙益曾在〈絳雲樓書目〉中提及：

「諸家書目俱未著錄，其佚無疑；不然以六如之盛名，其所著述，早風行矣。」（註五）〈唐六如畫譜〉，因全係摘錄前人有關繪畫的記述、理論，既無創意，復多舛誤，有人贊爲金科玉律，有人疑爲僞託，以爲斷非出於伯虎之手。

自列書目中的〈將相錄〉、〈吳中歲時記〉、〈史議〉、〈時務論〉，非僅後世無傳，墓誌銘中亦隻字未提；如果不是散佚於伯虎生命的晚期，則可能是祝枝山多年宦游嶺南，隨即任職南京，正德的南巡，及接踵而至的正德、嘉靖的更替，使他根本無暇一窺好友畢生心血的全貌吧？

太傅王鏊，對人不輕予可，視伯虎爲足可濟世的良材。王寵履吉鮮少交游，獨許伯虎爲英雄才彥，是當代奇士……

〔史議〕、〔時務論〕二著，正可以窺見這位「龍虎榜中名第一，煙花隊裡醉千場」的才子的另一面：胸襟、識見、對現實事務的瞭解，和經國濟世的方略。二著的散佚，則使千秋後世永遠墜入迷霧之中，無法見到伯虎被期許爲國士、英雄的廬山眞面目。

△　　△　　△　　△

「寂寞身後事，千秋萬歲名」

當人們目光投注到伯虎生命中隆冬歲暮的一段，見到他正孤獨地收拾舊作，準備交付後人的時候，不免會感到一種悽然與惆悵。

此時，如果預把後人對伯虎詩文的觀感與評論，和當日桃花菴中孤寂的身影，悲涼的情懷，以及他的創作態度，相互印證，也許更能透視出紛沓雜亂的世代、一個天才的萌發和成長，以及後世對他智慧結晶的保存與承傳，有個全面性的瞭解。

「少年不識愁滋味，愛上層樓，愛上層樓，為賦新詞強說愁。而今識盡愁滋味，欲說還休，欲說還休，卻道天涼好個秋」—醜奴兒·辛棄疾

歲月的遷移，際遇的改變，影響到一個人的心境，也使詩詞創作從「爲賦新詞強說愁」的矯揉造作，逐漸轉變成「欲說還休」的含蓄、恬淡境界。

「少年游治學秦柳，中年感慨學辛蘇，老年淡忘學劉蔣；皆與時推移而不自知者，人

亦何能逃氣數也！」清代詩人鄭燮，在他自選的〈詞鈔〉序中，感慨無限地說出畢生創作的歷程。

反觀唐伯虎文學作品中絕大部分的詩詞和曲，雖然鮮有年款，集中一無時間順序地錯雜排列，但如細加品味，從辛、鄭兩家所體會出來的，隨著歲月、際遇與氣數而自然衍變的痕跡，依舊隱約可辨。只是，其中交織著伯虎獨特的風流天性所譜成的情詩豔詞，和晚歲皈依佛氏後，以俚俗而親切的歌謠，勸人行善並及時行樂，就使他的作品愈發多彩多姿，讓人感到眼花繚亂。

綜觀歷代對伯虎詩文的評論，大約可以看出三種不同的傾向：

一派認爲伯虎精心之作，多在青少年時代，到了後期，反而不太可觀。以這種眼光選輯或品評伯虎詩文的，首推吳縣後進，與伯虎爲忘年交的袁袠（永之）。和文、唐交誼深厚的南京好友顧璘（華玉）。

在所輯〈唐伯虎集〉的序中，袁袠明顯地表現出他的看法：「伯虎他詩文甚多，體不類此；此多初年所作，頗宗六朝。惟遊金、焦、匡廬、嚴陵、觀鼇山諸詩，及『嘯旨後序』，乃中季所作，亦可入選，故附入之。……」（註六）

袁序於敍述伯虎躋身士林，及春闈得禍之由，又總結其南歸後的生活和創作態度。

「……乃益自放廢，縱酒落魄；所著述多不經思，語殊俚淺。……」

袁輯〈唐伯虎集〉，成於嘉靖十三年，離伯虎去世不遠，袁氏也自承：「伯虎他詩文甚多」，結果以「體不類此」的成見，棄而不取。後世輯唐伯虎詩文者，再也沒有這樣時間、空間上的便利，致伯虎作品大量散佚，實在可惜。

顧璘附和袁袠看法，認爲伯虎的「絕藝在是」；不過，他對伯虎晚歲作品評價，並不算苛刻：

「……邪思過念，絕而不萌，託興歌謠，殉情體物，務諧里耳，罔避俳文；雖作者不尙其辭，君子可以觀其度矣。」（註七）

對袁袠選輯伯虎作品標準最爲堅持，批評得最爲尖刻的，莫如明代「後七子」中的王世貞。他在（鳳洲筆記）中評伯虎：

「……詩法初唐，如鄠杜春遊，金錢鋪埒，公子調馬，胡兒射鵰；暮年脫略傲睨，務諧俚俗，西子蒙垢土，南珠襲魚目，狐白絡犬皮，何足登床據几，爲珍重之觀哉！」（註八）

他又在〔藝苑巵言〕中，單刀直入地說：

「唐伯虎如乞兒唱蓮花落，其少時亦復玉樓金埒。」（註九）

不過，論者以爲王氏早年持論「文必西漢，詩必盛唐」，藻飾太甚；晚年始漸趨平淡，他對伯虎文學的看法，也逐漸有了改變。他在跋伯虎詩畫中寫出對伯虎「倀倀行」的感受：

「……伯虎此詩，如父老談農，事事實際，中間作宛至情語，當由才未盡耳；然過此則爲胡釘鉸矣。余十年弄筆墨，不敢置眼睫間，今老矣，愛此畫，不妨併讀此詩，一再過也」（註十）

「余嘗有唐伯虎『桃花菴歌』八首，語膚而意雋，似怨似適眞令人情醉，而書筆亦自流暢可喜。……」（註十一）

「悵悵詞」：「悵悵莫怪少年時，百丈游絲易惹牽。何歲逢春不惆悵！何處逢情不可憐！杜曲梨花杯上雪，灞陵芳草夢中煙。前程兩袖黃金淚，公案三生白骨禪，後事思量應不悔，衲衣持鉢院門前。」（註十二）

在伯虎全集中，悵悵詞列於「漫興」十首之中，與他的「桃花菴歌」，均屬中、晚年之作。似怨似適，使人心動鼻酸，感慨無限，一讀再讀，不忍釋手；看來是歲月和遭際改變了王世貞，對唐伯虎中晚歲的慷慨悲歌，產生了遲來的共鳴。

再看看那些被顧璘視爲「絕藝」，王世貞讚爲「玉樓金埒」的伯虎早年作品，雖然穠麗、上宗六朝晉魏，但古代樂府和詩詞影子，所在多有，不若哀樂中年後的平淡天眞，直攄性情，更能撼動人的心弦。

伯虎著作中，賦，屈指可數，是較少的一類。

「汗巾賦」、「廣志賦」、「昭恤賦」，在其稍後，乃至同時的士林中，已不可得見。

「金粉福地賦」，是他二十九歲在南京所賦。當時已解首在望，或黃榜初放；意氣風發，是他生平最得意的時刻。

豪華鉅邸之中，燈燭輝煌，佳賓雲集，珠環翠繞，香氣襲人。所有的目光，均凝注在蘇州才子唐伯虎的身上。時間雖然已是仲秋，但江南依然殘留著幾分暑氣。

「閩山右姓，策府元勳；玉節凌霄而運，玉符奕世而分……」（註十三）

這位名傳遐邇的風流才子，輕揮摺扇，啓唇朗吟的時候，不由得使人想到王勃當年，賦「滕王閣序」的景象；比較兩篇文章的筆調、氣勢和鋪排也頗有相類之處。

唐伯虎金粉福地賦的尾聲中，也自謂：「借王勃之風，奮江淹之筆」，因之可以推測滕王閣序對金粉福地賦，多少有些影響。文章起首，都描寫出地理的形勢，主人的榮寵和勳業的隆盛。

不過，比起王勃所面對的層巒聳翠、位於長洲之上的飛閣，以及時屆九秋的寒潭暮色，和伯虎所處的連雲大廈、錦屏繡幕、管絃輕奏、輕顰淺笑的情調，卻又形成一種蕭索蒼茫與旖旎浪漫的對比。

寫風物、主人的勳名之外，滕王閣序中，王勃觸景生情，特別著筆於「天高地迥，覺宇宙之無窮；興盡悲來，識盈虛之有數」的哲學思維上面。從人生的榮辱、命運的興衰，歸結到君子安貧，達人知命的主題上面。

「……織錦竇姬，薦朝陽之賦；卷衣秦女，和夜月之篇。寶葉映綦屐而雅步，銀花逐笑靨而同圓。麗色難評，萬樹過牆之杏．韶光獨占，一枝出水之蓮。……」「金粉福地賦」中，則始終落墨於居宅的宏富壯麗，園囿的幽雅曲折，以及才子佳人的千姿萬態上面。也許是作者的心情、處境不同，感觸各異，因而開出不同的花朵。最有趣的，這兩篇文章中，各有流傳千古的名句：

「落霞與孤鶩齊飛，秋水共長天一色。」據說滕王閣序吟誦到這兩句時，連原先想彰顯子婿才華，對王勃逕行作序，恃才傲物態度頗爲忿恚的閻太守，也禁不住擊節贊嘆：

「此天才也！」

唐伯虎於賦中，描寫少女的多才多藝和嬌羞嫵媚的神態之後，總結了一句：

「一笑傾城兮再傾國，胡然而帝也胡然天！」引來一陣如雷的掌聲，到處傳誦；反倒是整篇金粉福地賦很快失傳了。直到萬曆年間，曹元亮所輯伯虎集出，金粉賦才重新面世，至於唐賦中的名句，能否和王勃句相互媲美，則又見仁見智了。

伯虎另一首傳誦一時的「嬌女賦」，其中部分古代作品的影子，就比金粉賦明顯得多了。

樂府歌辭「陌上桑」，有一段對美女外出採桑，引得路人如痴如狂，爭睹芳顏的描繪：

「……羅敷善蠶桑，採桑城南隅。青絲為籠系，桂枝為籠鉤。頭上倭墮髻，耳中明月珠。……行者見羅敷，下擔捋髭鬚。少年見羅敷，脫帽著帩頭。畊者忘其犁，鋤者忘其鋤。來歸相怨怒，但坐觀羅敷。……」

當從南而來的使君，遣吏向前詢問羅敷姓氏和芳齡時，有一段俏皮的對話：

問是誰家姝？

秦氏有好女，自名爲羅敷。

羅敷年幾何？

二十尚不足，十五頗有餘。

伯虎於嬌女賦中，形容少女的嬌美、嫵媚、溫婉的性情和優雅的儀態之外，也以「二十尚小，十四尚大」這樣的詞句，點出少女的芳齡。

描寫路人的痴迷則是：

「……負者下擔，行者佇路。來歸室中，嘖嘖怨怒；策券折閱，較索羨貨。著履入被，不食而嘔；雙耳嘈雜，精宕神怖。形之夢寐，彷彿會晤。……」（註十四）

下面則全力描摹輾轉於病榻之上，相思病患者的恍惚神態，這點倒和羅敷與使君的一大段對白，大異其趣。

唐伯虎與元配徐氏，鶼鶼情深，但徐氏不幸早喪。伯虎所留下的詩歌中，和徐氏有關的一首爲「殤內」，一首可能是「妬花歌」：

「昨夜海棠初著雨，數朵輕盈嬌欲語；佳人曉起出蘭房，折來對鏡比紅妝。問道花好奴顏好？郎道不如花窈窕。佳人見語發嬌嗔，不信死花勝活人；將花揉碎擲郎前，請郎今夜伴花眠。」（註十五）

閨中情趣的描寫，對溫柔多情的唐伯虎而言，原應得心應手，別出心裁，生動傳神。

「牡丹含露真珠顆，美人折向庭前過。含笑問檀郎：花強妾貌強？檀郎故相惱，須道花枝好。一面發嬌嗔，碎挼花打人。」—菩薩蠻．五代．無名氏作

和妬花歌相較，雖然體裁、詞句各異，但少婦的嬌憨情韻，則頗爲類似。

而被王世貞譽爲「玉樓金埒」的唐伯虎少作中，如樂府「短歌行」（註十六）與曹孟德短歌行；「相逢行」（仝前註）與古樂府歌辭中的相逢行……不僅體裁形式，就表現內

容而言，也不乏「取法」之處。

從此以觀，他那些中晚年慷慨悲歌、頹然自放，乃至務諧俚俗之作，不但情感眞摯，風流瀟脫，也更多彩多姿，反而愈加值得玩味。

註一、〔從唐寅的際遇來看他的詩書畫〕頁七、圖一，江兆申著，〔故宮季刊〕第三卷第一期抽印本。

二、〔唐伯虎全集〕漢聲版頁三一九。

三、〔唐泊虎全集〕水牛版頁二二九、漢聲版頁一八四。

四、〔唐伯虎全集〕水牛版頁二八三、漢聲版頁二〇九。

五、〔書畫書錄解題〕卷十頁二六，余紹宋撰，中華書局版。

六、〔唐伯虎全集〕水牛版序頁、漢聲版序頁一。

七、〔唐伯虎全集〕水牛版頁二三四、漢聲版頁一九〇「志傳」。

八、〔唐伯虎全集〕水牛版頁二五二、漢聲版頁二八二「詩話」。

九、〔唐伯虎全集〕水牛版頁二五三、漢聲版頁二八四「詩話」。

十、〔唐伯虎全集〕水牛版二六二、漢聲版二九六「題跋」。

十一、〔唐伯虎全集〕水牛版頁二六三、漢聲版頁二九七「題跋」。

十二、〔唐伯虎全集〕水牛版頁二四、五四及頁二三二「志傳」。漢聲版頁二〇、四六及頁一八七「志傳」。

十三、〔唐伯虎全集〕水牛版頁二、漢醫版頁二。

十四、〔唐伯虎全集〕水牛版頁一、漢聲版頁一。
十五、〔唐伯虎全集〕水牛版頁一一四、漢聲版頁一九。
十六、〔唐伯虎全集〕水牛版頁七、漢聲版頁六。

第六十一章　孤雲獨去閒

對唐伯虎詩歌文學，持論不同於袁袠、顧璘、王世貞的人頗多，如爲他編輯詩文並三次作序的蘇州後進何大成、對伯虎全集有增輯補亡之功的曹元亮、清嘉慶年間重刊伯虎文集的族裔唐仲冕、〔明詩紀事〕編者陳田、〔列朝詩集小傳〕作者錢謙益（受之）等。

他們批評欣賞伯虎詩文的幅度比較廣博寬厚；幾乎肯定這位蘇州才子每一個生命里程中的心血結晶。尤其何、曹、唐三人，蒐集伯虎詩文、題跋、軼事及與之有關的文評、詩話唯恐不周。

何大成心目中的伯虎，不僅是風流跌宕的才子，從他在寧王府中佯狂避禍的作爲來看，簡直可以稱之爲智者。對於其生平得失，只能說是有才華而不善於運用；也因此，才愈發顯示出他那風流才子的本色。何大成對伯虎的總評是：

「……愚故曰，伯虎殆幾于智者也，所著詩文翩翩有奇藻，乃其邁往不屑之韻，卓然如野鶴之在雞群，是烏可以無傳哉？噫！其傳者亦寡矣！」（註一）

在伯虎集「外編」序中，何大成假藉座客的口吻，稱贊伯虎的小詞：

「……況伯虎領袖東南，才名藉甚；不幸坎坷落魄，其胸中磈礧鬱勃之氣，無由自洩；假諸風雲月露以洩之；語雖不經，亦以自攄其才情之所至而已。……」（註二）

曹元亮對袁袠棄而不顧，顧璘、王世貞不加賞鑑的伯虎中晚年作品，特加贊賞：

「……今所集二十二種，百五十餘篇，大都先生中年作。悲歌慷慨，而寄韻委婉，謔浪笑傲，而言談微中。……」（註三）

唐仲冕不但廣搜有關伯虎的一鱗半爪，更研究他的傳記，考證其生平行事，他的結論是：

「……知其寓氣節於風流，與俗所稱有文無行迥異。」（註四）

選輯〈明詩紀事〉的陳田，對袁袠所輯伯虎文集，頗有微詞：

「田按：子畏詩才爛漫，好爲俚句；選家淘汰太過，並其有才情者不錄，此君眞面目不見。」（註五）

錢謙益在〈列朝詩集小傳〉中，對選輯伯虎詩文的袁袠，批評得就更爲露骨：

「……伯虎詩少喜穠麗，學初唐。長好劉、白，多悽怨之詞。晚益自放，不計工拙，興寄爛熳，時復斐然。蘇台袁袠輯伯虎詩，謹存其少作，而顧華玉以爲絕詣在是；此固未知伯虎，抑豈可謂知詩也哉！」（註六）

在有關唐伯虎的詩文評論中，兩位親密好友徐禎卿、祝枝山的看法，也值得注意：

「……雅資踈朗，任逸不羈。喜翫古書，多所博通，不爲章句。屬文務精思，氣最陗厲。嘗負凌軼之志，庶幾賢豪之蹤，俛仰顧眄，莫能觸懷……」（註七）

這是徐禎卿〈新倩籍〉對伯虎性格、讀書、寫作態度和豪情壯志的描述。徐氏早喪，本文更作於伯虎而立之年前後；「屬文務精思，氣最陗厲」，和王世貞所說「玉樓金埒」

的創作態度，可以相互印證。可惜同屬吳下才子的徐禎卿，未及見到伯虎後期作品，否則必有持平之論。

「……子畏臨事果決，多全大節，即少不合不問；故知者誠愛寶之若異玉珍貝。……」（註八）

祝枝山在伯虎墓志銘中，總結好友生平的爲人處世。對伯虎的詩文造詣，也採取這種既贊賞又寬容的態度；針對其作品本身予以評價，不像袁、顧、王三氏那樣以創作先後強行畫分取捨標準，也不掩伯虎作品之短：

「……子畏爲文，或麗或澹，或精或汎，無常態，不肯爲鍛鍊功，奇思常多，而不盡用。其詩初喜穠麗，既又放白氏，務達性情；而語終璀璨，佳者多與古合。……」（註八）

他所肯定的是伯虎的才華，作品風格的多彩多姿、有濃厚的感情和豐富的想像力；但卻終覺缺少鍛鍊工夫。

至於伯虎一些不盡完美的書畫文字，祝枝山歸之於伯虎成名後，四方慕名而來者，車馬盈門；無休無止的索求煩擾，使他只好不計一時毀譽，隨手應付。加以伯虎始終未將之視爲終身事業，也就更不宜加以苛求了。

△　△　△　△

各種文評、詩話或題跋中，有些人只拈出伯虎的名篇、警句、吟哦玩賞，見仁見智，也頗饒趣味。

曹元亮的好友，翰林院檢討文林郎張鼐，最欣賞伯虎「與文徵明書」，他在序伯虎全集中說：

「余讀唐伯虎先生與文衡山先生書，慷慨激烈，悲歌風雅，眼底世情，腔中心事，一生宇宙沖凌海岳之氣，奮在几席。掩卷究其本末；嗟呼！丈夫遭時不遇，遂至此哉！」（註九）

唐伯虎這篇堪與「李陵答蘇武書」悲涼、慷慨相伯仲的尺牘，連鄙薄其晚期作品，指爲「如乞兒唱蓮花落」的王世貞，讀後也不得不爲之改容：

「明唐伯虎報文徵明、王稚欽答余懋昭書，差堪叔季；伯虎他作俱不稱，欽于文割裂比擬亡當者，獨尺牘差工耳。」（註十）

在伯虎貧病交加的晚歲「怨音」中，〔吳郡二科志〕作者閻秀卿，特別刊出前錄「悵悵行」，和另一首同列於「漫興十首」中的自詠之作：

「擁鼻行吟水上樓，不堪重數少年游；四更中酒半床病，三月傷春滿鏡愁。白面書生期馬革，黃金說客剩貂裘；近來檢校行藏處，飛葉僧家細雨舟。」—擁鼻（註十一）

閻秀卿的獨具隻眼，其後不僅引發了王世貞對這兩首七律的共鳴。「藤圃擷餘」作者，更爲二詩感動不已：

「……閻秀卿刻其『悵悵』、『擁鼻』二詩，余每見之，輒悵悵悲歌不已。詞人云：『何物是情濃！』少年輩酷愛情詩，如此情，少年那得解！」（註十二）

〔筆精〕作者，認爲伯虎像嵇康、阮籍一般，是疏狂玩世之流，他的詩雖然不甚雅馴，但自寫胸次，有一種天然之趣，非堆砌典故、組織套語而沾沾自喜者可及。例如：

「苦拈險韻邀僧和，煖簇薰籠與妓烘。」

「生涯畫筆兼詩筆，踪跡花船與酒船。」

「去日苦多休檢歷，知音諒少莫修琴。」

……（註十三）

有人酷愛伯虎書畫中某些閒章：

「百年障眼書千卷，四海資身筆一枝。」

「天上閒星地下僊」

「秋榜才名標第一，春風絃管醉千場。」

「江南第一風流才子」

「普救寺婚姻案主者」（註十四）

其中有些是伯虎詩中得意之句，有些詞句則帶有自嘲和自詡的意味，看來眞是目空一切，灑脫狂放。

論及伯虎小詞，恃才傲物的王世貞，也不能不發出由衷的贊嘆：

「吾吳中以詞曲名者：祝京兆希哲、唐解元伯虎、鄭山人若庸；希哲能爲大套，富才情而多駁雜；伯虎小詞翩翩有致。……」（註十五）

中郎袁宏道評伯虎小詞，更認爲其詞中有畫境：

「子畏小詞，直入畫境，人謂子畏詩詞中有幾十軸也，特少徐吳輩鑒賞之耳。」（註十六）

連袁袠、顧璘認爲不入鑒賞，王世貞視爲蓮花落的俚俗之作，也有人以爲別具新境，和一種天然之趣。

顧元慶〔夷白齋詩話〕舉伯虎題畫詩爲例：

「不煉金丹不坐禪，不爲商賈不耕田；起來就寫青山賣，不使人間造業錢。」並評爲：

「解元唐子畏，晚年作詩，專用俚語，而意愈新。……」（註十七）

鴻鶴山人陸延校〔說聽集〕中、引伯虎「一世歌」：

「人生七十古來少，前除幼年後除老；中間光景沒多時，又有炎霜與煩惱。……請君試點眼前人，一年一起埋青草；草裡高低多少墳，年年一半無人掃。」（註十八）認爲從這些詩歌之中，最能見出一代才子胸中的感慨。

自然，騷人墨客們也忘不了唐伯虎的春圖，和題畫的艷詩與艷詞。

他和仇英，往往被認作是蘇州一前一後的此中高手，除了生動而冶艷的男女情愛表現之外，筆墨的秀潤典雅，更爲人所稱道；唯據傳僞作極多，雅俗的分際，有賴於識者的明鑒。

「唐伯虎解元於畫無所不佳，而尤工於美人，在錢舜舉、杜檉居之上；蓋其平生風韻多也。此『倦繡圖』，從趙文敏公摹來，故設色之艷，位置之工，迥勝他日作。至其雅韻

風流，意在筆外，則伯虎自有伯虎在，覽者當自得之。……」（註十九）

從王世貞之弟王敬美這則題跋可以瞭解，唐伯虎於美人的描寫所以能出神入化，實由於生平風韻事多，眼界廣，體驗深；即使臨摹之作，也能反映出他那獨特的韻緻。仇英在生活方面，可能不似唐伯虎那般多彩多姿，但他對古畫中仕女、宮室、陳設所下的臨摹和考據工夫，當是他人物畫創作的泉源。

〔唐伯虎全集〕「題跋」篇，有一則論伯虎春圖，足證其創作時的巧思：

「伯虎嘗作春圖一幅，圖中美人，以綠蕉一葉爲簟，風味灑然，當屬神品。」（註二十）

伯虎風韻事多，所作美人圖構思巧妙，栩栩如生，別出心裁；從此不難想像他以妙手巧思所作的春圖，何等引人人勝。唯公私書畫著錄中，有關唐仇二人是類作品記載闕如，眞實情況，杳不可考。

伯虎全集中，有題半身美人二首，旖旎浪漫，頗堪玩味：

「天姿嬝娜十分嬌，可惜風流半節腰；卻恨畫工無見識，動人情處不曾描。」

「誰將妙筆寫風流？寫到風流處便休；記得昔年曾識面，桃花深處短牆頭。」（註二一）

同集「詩話」篇，錄伯虎自題春圖「一剪梅」、「水仙子」等六闋，首題爲：

「春來憔悴欲眠身，爾也溫存，我也溫存；纖纖玉手往來頻，左也消魂，右也消魂；

條桑採得一籃春，大又難分，小又難分；惟貪繅繭合繙掄，吃不盡愁恨，放不下愁

恨。右調一剪梅。」（註二二二）

前引詩詞，僅能作爲傳說中伯虎擅於春圖的一點佐證而已。

△　△　△　△

面容憔悴，灰髮稀疏的文徵明，周旋於盈門賀客之間，在他的感覺中，恍如隔世。

久病的折磨，使他功名之念早已斷絕，許多切磋舉業的硯友，自然也就疏遠了，筆墨更任其荒蕪。盡日擁著一身敗褐，怔怔忡忡地坐著；他時而自嘲，自己簡直成了一隻藥甕。久久以來，連鏡子也懶得去照，明知鏡中容顏一日不如一日；他自我安慰：

「……安心是良藥，此外復何營？」—病中（註二二三）

然而，仍有件事，使他無法去懷；就是次子文嘉的婚事。

年已二十二歲的文嘉，像乃兄文彭一樣，著意於書畫，而拙於舉業。年長四歲的文彭，於篆、分、眞、行、草各體書法，幾乎無所不佳。筆下的山水花果，也頗有幾分功力，偶而還可以爲懶於應酬的老父代筆。文嘉小字看來清爽勁拔，大字比文彭顯得鬆散，畫山水畫則頗有父風。看看半生潦倒，文徵明唯恐二子會像自己一樣，長困於場屋之間。病中的他，但願能早日爲次子完婚，了卻作父親的心事，其餘一切，也只能看各人未來的造化。

賀客當中，有熟習學署和官場消息的人，緊握著文徵明枯瘦的雙手，祝賀他時來運轉，多重喜事同時來臨；他只好笑笑，謙遜中帶著一抹淒涼的意味。

遠在正德十四年的秋冬之交，文徵明九度鄉試不售，鎩羽而歸。當新舊科舉子們，紛紛整裝準備進京趕赴春闈的時候，傳說應天諸府巡撫李充嗣（士修）露章薦舉文徵明的人品才學，堪爲國用。督學見李巡撫舉薦，則想以這位資老學優的長洲生員，越次進貢。李充嗣的章薦，時爲寧王亂後，百廢待舉，可能就暫時積壓下來；對於學使者的越次進貢，卻受到文徵明的婉拒：

「吾生平規守，豈既老而自棄耶！」（註二四）

爲了提高貢生名額，宸濠亂前，他曾上書吏部尙書陸完；唯所爭的是一個不盡合理的貢士制度，考慮到舉國各地學優資深生員的出路；也深惜庠序中儒生壅塞，多少有爲的人才，遭到埋沒和浪費。

接受越次拔貢，豈非爲一己之私，破壞成規？文徵明義所不爲，愈發顯示出他的風骨，贏得蘇州士林的敬重。

李充嗣巡撫，內江人，是成化二十三年進士。自正德十二年巡撫南畿，大約每隔一年才到蘇州巡視一次。府縣學生員，只有被召見聆訓時，遠遠地望見顏色，餘者鮮有個別的接觸。文徵明性情耿介，非但多年足跡不入公門，更無書信干請。因此，何能單獨受知於李充嗣？就成了有趣的話題。

關於這點，文徵明也曾反覆思索過；不作私人干謁，無所求於當道，是士人應有的風骨，也就是所謂「士之體」。士之體，原是每個讀書人該守的本分，但求之於末世，反而變得難能可貴的了；是否因而得到李充嗣的垂青，爲所舉薦？石田師不也先後受知於郡守汪滸和巡撫王恕！

李充嗣是兩朝舊臣，爲官中外長達四十年，他的好賢禮士也聞名中外，及門之士極多；何以未見舉薦，而唯獨有意於潦倒三十年，九試不得一售的窮秀才？文徵明覺得唯一的解釋應該是，他長久以爲自恃的，是「士之體」，李充嗣的薦奏，當非爲市恩，僅僅基於古大臣的職責，爲國選才而已。

其後又有風聲傳出，是致仕右都御史林俊林見素建議李氏舉薦的。

林俊是文林的好友，文徵明岳丈吳愈在郎署時的同事。林俊之弟一度教授長洲，文徵明實出其門下；林俊與文徵明，不僅是通家之好，也相知最深。如出於林俊的建議，倒愈發顯出李充嗣大公無私的氣度了。這使文徵明想到歐陽修（永叔）章薦蘇明允的故事：

張安道和歐陽修二人原本極不相能；但當張安道想薦舉蘇明允時，卻覺得非歐陽修不能，因而特別加以託付。歐陽修則絲毫不計張氏前嫌，毅然薦賢。其後蘇明允以文章名世，世人不但感佩歐陽修的氣度，更認爲他有知人之明。

不過無論如何，正德十五六年間，文徵明仍思有所爲之時，這種受知被薦、行將召用的聲浪，卻逐漸沉寂下來。新天子即位、改元，起用老成、召致賢才…只見道路傳聞，不見使命的踪影。文徵明在「五月雨晴」、「感懷」等詩中，留下一聲聲不得用世的幽嘆。

此後，再經元年的一次秋闈落第、接連百餘日夜的病榻煎熬，乃至來自新朝種種令人憂慮沮喪的訊息…已經銷磨盡了文徵明經國濟世的壯志。他在日後寫給李充嗣的一封信中，形容此際的心境：

「……某家世服儒，薄有蔭祚。少之時，不自量度，亦嘗有志當世。讀書綴文，粗修士業。……自弘治乙卯抵今嘉靖壬午，凡十試有司，每試輒斥。年日以長，氣日益索，因退托，志念日非；非獨朋友棄置，親戚不顧，雖某亦自疑之。所謂潦倒無成，齷齪自守，駸駸然將日尋矣。……」（註二五）

然而，到了嘉靖元年隆冬歲末之際，被誤以為謝世多時的文徵明，卻在致友人書中，提及次子完婚及開春人京赴試的喜訊。

△　△　△　△

「枝山老子鬢蒼浪，萬事遺來剩得狂，從此日和先友對，十年漢晉十年唐。」──口號（三首之一）（註二六）

轉眼六十四高齡的祝枝山，早在兩年前就已致仕家居。當他冒著雨露風霜，奔波於句曲道上，催督財賦的時候，他感到無比的疲倦。有時，多日奔馳之後，好容易盼到家中，想享受一下家的溫馨，好好的酣寢一宿；結果剛剛聽到雞聲，就要起身，再度冒寒出行。

另一個使他灰心致仕的因素，可能是連遭喪子之痛：

「三年兩度哭亡兒，莫怪衰翁祇犢癡；誰使為生便為死，可堪成喜亦成悲：……」──傷（註二七）

從詩意推測，晚歲得子可能為側室所生，但隨生隨夭，喜樂和哀痛，竟像有意捉弄人一般，接踵而至；對多病多感的老人，實在是一股很大的衝擊。祝枝山謝世後，王寵在祝允明行狀中，說他有子男二人，長子祝續已由給事中累陞為陝西按察司副使。次子側出，由於年幼尚未命名；從此可見，祝枝山連喪二子之後，仍有所出，但可能是他生命後期之事。

六十二歲致仕後的祝枝山，日常生活不外三件事：

招待酒友，歌呼噱飲，務求盡興，對有限的一點養廉俸，毫不愛惜。

平日居家，爲了專心勘書、著作和書寫，往往頭也不梳，衣裳不整，獨自漫步迴廊，尋求靈思。天暖氣清，索性到中庭草茵之上，仰天而臥。儘管這位風流才子年事已高，醇酒之外，對於侍婢寵妾，依舊保持著濃厚的興趣；從他另一首「口號」中，足可見出他晚年灑脫的生活情調：

「蓬頭赤腳勘書忙，項不籠巾腿不裳；日日飲醇聊弄婦，登床步入大槐鄉：」（仝註二六）

第三件，則是近乎羅掘俱窮地變賣家財，另於日華里襲美街起建新宅，其地在朱存理先祖朱伯原的「樂圃」和杜瓊的「東原」北面，前後古刹林立，非常幽清。扁額之上，他自題「懷星堂」三個大字；他解釋：

「……乃假昔人睹洛懷禹之意，著餐羹覿堯之義。」—懷星堂記（註二八）

他準備於此操琴歌詩、著書燕客、蒔花灌園以終老是鄉。

嘉靖二年正月初七堂成之日，這位決心長隱林下的一代書家，特別請來著名道士周北山老師，前來作醮。當祈福表章點燃之際，忽然飛來三隻仙鶴，在祭壇上空盤旋，恍如紫皇傳命，特來接取表章一般；奏升之後，仙鶴蹤影亦隨之杳然。祝枝山感動欣慰之餘，特賦「鶴章」五古一首（註二九），銘志玄賜，更對周北山道士，表達欽敬和謝意。

然而時屆二月下旬，文徵明以及同時入貢的蔡羽紛紛準備北上應試，王守於前一年冬天，趕赴禮闈未歸，伯虎依舊埋首整理著作，多病寡出……為文徵明和蔡羽高興、祝福之餘，祝枝山忽然有一種「衆鳥高飛盡，孤雲獨去閒」的孤獨與空虛：

「恭人當遠別，思念畏寅送；詎惟離群悵，吳邦去光重。奇珍不橫道，端為宗廟用，
君其保氣體，訊問慰寤夢。鄙夫誰向扣，日益守空空，時來玩鷄雛，頫仰見翔鳳。
怠賦李陵詩，願為王褒頌。」─送徵明計偕御試（註三〇）

註一、〔唐伯虎全集〕水牛版序頁三、漢聲版序頁二。
二、〔唐伯虎全集〕水牛版序頁四、漢聲版序頁三。
三、〔唐伯虎全集〕水牛版序頁五、漢聲版序頁五。
四、〔唐伯虎全集〕水牛版序頁八、漢聲版序頁七。
五、〔明詩紀事〕冊四頁一〇九四。
六、〔列朝詩集小傳〕頁二九七、〔明詩綜〕卷二七下頁十。
七、〔新倩籍〕頁二、〔唐伯虎全集〕水牛版頁二三一、漢聲版頁一八六。
八、〔唐伯虎全集〕水牛版頁二二九、漢聲版頁一八四。
九、〔唐伯虎全集〕水牛版序頁六、漢聲版序頁六。
十、〔唐伯虎全集〕水牛版頁二五三「藝苑巵言」、漢聲版頁二八三。
十一、〔吳郡二科志〕頁七、〔唐伯虎全集〕水牛版頁五三、漢聲版頁四五。

十二、〔唐伯虎全集〕水牛版頁二五四「詩話」、漢聲版頁二八四。

十三、〔明詩紀事〕册四頁一九〇三。

十四、〔唐伯虎全集〕水牛版頁二五四「詩話」、漢聲版頁二八四。

十五、〔唐伯虎全集〕水牛版頁二四七「詩話」、漢聲版頁二七五。

十六、〔唐伯虎全集〕水牛版頁二六一「題跋」、漢聲版頁二九五。

十七、〔唐伯虎全集〕水牛版頁二五三「詩話」、漢聲版頁二八四。

十八、〔唐伯虎全集〕水牛版頁二〇及頁二四四「詩話」、漢聲版頁十六及二七三。

十九、〔唐伯虎全集〕水牛版頁二五九「題跋」、漢聲版頁二九二。

二〇、〔唐伯虎全集〕水牛版頁二五五、漢聲版頁二八七。

二一、〔唐伯虎全集〕水牛版頁七八、漢聲版頁六五。

二二、〔唐伯虎全集〕水牛版頁二四六「詩話」、漢聲版頁二七四。

二三、〔甫田集〕頁二四〇。

二四、〔甫田集〕頁八九三，附錄文嘉撰「先君行略」。

二五、〔甫田集〕頁五七四「謝李宮保書」。按：此書作於嘉靖二年，時李充嗣也以平宸濠功加太子少保，進工部尚書，事見〔明史〕册五頁二一七三李充嗣傳。

二六、〔祝氏詩文集〕册中頁七〇〇。

二七、〔祝氏詩文集〕册中頁六九九。

二八、〔祝氏詩文集〕册下頁一四一四。

二九、﹝祝氏詩文集﹞册上頁六〇九。

三〇、﹝祝氏詩文集﹞册上頁六〇八。

第六十二章　書劍飄零

文徵明、蔡羽北上應試的時間，日益逼近，湯珍、太學生吳爟和王寵宴別於碧鳳里湯珍的雙梧堂上。想到多少為宦京師的前輩鄉友，在帝恩日隆，政事操勞中，有的告老始得還鄉，有的竟客死帝都，由家人親友扶櫬南旋；再看看文徵明久病之後憔悴的容顏，幾位好友心中，眞是憂喜參半，離情依依。湯珍特別請來寫眞名手，繪寫圖像；連同先已北上赴試的王守共為六人，由徵明補景，蔡羽作記（註一）。

長兄王守、蔡羽師、文徵明丈的紛紛北上，使養病於石湖草堂的王寵，愈發感到孤單，他在「林屋蔡師衡山文丈偕計北征軺車齊發敬呈四首」中寫：

「祖帳桃花水，征旗楓樹林，山河千里目，師友百年心。舉世誰相假，離群自不禁；南飛有黃鵠，側翅一哀吟。」四首之四（註二）。

屢試不第的王寵，在歡送蔡師、文丈之餘，心中充滿了感慨和矛盾。當楞伽寺的竹亭和草堂落成之後，他那恬靜淡泊的天性，和清癯羸弱的身軀，多需要在這依山面湖的清幽勝地，長此隱居下去，到行春橋步月，到虎邱山酌陸羽泉。去年五月和文徵明濯足劍池與崖谷之間，聽鳥囀蟬鳴，那種悠然的景象，無時不浮現心頭。文徵明劍池紀游的山水畫扇（註三），彷彿把他們之間的情誼，物我兩忘的境界，定著於尺幅之間，成為永恆的象徵。

父兄的期盼，學而優則仕的傳統觀念，卻又使他不得不繼續在場屋之間，掙扎顛仆。看著蔡羽、文徵明乃至湯珍、吳爟的滿頭霜髮，就好像看到自己未來的影像；他，像他們一樣，科場失意愈來愈深，在士林中的文名德望卻愈來愈高，從游、請益者則日衆。也許有一天，到了心灰意冷無意仕進的時候，才得循資入貢，爲了一份微俸薄宦，離鄉背井，奔波於道途之中。

四年前，長兄王守秋闈發解，歲末隆冬，北上幽燕之際，王寵心中就受過一次這樣的煎熬：

「去旌日已遠，我思鬱以紆，冥鴻西北舉，離獸東南趨。父母憐我獨，友朋慰我孤，眷彼多露言，揮泣想長途；故鄉眇何許，異姓乃為徒。」—贈別家兄履約會試七首（其四）（註四）

詩中，王寵盡量宣洩心中的痛苦和孤獨；小時一起遊戲，稍長同隷學官，連裾二十餘載，兄弟間很少分離，卻爲了功名，從此可能竟爲參商。

正德十五年王守會試不售，使王氏兄弟離而復聚；事隔三年之後，非只王守再赴春闈，文、蔡也隨之揚帆，對王寵心靈的衝激，不難想見。

「茶竈魚竿養野心，水田漠漠樹陰陰；太平時節英雄懶，湖海無邊草澤深。」（前已引錄）

王寵心情波動矛盾的時候，唐伯虎在正德十一年前後所畫的「溪山漁隱」長卷和卷中的七絕，就成了最好的撫慰：

載浮載沉，恍如鷗鷺一般的釣艇，隨波逐流的溪邊紅葉，攜琴訪友的高士，在溪流瀑布交響中的簫聲和笛韻……畫中的每一筆一劃，都觸動著王寵的心弦，產生出微妙的共鳴。他甚至於覺得這幅長卷就是唐伯虎的化身，表現出他那灑脫磊落的性格，也表現出他的落拓與無奈，而終於把一切榮辱，付之於漁樵閒話和紅葉清波。

也許由於體康的緣故，近年唐伯虎不但整理舊作，并把年幼獨女，許配給王寵的獨子王陽；因此，伯虎和王寵非僅忘年知交，也是姻親。他對伯虎的關懷和崇敬，與日俱增，他把伯虎和自己的畫像，一起交付兒子收藏，意思可能是使伯虎百年之後，不致有若敖鬼餒之虞吧？

在開年後的料峭春寒中，王寵既爲離情所苦，又爲前途困惑，乃把心靈的慰籍，投注在伯虎身上；一遍又一遍地神遊於「溪山漁隱」卷中，並以他那清勁典麗的字跡，在拖尾題跋：

「六如此卷，蒼潤蒙密，淋漓暢快，時一展翫，則心與理契，情與趣會；令日從事車塵馬足間者，不無慚負於斯圖耶！嘉靖癸未春，石湖精舍書　王寵。」（前曾引錄）

△　　△　　△　　△

對曹家巷文府而言，文徵明的軺車北指，是件了不起的大事，全家都爲之不安忙碌起來。

而立之前，生性內向，沉默寡言的文徵明，曾隨父親任所，輾轉永嘉、博平、滁州各地。三十歲，父親病危溫州，他當即攜醫前往，可惜爲時已晚，竟未得臨終一面。護靈北歸後的文徵明足跡，則僅限於蘇州與南京往返赴試途中。文森任太僕少卿時，文徵明則趁鄉試之便，過江前往滁州省視。此外便是偶而應邀到無錫華氏、江陰朱氏等書畫收藏家的宅第，題跋臨寫一些古代名作。

此番非僅遠上京師，而且榮歸之期難定，加以他久病初癒；因此身著重裘，命家僕文旺、文通等隨侍在側，可能就出於妻子吳氏的關懷和堅持。

二十三歲的文嘉，完婚甫兩三個月，兼以學業爲重；未允遠送，大概是作父親的一分體貼。文嘉難以忘懷陪侍老父往訪桃花塢的日子；在夢墨亭、桃花菴中飲酒賦詩。詩成則隨意揮灑於粉壁之上。輕歌曼舞於花前、池畔，藥欄邊和桃林中不時傳出幾聲鹿鳴和鶴唳。醉後，隨意在榻上小睡片刻。這時，連一向顯得拘謹的父親，也變得非常隨和。

直到文嘉晚年，仍在「和唐子畏韻」中，憶寫往事前塵：

「我昔曾過桃花菴，菴中常遇桃花仙；吟詩寫畫茅茨下，留客時時費酒錢。詩成每向壁上寫，酒醉常來榻上眠；春風回首今幾歲，屈指經過五十年。……」（註五）

四歲的長孫肇祉，跑前繞後，爲了討祖父喜歡，誦書歌詩，使文徵明最爲難捨。

生性耿直，好面詆人過的長兄徵靜，自十五年前一場官司後，由於文徵明的奔走息訟，不僅兄弟之間倍加親愛，性情也頗有轉變。其對先祠的拜謁之勤，祭享之隆重，供祀之精愼，則數十年如一日，使文徵明自慚不如。

「虛堂漠漠夜將分，黯黯深愁細語真；零落尚憐門戶在，艱難誰似弟兄親。掃床重聽

燈前雨，把酒驚看夢裡人；從此水邊松下去，但求無事不妨貧。」（前曾引錄）

文徵明當年那首「與家兄徵靜夜話有感」，不僅弟兄把盞時，常加吟詠玩味，耳濡目染的結果，有時剛剛吟了首句，外孫和長孫往往就接著朗誦下去，逗得兩老也忍俊不禁。此次遠出，徵靜格外依戀，執意傍舟相送。一面送別父親，一面照顧大伯歸程，長子文彭沿途隨侍，也就勢所必行的了。地方官、親戚、好友之外，加上文蔡二人的無數門生，因此長橋之餞，看起來不僅浩浩蕩蕩，更溫文爾雅，別開生面。

嘉靖二年二月二十四日啓碇，三日後，船至丹陽南方的呂城。岸柳雖已發青，其時春寒猶重，徵明力勸長兄回棹。徵靜竟然緊握著徵明雙手唏噓飲泣，面色慘沮，彷彿相見無日一般。倒是沉浸於別愁離緒中的徵明，百般安慰，才揮別返航而去。

船過長江，進入南北運河中最古老的地段—邗溝。宜人的柳色，古老的塔影，逐漸沖淡了鄉愁。廢塚荒祠，不時映人眼簾。歐陽修守揚州時，遣人到邵伯湖折取蓮花，召官妓擊鼓傳花，與諸文士飲酒賦詩的蜀崗平山堂也模糊在望……

「維揚煙水帶江湖，仙客帆開十幅蒲；不是白雲遮望眼，平山山色本糢糊。」—揚州道中次九逵韻（註六）

文徵明和蔡羽完全爲那些觸發思古幽情的山水園林所陶醉，靈思泉湧地相互唱和。

蘇州、揚州雖然同屬古老的水城，但揚州卻比蘇州更多一份神祕與蒼涼的意味，比生於斯長於斯的吳市，更能引起這兩位貢生的遐思。暢遊瘦西湖、仙鶴膝，尋找如謎的竹西廿四橋遺跡後，下榻於古老禪寺之中。

三月五日，舟抵淮安，文徵明寫下別後的首封家書，命僕夫文旺齎返；既免家人懸念，也可以使家中不至乏人差遣。此後船行愈北，景物越愈荒涼，沿途所見多爲荒村野店，隨著氣溫的嚴寒，思鄉情緒，也愈發濃厚起來。又時時擔心文旺，不知家書甚麼時候方可帶到。徵靜、彭兒是否已平安返家！

所幸淮上好友朱雲（振之），以畫舫相送達百里之遙。朱雲家境富裕，充滿才華與豪氣，悲歌慷慨，彷彿天雞野鶴一般；其後在南京和王寵邂逅，兩人也立刻交成莫逆。在朱雲的伴陪下，他們剪燭夜語，把酒吟詩，旅途的單調和勞頓，也暫時爲之消散。到了楊家溝，朱雲轉舵迴舟之後，繼續北進的運河兩岸，人煙日益稀少。偶而路過野戍、古城，一陣陣更鼓和悽厲的號角，穿刺於冷風夜幕之間。寒浪衝激船舷，嘩嘩作響，再加上幾聲漁唱，聽得文徵明和蔡羽壯志全消，只想能遇到南下的便船，把家書捎回去。更希望在夢中，重溫江南的蝶舞鶯飛，和溪流兩岸的如茵綠草。

尤其讓文徵明感到沮喪的，乃是出發前就與南京好友顧璘（華玉），相期在淮南相會。但他卻船行稍遲，及到淮南詢問，方知顧璘已經先發；當時文徵明內心的悵惘，遠非筆墨所能形容：

「三月鶯啼楊柳灣，維揚春色已闌珊，千金楚客空留諾，百里淮流獨見山。舊雨良期吾自後，清風逸駕許誰攀！相思永夜無能寐，明月吹簫度野關。」—顧華玉參政相期會淮南，比至而君已先發。（註七）

顧璘世爲蘇州吳縣人，高祖顧通，在洪武年間以匠作被徵，隸屬工部；籍貫則由蘇州遷爲上元。顧璘的才華、幹練，以及不爲權勢所屈、利祿所動的剛毅性格，很像徵明的叔父文森；他們兩人在宦途上的起起伏伏，也頗爲類似。

小文徵明六歲的顧璘，青年時代得意科場，但宏治九年舉進士之後，卻自免而歸，大肆力學。與陳沂、王書極爲友善，人稱「金陵三俊」。顧璘無法忘懷蘇州故鄉，和禎卿、伯虎、枝山相交，與文徵明交尤莫逆。每在南京相遇，則促膝長談，秉燭夜飲，更相約致仕後移居蘇城，以便杖履相接，遊山玩水。

改元前，顧璘任浙江布政使司左參政。嘉靖元年九月册立中宮陳后；顧璘此行，乃係奉表入賀，不意道陞山西按察使；徵明詩末稱其爲「顧華玉參政」，想來尚不知好友刻已高遷。但就顧璘而言，此際雖然正值盛年，官運亨通，卻已心萌退意；兼程北上，則是以親老爲由，疏請辭官。

兩位多年舊友，相期同載進京，一位半生潦倒場屋，年老入貢，冀求微官，效力朝廷。一位卻力辭高官厚祿，只求還我閒雲野鶴之身，倒也相映成趣。

△　△　△　△

茅屋之上，昇起一抹抹新煙，翠柳、酒旗，在風雨中擺動，冷艷的杏花，隱隱可見；使人不自覺地吟起杜牧的「清明」：

「清明時節雨紛紛，路上行人欲斷魂；借問酒家何處有，牧童遙指杏花村。」

行抵徐州古城，時已清明。運河兩岸，不時可見掃墓之人扶老攜幼，手持鮮花供品。爲了尋求一官半職而輕離祖墓，使文徵明又歉疚又感慨。薄暮時分，野風獵獵，蕭然雙髩，禁不住陣陣的寒意。夢裡鄉山、館外新篁，好像已離開了很久很久。有時他會怔怔地望著鏡中新添白髮，想著秦末漢初那些逐鹿英雄的古蹟軼事；但他實在不知自己到底還能有何等作爲！有時又想，雖然年已老大，難立功業，何妨像司馬遷那樣，書劍遨遊，遍歷山川，然後整理舊籍，成一家之言。

在徐州，所幸得遇蔡羽鄉人；趁其南下之便，付書彭、嘉二子，了卻一時的心願。

時晴時雨中，已經到了濟寧北面的汶上地帶。

五十幾年前，祖父涞水公文洪曾經宿於汶城。文洪詩筆下的汶上，貧瘠而荒涼。空村裡面，連雞犬也見不到幾隻。殘破的土牆，尚不及一個人的肩高。用茅草編成的小屋，更連轉身的地方都沒有，一家老小，依著壞坑，團圞而坐。成群結隊的牛羊，走過荒阡，大概這就是一家人的希望和生活的依靠吧。隨著藁秸嗶喇作響，斜日西風中旋起一縷炊煙；過不了多久，黃黍的香氣，便開始在乾冷的空氣裡擴散。

比之此際的汶上，五十年的時光，似乎並沒有多大的改變。獨自來到古渡憑弔的文徵明，但見河流漫漫，綠楊芊芊，日暮的風霾，在空中飄動。祖父筆下的汶城，則茫然不知到何處尋覓。

倒是祖父〔涞水集〕中的一首七律「言懷」，使他倍加感傷：

「十年書劍屬飄零，憔悴青衫太學生；有子策名粗畢志，衰年隨計未忘情。風塵欺髩蕭蕭短，雨雪侵衣漠漠輕；爭似歸來故鄉好，西山自買薄田耕。」（註八）

這首詩當爲成化八九年間所賦；其時文徵明年僅三、四歲，渾渾噩噩，鈍得連句話都說不清楚。文洪、文林父子同載北上赴試，兒子取中進士，在場屋中困頓二十餘載的父親，則僅中乙榜。因此詩裡混合了喜悅、無奈而又失望的矛盾情緒。棄乙榜不就的南歸途中，年老奔波的文洪，竟大病一場；從「呂梁洪」七絕，文徵明含淚品味著祖父當年的惡夢：

「經旬病體怕支風，兀坐篷窗若夢中，恍忽耳邊奔萬馬，扁舟橫渡呂梁洪。」（註九）

他不知這是家族的惡夢，還是大多數讀書人的惡夢。他也不知道這種夢有沒有醒來的一日；但是，他確實知道，他正進一步走進這種夢中。祖父的「呂梁洪」，說不定就是他歸程的渡口。

儘管汶上的荒涼，文洪當日老、病以及潦倒的詩篇，使文徵明唏噓惆悵，但接著十日的汶上行舟，卻使他拋開多日來的愁緒。春色不僅到他夢寐中的江南，連山東道上也現出一片花香鳥語的暖意。在蔚藍天空的趁映下，呢喃乳燕，穿梭於晴洲嫩柳之間。一池池的新水，恍如置身於江南。偶而的幾聲蟬鳴，使他很想脫下征衫，好好洗滌一番。

魏家灣，博平縣城西北，屬於博平縣地。

碼頭上，文徵明邂逅到愁容滿面的王守。此時南歸，顯得科舉途上，又一次重挫；兩年後，勢必像候鳥一般地重臨北國；季節則在嚴冬，一反候鳥的春來秋去。由於王守船行甚急，想要寫封家書，或寄詩王寵都來不及，只好悵然若失地揮手作別。

博平縣是文徵明舊遊之地；那時，他只十三四歲的年紀，祖父喪期滿後，隨侍父親文林前來赴任。無論比起蘇州或文林首任令尹的永嘉，博平都顯得偏僻而簡陋，學風不振。文林到任前，六十年間得中鄉試的秀才，寥寥無幾。正當志學之齡的文徵明對父親興辦學校，政餘親至泮宮爲諸生講授課業，留下深刻的印象；他和長兄徵靜，也時在聽講之列。最令這兩位少年興奮不已的，莫過於砍伐梨樹的事：

博平產的一種梨，味極甘美，既是地方的口福，也是一般人家的生息。怎奈有人把梨獻給某中官之後，地方就不得安寧；食髓知味的中官，不但一再騷擾需索，且想讓梨農納以充貢。文林深知此例一開，民將不勝其苦，索性勸果農把行將招災惹禍的佳種，悉數砍伐；讓上至帝王貴胄，下至中官百姓，誰都無法想望。

文林爲了保護地方民衆所出的高招，朝野知者莫不稱快，兩位少年公子，更爲父親的苦心和出人意料的絕妙招數，倍感驕傲；文林的宦途卻因此舉變得崎嶇坎坷。

依照當時的考績，文林政績卓著，成化皇帝也有意擢昇這位耿直敢言的山東令尹爲監察御史，但爲他所得罪的王府和中官，卻讒言不斷。認爲作一個地方小官尚剛訐若此，位列職司風憲的御史臺時又當如何！

朝中忠貞之士，多望以文林磊落的性格，在整頓政風與朝綱上能有一番作爲的時候，朝廷令下，只把他補了個微不足道的南京太僕寺丞。

轉眼四十年過去，兩鬢如絲的文徵明，思及往事，自然又像黃粱一夢。興學、鑿渠，壓抑豪強的諸種政績，雖然由博平鄉賢直講孫奭等，刻石學中，並爲祠以祀。但已無父老再講論文令遺事；更不要說那些新進後生，對往日情景的懵然無知了。

多日晴暖之後，忽然一夕風雨大作，運河中春水暴漲，兩岸泥聲滑滑，隨處可見的青楓樹根，也頓然爲泥沙掩沒。人們重又裹上重裘，好像嚴冬再度來臨。瑟縮在艙裡的文徵明感覺北方氣候，令人實難想像。浮現在他眼前的，則是吳江的香羹春鱖，楞伽山的青青梅子：

「江梅千樹繞楞伽，記得臨行盡著花；青子熟時應憶我，綠陰成處正思家。……」——懷石湖寄吳中諸友（註十）

註一、〔朵雲〕第三期頁一七八，周道振編「文徵明年表」。表中舉列其事，未註資料出處。按，王守已於元年冬天北上赴會試，嘉靖二年四月四日，南旋途中與徵明邂逅於山東博平縣魏家灣。雙梧堂之餞，王守在場的可能性極微。故本文設想王守像可能據王守他像補入。

二、〔雅宜山人集〕頁二二〇。

三、〔石渠寶笈〕頁三三二。

四、〔雅宜山人集〕頁一四。

五、〔文氏五家集〕卷九頁一，四庫全書，商務版。

六、〔甫田集〕頁二四一。

七、〔石渠寶笈〕續編册四頁一九九九。

八、〔文氏五家集〕卷一頁一五。

九、〔文氏五家集〕卷一頁一三。

十、〔甫田集〕頁二五一。

第六十三章　晉京

唐伯虎和仇英，是老畫師周臣四五十年藝術生涯中，所培育出的兩顆光芒四射的明星。雖然有人帶著幾分調侃地強調「青出於藍」，甚至傳說周老畫師常為愛徒唐伯虎捉刀應酬；傳說他自承少唐生胸中數千卷書，故畫風較通俗……，周臣對此，多半笑而不答，只默默地從事於創作。他在兩位高足前所得到的敬重，師生間的教學相長，自己在繪畫風格上的拓展，都非局外人閒言閒語所能動搖的。

對周臣而言，陳暹（季昭）老師，就是最好的榜樣。

陳暹是他的鄰居，除書畫外，幾乎足不出戶。與之往還者，不過沈周、杜瓊等少數好友。當周臣以贄禮懇求陳暹傳授畫法時，大概跟仇英拜在自己門下差不多的年紀吧。陳暹的創作態度非常審慎，表面看起來規行矩步，非古人無師，非定見無發，但決非保守固執，其中仍流露出獨特的個性，和一種耐人尋味的氣質。六十年的藝術生涯，他的畫名，始終只流傳在少數高人逸士之間。雖然如此，宏治初，年近八旬的陳暹，仍舊受到朝廷的表彰，詔賜冠帶。

宏治九年十二月，以九三高齡溘然長逝之後，祝枝山為作墓志銘。銘中除敍述陳氏生平大略之外，也提到他的兩三件軼事：

凡是作官的請他畫畫，他一概拒絕，陳暹表示：「彼將與巾幣同棄於憧憧者。」（註

一）

郡大夫邀請參加鄉飲，他只參加一次，餘者則永遠辭謝：

「其殆以吾藝爲酬配乎？吾不能卻棼然之求矣。」

陳暹屋側地方狹窄，附近荒地很多，有人勸他稍微花點力氣，豈不可以使生活空間寬闊一些？他的見解則是：

「吾志不於是，非力故也。」

諸如此類，處處都表現出他那獨特的風骨。

令周臣想不通的，何以陳暹終身奉行這麼簡單的生活原則，自己竟無能信守！爲此，他感到又難過，又沮喪。

嚴嵩，江西分宜縣人。頎長的身材，剪裁得異常合適的衣著，加上他那宏亮的聲音和疏眉大眼，看起來不但是位謙謙君子，更彷彿神仙中人。宏治十八年中進士後，改庶吉士，授編修，卻因病免歸，讀書於鈐山堂中；在詩和古文方面極負清譽。正德十年左右還朝，進爲侍講。嘉靖初，署南京翰林院事（一說署南京吏部）。對年近古稀的老畫家周臣而言，嚴嵩卻是徹底的君子其表、豺狼其行的人。

在周臣繪畫聲譽蒸蒸日上的時候，嚴嵩不但巧取豪奪，百般搜羅他的作品，更横加需索，使老畫師窮於應付。最後，嚴氏竟假借權勢，屬巡撫懲治這位桃李滿門牆、名遍江南的畫家。

大概這就是所謂「匹夫無罪，懷璧其罪」吧！一位與人無忤，與世無爭的老人，竟因身懷絕藝，幾乎鋃鐺入獄。在不可開交之際，周臣不得不懇請南京政要，代爲緩頰。饒是如此，嚴嵩仍舊迫使周臣前往金陵，爲他作了兩個月的畫。最後，僅以微薄的酬金，發付還鄉。

心中的悲憤，加上工作的勞累，年高老邁的周臣回返蘇州之後，幾乎委頓不支。

這件事，跟宏治中相城大隱沈周，被誤落匠籍，驅往蘇州府署畫壁一樣地令人感嘆、憤慨。但沈周畫壁之事，事出誤會，加以曹太守爲政非苛；因此登門謝罪後，非僅誤會冰釋，且傳爲地方佳話。嚴嵩所加予周臣心靈的創傷，恐怕像唐伯虎所遭的冤獄一樣，將與其生命相終始了。

△　△　△　△

在老師陳暹的教導下，周臣繪畫的發展途徑，由陳暹的畫風，上溯南宋的李唐（晞古）。並以李氏蒼勁的筆法授予唐伯虎和仇英。

仇英承受周臣的院派畫之後，對李思訓、李昭道乃至北宋趙伯駒的青綠山水畫法，無時無刻不在臨摹、勾勒。對古代服輿舟車、宮殿式樣，更勤加考據。其畫風精工綿密；但識者以爲蒼老不及周臣，秀潤、超逸，遜伯虎一籌。不過，正德末季、嘉靖早年的仇英，年紀正盛，未來發展，一時還難作定論。

對於周臣和唐伯虎師徒二人的繪畫造詣和風格，傳說紛紜，而評者的觀點，並不一致；可謂仁智互見，莫衷一是。

推崇文人畫的人，不但注重畫中所流露出來的「書卷氣」，也珍視畫中題跋。詩書畫的整體配合，幾乎成了一種主要的衡量尺度。持此觀點者，多認爲伯虎風流蘊籍，胸藏萬卷，加以心懷抑鬱，下筆自然有神。反觀周臣，鮮見吟詠，畫面之上，偶有他人題詩；因而在某些人臆想中，周臣腹內，可能文墨有限，只能歸之於「行家意勝」。

周臣落筆工密蒼勁，似乎衆所公認，至於是否如傳說般的胸乏文墨，從其高足唐伯虎邀請共度除夕信中，可以略見端倪：

「歲行盡矣，人意蕭條，不知吾輩一生，應得幾許年華，能如是除去耶！回首茫然，百感交集！猶幸足下襆被過西軒，當燒紅蠟兩枝，辛盤五併，椒酒數行；與足下屈指今歲三百六十日，得益友幾人，驚人詩幾首，飲酒幾石，歌幾回，清寫行年，以遣今夕如何？」（註二）

這種躍然紙上的相知與關懷，足見師生間情誼之篤，間證畫師周臣，其實是位能詩能文的風雅中人。導至誤解的原因之一是，他的詩名爲畫名所掩。再者，他像南北兩宋多數畫師那樣，僅在畫面不太顯著之處，落下名款，並無長題大跋。在沈周、唐伯虎、文徵明、祝枝山這些詩人書畫家的環繞襯托之下，遂予人一種胸無文墨的錯覺。

在繪畫、書法和文學路途上，力求博學與獨創的唐伯虎，最關懷周臣的，是怕他謹守師法和門戶之見，以至固步自封，影響了創造性；因此，這位門生，亟思在繪畫觀念上，有所回饋。

他常向周臣婉轉地解釋：作畫一如寫字那樣，執筆轉腕，要處處靈妙，才不會呆滯。工畫如楷書，寫意如草聖；所以世之善書者，往往善畫。

書畫既然相通，則書體與書體，畫派和畫派之間，也必有相通、相融會之處：

「今之以畫名者甚衆，顧不重意，又執一家之法，以爲門戶，此眞大誤也。夫人之學畫，無異學書，今取鍾王虞柳，朝夕臨摹，久必入其彷彿；至于大人達士，不局于一家，必兼收並覽，廣議博考，自成一家，然後有得。今齊魯之士，惟摹營邱，關陝之士，惟摹范寬。……專門之學，自古爲病，正謂出于一律。人之耳目，厭常喜新；故大人達士，不局于一家者此也。……」

接下去，伯虎勉勵他的業師：

「足下有明俊之資，更于此中求之，必有所得。」—與周東村（論畫）（註三）

臨摹，只不過是學畫途徑之一。唐伯虎心目中的山水畫，應該使人有種身臨其境的感受，生出「思行」、「思居」、「思望」、「思遊」的意念；因此更不是單靠臨摹所能奏功的。周臣山水畫方面，所以難於超越古人藩籬的原因，可能就在於偏重臨摹。唐伯虎對業師的勸諫，頗費苦心，極盡委婉之能事：

「所作山水卷子，意境俱佳，深得其旨，而非世俗所能冥測也。……」（註四）

「再與周東村（論畫）」書中，伯虎首先極力贊揚周臣山水畫卷之美，使其心中愉悅；然後再陳述山水畫審美之外，兼具臥遊和引人遐想的功能：

「……然則林泉之志，煙霞之侶，夢寐在焉，耳目斷絕。今得妙手，鬱然出之；不下堂筵，坐窮邱壑。猿聲鳥音，依約在耳。山光水色，滉漾奪目；此豈不快人意，實獲我心哉！此世之所以貴夫畫山水之本意也。……」頌揚周臣新作、剖析山水畫的眞義，筆調一轉，才談到周臣欲突破現有成就的關鍵：

「……若不此之主，而輕心臨摹，豈不蕪雜神觀，溷濁清風哉？」

結尾，伯虎再次調轉話題，指周臣的山水卷：

「……足下長卷，深得斯旨，想見胸中生邱壑矣。」

從婉轉的文句中，人們不難想見常因畫風保守，缺少新意而受文人雅士訾議的周臣老畫師，讀信之時，一面撚鬚微笑，覺得愛徒深獲其心，一面暗自思索伯虎論述的含意。

周臣畫技深湛，有些獨特的體驗，唐伯虎也常在人前揄揚，他在給石田師的信中說：

「……東村言，作畫破墨，不宜用井水，因其性冷易凝故也；此言亦有至理，而前人所未道也。」——與沈石田論畫（註五）

出入沈周和周臣兩家門下的唐伯虎，尋求突破的方式是，先盡沈周和周臣兩家之長；然後由沈周畫法上溯元四家，及北宋的荊關董巨；由周臣的院體畫風，再探本尋源地深入劉李馬夏的堂廡。

有的論者以爲，風流蘊籍、雍容華貴的宋王孫趙孟頫，較之唐伯虎雖然遭際上大爲不同，但他那鎔鑄古今的藝術成就，對伯虎實在是一個很好的典範。加以唐氏涉山玩水，吟花對月的現實體驗，可能是他繪畫造詣逼近沈周，超越周臣的重要因素。

金陵名流中，顧璘對周臣的山水障子最爲激賞：

「崢嶸華岳三神峰，移置草堂雲霧濃，泉飛樹挺氣生動，羽人彷彿中林逢。周生作此特神妙，髯仙見之欲狂叫，眼中失卻梅花翁，人間豈乏鍾期老。」——周臣爲余寫水

墨山水大障徐子仁特賞其妙因口占謝之（註六）

繼文徵明之後的蘇州畫壇祭酒王穉登，見到周臣的「松谷鳴泉圖卷」，泉石樹木，縱筆揮灑，奇趣橫生，已經脫盡畫家習氣，不禁驚嘆：

「……有畫學，有畫膽；非兼漁古人精華，何以有此……」（註七）

王穉登對周臣畫藝的總評是：

「東村畫山水人物，峽深嵐厚，古面奇妝，蒼蒼之色，一時稱為作者；若夫蕭寂之風，遠澹之趣，非其所詣。」（註八）

綜觀某些周臣傳世之作，除得自師門外，不難見出對劉李馬夏，乃至荊關董巨的鑽研痕跡。山水人物中快速豪縱的筆緻，更顯示出他對吳偉（小僊）的浙派畫風，也有所涉獵。可見這位蘇州畫師，正如其入室弟子唐伯虎所勸諫企盼的，在繪畫的園囿中，漸能廣議博考，自成一家，早非某些文人墨客眼中的吳下阿蒙。

△　　△　　△　　△

到達北京，已近四月下旬，文徵明寄寓在好友王繩武處之後，趕緊往禮部投文；考期定在閏四月初八日。但吏部因爲已經有了前應天巡撫李充嗣的薦疏，奏請裁示，結果初六日便接奉優旨：授翰林院待詔。

次日，前往午門謝恩。龍闕、斜月，在朦曨曉色中，仰見午門之下莊嚴的儀仗、中貴擁簇下的宸旒，文徵明心中浮起一種天威咫尺的壓迫感。想到自己年逾半百，鬚髮蒼蒼，雖得供奉內廷，到底有一絲乍入樊籠的惆悵：

「祥光浮動紫煙收，禁漏初傳午夜籌；乍見扶桑明曉仗，卻瞻閶闔覲宸旒。一痕斜月雙龍闕，百疊春雲五鳳樓，潦倒江湖今白髮，可能供奉殿東頭。」—午門朝見（註九）

歷經近兩個月的路途奔波，加以入京後的一切安置，又要購買衣服、馬匹，支付差官賞銀，原有的盤川，已將用罄。文徵明三十幾年來，生活、起居、飲食，無一不由妻子細心照料；突然置身異鄉，人地生疏，居住飲食，都感不慣。一時之間，官拜翰林待詔的文徵明，簡直六神無主；一會想辭官歸里，一會想接取夫人進京，恢復往日的溫馨生活。終於在午門朝見的第二天—閏四月初八日家書中，提出請夫人吳氏入京之議；但萬里迢迢，書信往返就已曠日費時。等到商議底定，買舟北上；度日如年的他，恐怕眞要望眼欲穿了。

四天後，貢士考結果發佈，蔡羽名列首位；在禮部的引奏中稱：「天下歲貢生蔡羽等一千二百名」，使徵明感到與有榮焉。生活的不慣和濃烈的思鄉情緒，也略爲沖淡。

從正德皇帝崩殂、嘉靖即位、改元，到嘉靖二年初夏，先是整頓奸佞，安排新朝人事；繼則有皇帝朱厚熜本生父母該不該稱「帝」、「后」；嘉靖既然繼承大統，到底該稱孝宗爲「皇考」或是「皇伯」的爭論。整個北京朝廷，可謂波瀾起伏。

和多數廷臣看法相異，上疏請尊崇所生興獻王和王妃的永嘉觀政進士張璁，被大學士揚廷和一怒調爲南京刑部主事後，追尊興獻帝、后的問題，似乎得到了表面上的平靜。而文徵明入翰林院，卻引起某些翰林的議論，激起一片漣漪。

「我衙門不是畫院；乃容畫匠處此！」（註十）翰林姚明山、楊方城，當衆倡言，窘辱徵明。

翰林職居淸要，多半以才德出衆的文學之士爲之，一方面備皇帝垂詢詞章文學，從事著作、翻譯，一方面也可以觀察朝政得失、民生利害，發爲正言讜論，裨益當時。一旦散館外放，則以其素養及專長，從事實際的政治工作。至於翰林出處，究竟來自科目或薦舉，歷來作法和看法，均不一致。

明太祖洪武初年，翰林院官皆由薦舉而來，多爲山林隱逸，由地方大吏、朝廷重臣，訪察引薦。

脩撰、編脩、檢討，洪武十八年，不僅更定翰林品員，並以當科進士，充實翰林的陣容。

在翰林院中，進士不但反客爲主，且專以科目所取進士才得充翰林官，把山林逸士、在野遺賢拒之院外，是天順二年正月的事。意思是翰林乃文學侍從之臣，非雜流可得參與。其時院中將近半數非進士出身的翰林，只得知難而退，任吏部外除爲宦。

宏治年間翰林院始再度引進山林隱士潘辰，授翰林待詔。這也是文徵明被薦得爲翰林待詔的前例。不過，在這專重科目的時代，如果不是進士出身的翰林，免不了受到同儕的歧視。

早在文徵明進入翰苑之前，有些翰林總覺得朝野之間對這位潦倒江南三十年的秀才，推與太過，想來名實未必相符。

又依翰林院的慣例，翰林以入院先後，排列坐次，不以年齒；文徵明不但比其他翰林官年長，許多甚至還爲其後輩。大家以年齡讓徵明上坐，徵明也就上坐，不疑有他；這又打破翰林院的先例，自然也引起某些人的不快，暗加排擠。

這些歧視排擠和窘辱，使文徵明有龍困淺灘，不如歸去的感喟：

「三十年來麋鹿蹤，若為老去入樊籠，五湖春夢扁舟雨，萬里秋風兩鬢蓬。遠志出山成小草，神魚失水困沙蟲，白頭博得公車召，不滿東方一笑中。」—感懷（註十一）

另外有句，表現文徵明心中的悲憤：「青山應笑東方朔，何用俳優辱漢廷！」（仝註十）

所好的是翰林楊愼、黃佐、馬汝驥、陳沂和薛蕙，朝夕相處，對徵明敬愛備至。父友林俊，年已七十，嘉靖帝屢次召請，始再次入都，任刑部尙書，在這位忠耿不阿的老臣眼中，文徵明不但是不可多得的人才，那種儒雅渾穆的氣度，使人自然親近而不願離去。林俊住在朝房，表示無意久居官位；但他每隔一半天，就具簡邀請徵明。

「坐何可無此君也。」（註十二）

雖然得前輩的獎譽，好友的伴陪，乃至青年皇帝的優遇，文徵明依然抑鬱、苦悶。尤其閏四月廿二日，因寓居王繩武家中諸多不便，而遷往慶壽寺圓巨和尙處暫住，生活秩序，就更加零亂。

僕人狄謙，乘馬跌傷，留在王繩武處將息。家人文通病了，就愈加乏人使喚。只剩下一個傭僕，早朝跟馬，回到下處燒水作飯。「屋漏偏逢連夜雨」，盤纏用盡，又不願向別人開口，萬般無奈的文徵明，只好前往太學，找好友蔡羽商量告貸（註十三）。

註一、〔祝氏詩文集〕冊中頁一二一三。

二、〔唐伯虎尺牘〕頁一七，廣文版。

三、〔唐伯虎尺牘〕頁一五。

四、〔唐伯虎尺牘〕頁一六。

五、〔唐伯虎尺牘〕頁三八。

六、〔吳都文粹續集〕卷二六頁二七。

七、〔書畫鑑影〕冊上頁三六八。

八、〔式古堂書畫彙考〕冊四頁四四九。

九、〔甫田集〕頁二五三。

十、〔明詩紀事〕冊四頁一〇九一。

十一、感懷詩見：一、仝前註，二、〔甫田集〕頁二七五，三、〔穰梨館過眼錄〕冊二頁七一三。

十二、〔甫田集〕頁一「文先生傳」，王世貞撰。

十三、文徵明在京早期生活狀況，間接依據紐約翁萬戈藏文氏家書墨蹟；見江兆申著〔文徵明與蘇州畫壇〕頁一二五～一二七。

第六十四章　醉踏風梢散袖行

在編修王繩武家中借寓、到圓巨和尙廟中暫住、一次又一次借住友人的小樓；住的問題，成了文徵明京中生活最大的困擾。

盤纏既罄，微薪薄俸，比起京中生活的昂貴和各種意想不到的開支，簡直變得微不足道。能告貸的鄉友，多已告貸過。再重新咀嚼正德初年，故友徐禎卿因失囚罰俸，落魄京師的詩作，文徵明愈發感到家的溫暖，恨不得立刻回返江南，過著雖然潦倒卻是悠遊的歲月。

六月賃到一座宅院，似可稍稍安頓下來，但五十七兩賃銀，對文徵明而言，並非小的數目，只好央人輾轉挪借。在極端惡劣的情緒下，六月十九日的家書，顯得格外激動：

「我在此思家甚切，一言難盡；汝等可念我，作主令家小上來，不然難過活也。來時，措置些盤費來方好；蓋此間俸祿，皀隸之類，僅可給日逐使費耳。」（註一）

家書寄出後，孤獨寂寞的文徵明，便開始盤算日子：如無阻礙，家書將於八月中抵達蘇州，正值家家戶戶團圓賞月之際。倘能體念他京中度日如年的苦楚，妻子當即收拾起程，預計九月盡，十月初，他就可以有一個稍具規模的家，重新恢復生活的常軌。

事實上，文徵明所以感到痛苦難耐，渴欲辭官歸里，除了經濟拮据、生活不慣之外，動盪不安的局勢，很有一種山雨欲來的壓力。想到先師李應禎爲了拒寫佛經，叔父文森因疏論夤緣求進者遭受扑、笞之刑。正德年間，不知多少忠臣義士，爲了抑制中官專橫，諍諫皇帝微服出巡及御駕南征，慘遭非刑、飽受屈辱。一旦面臨種種困境，人微言輕的他，將不知何以自處！

從文徵明任職翰院的閏四月開始，年輕的皇帝用太監崔文之言，日以繼夜地在宮中建醮。給事中劉最，疏劾崔文左道旁門，糜費公帑。朱厚熜於盛怒之下，立刻把劉最謫爲廣德州判官，進而逮下詔獄，改戍邵武。從此上行下效，許多希圖倖進之臣，紛紛獻上長生之術，或以青詞干進。

正德七、八年間，文徵明曾兩度爲文，推崇刑部尙書林俊的德望和文才武功。盛稱這位父執的滿腔忠義、不畏權勢，以及功成身退，不戀利祿的高尙節操。在文徵明心目中，林俊是當今讀書人的一個典型，朝廷的柱石。然而，就在文徵明進京兩個多月後，屢進屢退，歷經四朝的林俊，卻再一次面臨去就的抉擇。

朱厚熜即位之初，林俊被召在道，就疏請年方十五歲的少年君主，多親近儒臣，先求正心，而後再發爲號令，以渾樸爲天下先。不要爲了遷就現實，改變銳意革新的初詔。

林俊入京時候，正值暑月，經筵已經輟講多時，林俊歷擧祖宗勤學求治的故事，並力諫：

「親大臣、勤聖學、辨異端、節財用。」（註二）

無如這位看來英明而滿懷自信的新君，像前朝皇帝朱厚照一樣，對中官親近而信賴，加以其對道術的執迷，使起自福建田間的老臣林俊，憂心忡忡，生恐他步上朱厚照的覆轍，爲生民和社會帶來無止境的災難。

而導至林俊掛冠求去的導火線，也正由於嘉靖皇帝干涉司法，對作奸犯科的內臣，曲予維護所至：

中官葛景等奸利事覺，爲言官糾舉，朱厚熜不交法司審訊，卻詔下司禮監察辦，想藉以大事化小。職司刑名的林俊力主宮、府不可異體，應下法司公訊，以昭平明之治。

中官谷大用，霸佔民田萬餘頃；對於林俊的指控，嘉靖皇帝竟不加理會。

導帝修廟、建醮的內官崔文，其家人向匠師索賄不獲，便嗾使崔文幾乎把匠師活活杖死；案下刑部究治未決。嘉靖皇帝卻傳中旨，移鎮撫司辦理；又是對法司職權的一種挑戰，也是企圖大事化小的辦法。林俊一面留住人犯，不予遣送鎮撫司，一面當著盛怒的皇帝，據理力爭：

「祖宗以刑獄付法司，以緝獲奸盜付鎮撫；訊鞫既得，猶必付法司擬，未有奪取未定之囚，反付推問者。文先朝漏奸，罪不容誅，茲復干內降，臣不忍朝廷百五十年紀綱，爲此輩壞亂。」（仝註二）

此外，無論對交結許泰等朋黨要犯的處置，對尊崇興獻王和王妃大禮的看法，他都無法苟同年輕統治者的主張。他感覺自己與其尸位素餐，負天下蒼生的厚望，不若乞歸故里。

林俊前後乞身八次，可見其去意之堅。

他於嘉靖元年暑月來京，對新朝的諸多亂象，似乎已經見出端倪。他的獨宿朝堂，於去就之間，大概早已有所抉擇。其諸多諍諫與輔佐措施，也不過是想盡人事，聽天命，聊盡讀書人的一點心意。二年初秋，林俊蕭然離京；距其出山，前後不過一年有餘，留下滿朝文武的迷惑和嘆息。

文徵明黯然神傷地詩送這位致仕尚書之餘，不免也有一葉知秋的感嘆。

另一位四朝元老，華蓋殿大學士楊廷和，也已萌生了退意：

楊廷和是文徵明翰林院的好友修撰楊愼的父親。也是文徵明所預修〈武宗實錄〉的總裁官，因此，彼此之間並不陌生。楊廷和十二歲中舉，十九歲成進士；楊愼七歲作「古戰場」文，有「青樓斷紅粉之魂，白日照青苔之骨」的警句，傳誦一時。父子二人的才思和文學造詣，使文徵明大爲景仰。

正德皇帝崩殂之後，楊廷和首先主張，大行皇帝無嗣，應遵照「兄終弟及」的祖訓，立興獻王的長子，孝宗從子，大行皇帝堂弟朱厚熜爲君；對嘉靖皇帝而言，楊廷和實有册立之功。

遣散邊軍、罷皇宮內的威武營及團練諸軍、革除爲正德皇帝諸多皇店和軍門辦事的官校、放還四方進獻的美女、謀誅佞倖江彬……幾乎所有正德皇帝遺留下的殘局敗政，都由楊廷和漸次收失，使朝廷恢復了運作的常軌。

嘉靖登極詔書，即由楊廷和所草，其中把正德間的蠹政，全部加以釐正或剔除，裁汰各種作威作福的冗員和倖進，多達十四萬八千七百餘名，節省公帑，減少漕運糧米，更無法計算。這道登極詔書一經頒布，普天之下，歡欣雷動，中外臣民，皆稱頌新天子爲「聖人」，並稱頌楊廷和對國家社會的豐功偉績。然而，在尊崇興獻王的大禮之議，嘉靖皇帝與這位肱股之臣，卻相持不下：

嘉靖皇帝即位之初，即欲尊崇本生父母興獻王和王妃為「皇帝」、「皇后」。採納張璁「繼統不繼嗣」的論議，認為他所繼承的僅是明朝的大統，並非過繼為孝宗的後嗣，因此，只能稱孝宗為「皇伯考」。

楊廷和認為，三代以前聖王，莫如虞舜，舜受帝堯禪讓登基之後，未聞追崇其生父瞽叟為帝；三代以後君主，賢莫如漢光武，光武中興之後，也未聞有追尊生父南頓君為帝之舉。

他又引據漢哀帝和宋英宗的故事，來析論當前的大禮之議。

漢成帝無子，立定陶王劉欣為太子，也就是後來的漢哀帝。但定陶王並無其他子嗣，為免此一藩國就此滅絕，成帝另以楚王孫景，接續「定陶王」的香煙；漢儒師丹以為得禮。

宋仁宗無嗣，抱養濮王之子趙宗實於宮中。仁宗崩殂後，趙宗實繼承大統，是為英宗。即位後，本於對生父濮王的孝思，下詔議崇奉濮王典禮。司馬光主張可以晉封濮王為高官、大國。但身為最高統治者，卻要繼統繼嗣，不能以生養之私恩，而廢公義。此事雖然引起歐陽修和韓琦的反對，形成政爭，但宋儒程頤，卻同情司馬光一派的主張，他檢討濮議事件的過程說：

「言事之臣知稱親之非，而不明尊崇之禮，使濮王與諸父等；若尊稱為『皇伯父濮國

大王』，則在濮王極尊崇之道，於仁宗無嫌貳之生矣。」（註三）

依據上陳史例，楊廷和等上議，嘉靖既已入承大統，興獻王又無其他子嗣，不妨援定陶王故事，以益王的兒子朱厚炫，過繼爲興獻王之後，以奉祀香煙；不宜在京城之中爲興獻王立廟。當今天子則應稱孝宗爲「皇考」，稱本生父母爲「皇叔父」、「皇叔母」；不宜追尊爲「帝」、「后」。

嘉靖皇帝母子，對群臣所議大爲不悅，認爲把伯父母改稱父母，把本生父母改稱爲叔父母，實在有些不倫不類；而且，誠如張璁所言，母子相見時，如何能行君臣之禮？

從此展開無休無止的爭論，使整個朝廷政務，彷彿進入風暴之中；文徵明晉京前後的寧靜，不過是颱風眼中的寧靜而已。這期間，皇帝一次又一次命群臣覆議、或按自己的意見批示。文武百官則一再重申前議，楊廷和更四次封回御筆親批。除了經常面奏之外，又以三十餘道奏疏，闡述他一貫的主張；皇帝也未加採納。

對這位既有册立之功，盡除前朝弊政，把他帶入治道的元老重臣，嘉靖皇帝無比的敬愛。但，他所敬愛的楊廷和，爲了維護明室的皇統與宗祧，卻千方百計地阻礙他對父母的私情和孝意，使朱厚熜心中，又充滿了畏懼和怨恨。相形之下，遠在南京的刑部主事張璁，反而成了他政海波瀾中的一塊浮木。在這種矛盾心情下，朱厚熜有時恨不得楊廷和早日離開都城。至於皇帝左右，其中有被裁抑了的權貴、佞倖的戚友、張璁的同調、意圖左右少君的中貴……則伺機進言，彈劾楊廷和的專恣，指其缺乏人臣應有的禮統。演變至此，一向深信皇帝年少英敏，只若在自己耐心輔佐下，不難達到太平化境的楊廷和，也不能不心灰意冷，萌生退志了。

對於這件事的態度，楊廷和與楊愼固然父子同心，文徵明的其他好友，如薛蕙、陳沂等，爲了帝系大統，有的著書立說，有的準備奏疏，皆欲據理力爭，犧牲身家性命，在所不計。並把始倡異議的南京刑部主事張璁，視同寇讎和奸佞。而張璁卻是文林任永嘉令時，所識拔出來的門下士；文徵明不但深爲惋惜，並在心靈深處，產生一種對張氏的輕蔑與排拒。

△　△　△　△

長伯虎、徵明十一歲的都穆，早在正德七年爲禮部主客司郎中任內致仕。嘉靖元年，受撫臣之薦，進階爲中憲大夫。都穆爲官清正，作禮部主客時，對來去頻繁的諸夷貢使，柔遠有道，使國體大受尊重。當他奉遣以副使册封慶陽王妃時，王府贐以腆幣，都穆拒而不受，一時傳爲美談。都穆致仕的時候，囊無餘資、鄉無田廬，蕭然而歸，朝野人士，莫不對他的清風亮節，大爲贊嘆。朝廷更加以太僕寺少卿職銜，以酬其勞。

回到蘇州之後，太傅王鏊，首先以欣喜的心情，迎接都穆致仕還鄉；使他的隱居生活，又添了一位遊伴：

「似我歸來亦未遲，夫君得謝又先之。清朝況是懸高位，白社多緣赴夙期。到虎谿山同載酒，故園風物儘裁詩。一場好夢今朝覺，卻任傍人道是癡。」（註四）

每日粗茶淡飯，無分日夜地埋首著作或讐校古籍，都穆生活，似乎很快地便平靜下來。

有一次鄉人娶婦遇到風雨，燈籠吹滅，又缺少火種，迎親隊伍，立刻陷于一片黑暗之中，不知所措。

突然有人想到，南濠都穆，經常夜讀，必定燈火未熄。及至前往破舊的都府扣門，果眞得到火種。

育有二男二女的都穆，加上撫養孀妹、孤甥及尙未成年的幼弟，時常衣食無著，饑寒交迫；他卻淡然一笑說：

「天壤間當不令都生餓死！」（註五）

在他那形同止水般的心中，如果也潛藏著一些漣漪，那就是被青年時代好友唐伯虎的誤解。尤其當他步上金閶門樓，遠眺茂林隱隱的桃花塢，胸間不禁激起一陣跳動。有時，他想請友人從中調停，但往往未待友人啓齒，敏感的唐伯虎，卻先在應邀的信札中約定：

「頃承折簡，知梨花釀熟，專待酒徒共醉，有此良機，何敢方命？惟未知穆倩亦曾被邀否？此奴如在座，足使劉伶狂唾，畢卓遠遁矣。僕有夙憾，未能與繼見耳。……」──與王履吉（註六）

此外，終生無法治癒心頭創傷的唐伯虎，更在贈王寵吉的飲酒詩中，發抒鬱積於胸的感慨：

「我觀古昔之英雄，慷慨然諾杯酒中，義重生輕死知己，所以與人成大功。我觀今日之才彥，交不以心惟以面；面前斟酒酒未寒，面未變時心已變。……」（註七）

直到伯虎，爲迴避這位舊日好友而跳樓事件發生後，望桃花塢興嘆的都穆，才知道壯年時代在北京所留下的憾事，已化解無望，隨著漸增的白髮，怕只能埋恨於九泉之下了。

△　△　△　△

嘉靖改元的孟春，唐伯虎埋首整理舊作，準備付梓的同時，依舊創作不輟。

「今朝人日試題詩，更簇辛盤燰酒卮，楊柳弄黃梅破白，一年歡賞動頭時。」（註八）

他以題扇面的七絕和「一年歌」，作爲人日試筆。

那歌，又是被許多人看成「乞兒唱蓮花落」般的七言古詩。

「…一年細算良辰少，況又難逢美景和。美景良辰倘遭遇，又有賞心並樂事；不燒高燭照芳尊，也是虛生在人世！……」

歌詞勸人良辰難遇，及時行樂；但又像喃喃自語地警惕：「人生苦短，來日無多」。平澹質樸，卻使人感到有如秋蟲的悲鳴。

入秋，他又畫了幅竹子的扇面，題詩清新典雅，一反前歌的俚俗，頗有不食人間煙火的神仙意味：

「細雨鳴鳩苦竹生，閒將水調弄新聲。他年鍊就輕如葉，醉踏風梢散袖行。」（註九）

不久之後的七月二十五日，颶風突起，掀屋拔樹，平地波濤，王鏊、王寵叔侄，均有詩吟詠其事。連吳江縣城，也遭洪流圍困。秋季的收成，就此變作泡影；有人不免聯想到，可能是新天子失德的警兆。

二年春天，蔡羽、文徵明雙雙應公車之召，深居桃花菴中的唐伯虎，雖然依舊自摘梅苞浸酒，掃梅蕊中的積雪，用活火烹以瀹茗，蕩滌塵心；但終覺有一份難以言說的寂寞。

枝山雖然致仕家居，但他們雅不若青年時代，歌樓舞榭，往來頻繁。石湖蕩舟、虎邱山行乞、聯手向揚州鹽運使騙取葺修玄妙觀的白銀，十日之間在揚州畫舫和曲巷之間揮霍一空……這一切，只能在回憶中咀嚼玩味。兩位好友，一個年逾耳順，一個半百有餘，雖然相去咫尺，卻愈來愈少相會。

年紀愈老，似乎愈能體會朋友間那個「淡」字，伯虎在給枝山的一封信上說：

「古今交道紛然，要其善全始終者，莫如一個『淡』字。僕之與足下，累日一見，累月一敍，其何淡也！乃生平所以奉足下者，論學則師，論齒則長，論心則一人而已；故相忘不計形骸，相信不渝金石。一朝投合，此肺肝也；十年晤見，此面目也；……」（註十）

剖析、玩味，唐伯虎把這個「淡」字，歸結爲最長遠，最可貴的交情：

「…以是言交情，謂天下最淡者，孰如我兩人！謂天下最濃者，亦孰如我兩人！相與終古，無可間矣。」

「…再托生來儂未老，好教相見夢姿容。」（前已引錄）

在漫漫寒夜中，他也想到文徵明畏如蛇蠍，卻與他死生相許的亡妓徐素。隨著遠方的更鼓，唐伯虎好像隱約地聽到她的歌聲。那是他特意爲她作的曲，由她自譜自歌。

每當他品味自己浸的梅苞酒時，就想到徐素－這薄命佳人所獨擅的浸木樨酒，無論色香味，都是上上之品。輾轉無眠中，他彷彿從映雪的窗紙上，窺視到她那蒼白的面容。沙沙的風響，恍惚地感到，她正以素手，折取綻放的寒花。

唐伯虎對她的情況瞭解得愈多，就愈爲她惋惜、悲戚。他對這位誤墮煙花少女最早的印象是聰慧、嬌憨，擅長度曲和唱曲。每次見到他時，總是笑臉相迎，一副無憂無慮的樣子。因此，他才跟祝枝山設計，用她來困窘生平不近歌妓舞兒的文徵明。

那次，他讓她藏身艙尾，然後祝枝山、文徵明和三數遊伴相繼登舟。

「……俟蕩舟中流再出見，則不虞徵仲遠遁矣。……」（註十一）

這是他前一天在信中和祝枝山約定了的調侃方式；其實，與其說是「困窘」、「調侃」，勿寧說是想藉著徐素秀婉溫順而又嬌憨的性格，使固執、拘謹而帶有頭巾氣的文徵明，眞正融入他們的生活天地之中。唐伯虎覺得，像他們這樣文人雅士，無論放舟石湖，或在虎邱可中亭內飲酒賦詩，中間伴著一個紅袖佳人，美目流盼，清歌一曲，才眞正算得上入畫。

那知文徵明見到徐素，竟畏之如虎，她愈走近他，他愈是急得大喊大叫，甚至不惜赴水以遁。此事固然引起一場哄笑，傳爲士林佳話；但伯虎事後思之，也有幾分對徐素的歉疚。以後再也未勉強這位紅粉知己，和多少有些矯枉過正的好友文徵明會面。

漸漸地，他發現在笑臉迎人之外，她更有喜愛清幽和孤獨的一面。有時，竟獨自到山陂水崖，低徊流連，聽燕語鶥啼，爲落花招魂。伯虎對她的感情也逐漸有了改變；他特意爲她塡詞。當她以婉轉歌喉，唱出那纏綿的詞意時，他親自爲她擫笛伴奏。他知道她不願與人同遊，便單獨雇船，邀徐素到山塘踏靑：

「採綠有心，踏靑無伴，如布衣素屐，得一司香紅袖同遊，則靑山缺處，會見花鳥亦迎人作笑也。君素自命風雅，何不許我同遊乎！……人言殘春景物悽慘，僕則濃陰深綠，卻另有一種風趣，有非世俗所能領會者，君如解人，亦當有悟，專此速妝，幸毋珊珊其來遲也。」（註十二）

辭意之間，懇摯深切，儼如知友情侶，絲毫不存風月場中，逢場作戲的輕佻。

徐素纏綿病榻之際，也是他處境最艱難，心境最痛苦的時候；北京歸來之後，桃花塢規畫之前；正如他在給祝枝山信中所描寫的：

「僕湖海歸來，塊然一身，飄然來去，如閒雲野鶴，……」（註十三）事實上，他是居無定所、三餐不繼、往往寄食野寺之中。

他只能在信中，深情款款地安慰她，要善自寬解，消除心中的積鬱，同時投以藥餌，療治因天時不定所侵入的風寒。

得到她香消玉殞的噩耗，痛哭失聲之餘，他更爲她向祝枝山，索求輓詩，想藉這位亦師亦友，鄉貢進士的才名和文名，使福薄、命薄、誤墮風塵的紅粉佳人，能像唐代蘇州名妓貞娘一樣，名傳千古。

「進酒歌」，是唐伯虎青年時代的得意之作，時爲新秋，虎邱可中亭畔，圍滿了男女遊客。文徵明、祝枝山等二三好友，持杯於側，唐伯虎意氣風發地吟唱：

「吾生莫放金叵羅，請君聽我進酒歌，為樂須當少壯日，老去蕭蕭空奈何！朱顏零落

不復再，白頭愛酒心徒在。昨日今朝一夢間，春花秋月寧相待！……」（註十四）

金風送爽的天氣，加上幾分酒意，使他靈思泉湧。不過這事在回憶中，卻成了唐伯虎的遺憾和惆悵；那時，紅粉知音尚在，只因良友在側，使他未便邀徐素前往度曲。倘若「進酒歌」由她唱出，珠圓玉潤，在荷香鳥語之中，該是多美的情調。

「一世歌」，則是他晚歲勸世之作，伯虎鬢髮已經罩上一片花白，正是「進酒歌」裡所描繪的那樣：「老去蕭蕭空奈何」、「朱顏零落不復再」。唐伯虎以蒼涼的音調，唱向塵世間癡迷的大眾：

「人生七十古來少，前除幼年後除老；中間光景不多時，又有炎霜與煩惱。過了中秋月不明，過了清明花不好；花前月下得高歌，急須滿把金樽倒。……」（註十五）

歌聲繚繞中，唐伯虎心下卻先自悲傷起來；他想到如果徐素未死，能在寺前和勝景間，按節清唱，不知能夠喚醒多少愁憂自煎，觸處煩惱的呆癡漢。

睹物思人、觸景傷情；以「刻骨銘心」來形容伯虎對徐素的感情，似乎並不爲過。偶然一陣風雪，拂過庵後的修篁，他會想像成徐素病中的幽嘆。拈起珍藏著的徐素信物，他那模糊的淚眼，就會浮起寫給徐素花箋上的字句：

「…僕惜玉有心，護花無計；對此情境，亦惟仰天嘆息耳！……」（註十六）

「…他年鍊就輕如葉，醉踏風梢散袖行。」望著數月前的扇面，有時伯虎也意識不清究竟怎樣寫出那數枝朦朧的涼意！詩中所描寫的，到底是自己心靈的淡遠，或是已仙去的徐素的倩影幽魂？

註一、「文徵明家書墨蹟」，紐約翁萬戈藏，間接引自〔文徵明與蘇州畫壇〕頁一二六。
二、〔明史〕頁二〇八七「林俊傳」。
三、〔宋史紀事本末〕頁二四八，三民書局版。
四、〔震澤集〕卷六頁二三。
五、〔蘇州府志〕頁一九五六「都穆傳」。
六、〔唐伯虎尺牘〕頁四七，廣文書局版。
七、〔唐伯虎尺牘〕頁四八、〔唐伯虎全集〕水牛版頁一六、漢聲版頁十二。
八、扇，見〔故宮學術季刊〕第三卷第一期抽印本「從唐寅的際遇來看他的詩書畫」圖三七，江兆申著。詩，見〔唐伯虎詩輯逸箋注〕頁一五九。按「人日」詩，伯虎也曾于四十六七歲時，書贈吳令李經。
九、〔唐伯虎詩輯逸箋注〕頁一三八。
十、〔唐伯虎尺牘〕頁二七。
十一、〔唐伯虎尺牘〕頁二四「與祝希哲約戲徵仲」
十二、〔唐伯虎尺牘〕頁七二「與徐素」。
十三、〔唐伯虎尺牘〕頁二九「與祝希哲論行樂」
十四、〔唐伯虎尺牘〕頁四九「與王履吉」、〔唐伯虎全集〕水牛版頁二八、漢聲版頁二四。
十五、〔唐伯虎尺牘〕頁二九「與祝希哲論行樂」、〔唐伯虎全集〕水牛版頁二〇、漢聲版頁一六。
十六、〔唐伯虎尺牘〕頁七二「與徐素」。

第六十五章　交遊零落綈袍冷

嘉靖二年暮春，唐伯虎來到南京報恩寺；可能是他最後一次造訪這座古老的禪院。霞鶩亭前，水光依舊，參天樹木，有的綠蔭如洗，有的抽發出新葉。穿梭的燕雀，似乎跟寺僧一樣，殷勤地迎迓這位二十幾年前燦若明星的南京解元。

報恩寺，是他從青年時代就常遊之地；沈周、枝山、徵明……不僅流連於此，更都留有詩和書畫，爲禪師們所珍藏。

許多次，好友沈徵德、顧璘等，邀宴於水亭之中。他們以豪傑互相期許，吟詠嘯傲，不拘形跡。有時，伯虎歸寓之後，才發現醉中所吟詩歌稍欠妥貼，他會反復推敲，寄簡修正：

「……酒酣命筆，輒覺不韻；此可徵狂奴心力日衰，不似當年敏銳矣，奈何！奈何！歸後自思，頗覺不安，略事修改，輒復錄呈。」——與沈徵德（註一）

他的「席上答王履吉」七古，也是歸後修改的，並在信中自稱：

「昨日狂醉，信口高歌，以酬主人，蕪雜不韻，不足稱詩，亦如乞兒唱蓮花落耳。……」（註二）

可見伯虎性情，疏散狂放之中，另有檢討、省思、隨時加以修正的一面。

在沈、顧的報恩寺邀飲中，最使唐伯虎感動的，是正德十四年，宸濠造反前後。其時他不但窮困潦倒，更陷於遭受寧府株連的惶恐不安之中。

「陶公一飯期冥報，杜老三椸欲托身，今日給孤園共醉，古來文學士皆貧。……」（前已引錄）一種感恩圖報之情，充溢於字裡行間。

他與沈氏最後一次酬酢，可能是沈徵德北上赴試的時候；推測如果不是正德十四年冬天，便是嘉靖元年的冬天。他在「與沈徵德」書中寫：

「比聞足下文旌北指，征車待發。喜，甚喜！足下文章，如萬花怒發，目不給賞。從此獨登龍門，聲譽不徒滿洛陽也。金華殿上，給筆札，供揮灑，馳譽京國，于此時卜矣。……」（註三）

信後並賦五律一首，以壯行色。

虬髯滿面，生性爽朗的顧璘，爲了進册封皇后的賀表，正在北上的道上，若慷慨豪富的沈徵德也赴試未返，則唐伯虎二年春天的金陵之行，內心落寞，怕是不難想像。

不過，他仍然爲報恩寺僧留下一軸精細絕倫的白描達摩；經袱之後，達摩祖師兀然危坐，法相極爲莊嚴。畫右伯虎以他那吳興體題：

「嘉靖癸巳春弟子唐寅畫」（註四）

在旅途的孤獨中，他不免又想起一些和徐素有關的往事：

那時，徐素過世未久，悲愴、寂寞的唐伯虎，到金陵排遣滿懷愁緒。白鷺洲、鳳凰臺、莫愁湖……每日縱酒攬勝之外，就孤館高臥。秦淮河畔，六朝金粉，從青年時代，就已司空見慣，喪失知音後，面對這些庸脂俗粉，就更有一種「曾經滄海難爲水，除卻巫山不是雲」的空虛和惆悵。

朋友紛紛傳言，青樓中有才女之稱的「娟娟」，不僅善於吟詠，更素慕伯虎的風流與才名，頗思一見。一天，他暗暗記下娟娟的里巷，換了身破舊的衣服，單獨往訪。

傳爲千古佳話的紅拂女，他曾描繪過的揚州名妓李端端……朋友們零零星星的談論，在唐伯虎腦海裡構築成一個清純秀麗、善解人意，卻誤墮風塵的佳人。歷盡滄桑之後，終於以她那獨具的慧眼，識英雄于窮途落魄……

「春和坊裡李端端，信是能行白牡丹；誰信揚州金滿市，元來花價屬窮酸。」（前已引錄）充滿遐想的唐伯虎，隨口低吟題「畫張佑」中的詩句。

當他來到娟娟樓前求見的時候，只見那年輕的妓女凭欄而坐，眉目間流露出一抹輕蔑的笑意，對慕名求見的儒生，竟漫不爲禮。

「寒儒亦來此地尋歡樂耶？宜即去，將囊中錢糴米，歸作炊，得數日果腹也！」（註五）娟娟說完，竟自咯咯地笑了起來，刺耳的聲音，彷彿鷺鷥一般。悵然若失的唐伯虎，深悔多此一行，原想轉身而去，終於忍受不了那輕蔑、謔笑的聲浪；加以面對的又是一位聞名江南的「詩妓」，立時興起了戲弄嘲諷的念頭。

「倚欄何故笑嘻嘻」伯虎仰首而吟。

「笑爾寒儒破布衣」那妓女也不加思索，率然而對。

伯虎見她以衣相人，全不識敝衣破帽下的相貌與氣質，遂連著以兩句詩來奚落她的空乏和自甘墮落。在妓女的羞赧，和人們的竊竊私議中，唐伯虎悄然地離開了秦樓楚館。回到旅邸，想著徐素生前的一切，知音難覓，禁不住淚流滿面。這時的他，對金陵之遊，已經意興闌珊，恨不得立刻返棹蘇州，與張靈、王寵、祝枝山等，痛飲於吳山深處。

△　△　△　△

八月的一場大水，蘇州田宅淹沒不計其數，兼以去年七月的風災，連年不登，已使人談災色變。風聞朝廷，不但無意蠲免租稅，且有遣官監督織造之議，更加深了人們心中的惶惑，昔年到處盤剝掠奪的景象，浮現在眼前。

約莫九月前後，致仕刑部尚書林俊南旋，道經蘇州，一干官紳好友，均有一番迎送。朝廷政情、議禮始末，以及掛冠求去的緣由，自然成了衆所關懷的話題。

有關尊崇嘉靖皇帝本生父母的大禮之議，致仕太傅王鏊早有所聞，這次或聽林俊親自談起，或由好友和門弟子詢及。因此，王鏊又把舜承堯統、禹承舜統，乃至哀帝嗣位，光武中興等故事，重加考證，著爲「尊號議」（註六）一篇。可能他也參酌了朝中楊廷和、張聰兩派的議論，提出了既尊大統，復尊所生的兼顧看法：

「……今參儀禮之文，酌古今之宜，定謚曰『興獻皇』、『興獻后』，而以太皇太后之旨行之，則於大統無干犯之嫌，所生亦極尊崇之義，亦庶乎其兩全矣。」

無法確知，王鏊這篇「尊號議」，是否已上達朝廷，倘被接納，或可成爲息爭的契機，使政治悲劇，免于擴大。

至於林俊，在新朝的重視和禮遇下，竟把權位看得像浮雲一般，毫無留戀之意。同時也不顧天下人望治的心願，只求獨善其身；好像鳳凰翱翔于千仞，摶扶搖而弗下，完全不復以蒼生爲念似的。讓人不可理解，甚而認爲標奇立異，矯枉過正。

對於種種議論，林俊未作任何辯解，倒是讀書石湖的王寵，在「送大司寇莆田林公還閩序」（註七）中，闡述林俊自結髮入朝後，輔弼三世，德邵功焯，成爲元老重臣。其間讒憂交至，屢起屢伏，但求解生民於倒懸，扶社稷於危殆。並未以個人利祿榮辱爲考量。

序中，王寵也強調新朝的禮遇，對年已不逾矩的林俊，無疑是創建金匱之業的千載良機，沒有必要爲沽名釣譽而八乞其身；其急流勇退的眞正原因：

「……殆必有掣于事，而局于時者矣；掣則肘不可以運掌，局則道不足以廣謀；孔孟其猶病諸，而獨今之君子乎，此所以不得已而行，而不能以三年淹也。」

「坐何可無此君也」，這話恐怕不單是林俊對文徵明的贊賞，也是他對器宇、才識不相軒輊的王寵的觀感。兩位吳門才俊，忘年知交，曾先後爲文，替他揄揚和析辯，使繼續揚帆南旋的林俊，有「吾道不孤」的欣慰。

九月十五日，大學生吳爟（次明）逝世，對多病、敏感的王寵的心靈，是很大的衝激。半年多前，他們同在湯珍雙梧堂宴別文徵明和蔡羽，那知畫像墨瀋未乾，六人已去其一；回憶當初，竟好像有甚麼預感一般。

吳爟和他同一里閈，石湖泛舟、橫塘踏青、溪樓夜飲……吳爟、王寵、文徵明、湯珍等經常杖履相接，吟詠唱酬。吳氏享年五十八歲，像唐伯虎、文徵明一樣，應屬長輩，但他也和文、唐一樣，一定要和王寵同輩論交，成忘年之友。吳爟進學很早，成績優異，部使者曾屢薦京師，但數試不利，最後以年資入貢太學，至死仍未卒業。

除了愛遊名山勝水，吳爟以善於鑒定古董書畫聞名吳下。飲酒博謔，談起所見所聞，奇譎瓌麗，纚纚不絕，十分風趣。儘管家境不裕，他卻是位美食者，經常旨酒佳肴，賓客狼籍。酒後歌舞擊咢，彷彿豪門貴人一般；至於有錢無錢，那是妻子和家人的事情，他是不屑聞問的。

吳爟另一爲人所稱道的地方，是他愛畫，卻從不開口向朋友要畫。十餘年前，雨中走訪停雲館時，文徵明有感於他的友情與風骨，特別畫出一幅春雨圖。亂雲低垂，春雨綿綿，撐著傘的吳爟，獨行於竹木迷離的崗上。文徵明在畫上題：

「……願爲識者畫，不受俗子迫；惟君鑒賞家，心嗜口不索，吾終不君靳，不索翻自獲。……」（前已引錄）此外，文徵明曾在詩中，描述吳爟的性格與爲人：

「風神凝遠玉無瑕，十載論交似飲茶；深靜不教窺吾慍，寬閒能自應紛華。寄情時有樗蒲樂，博物咸推鑒賞家，猶自一經淹舉子，年年隨伴踏槐花。」——詠次明（註八）

吳爟臨終遺言，托王寵爲作墓銘，王寵感傷這位忘年交生平的潦倒，更關懷其遺孀、寡媳與幼孫一家生活的無告，涕泣揮筆爲銘曰：

「德則孔嘉，而命弗加，而年弗遐；籲天乎累嗟，兒呱婦髽，攀彼靈車，天曷劉斯，尚綏有家！」——太學生吳君墓志銘（註九）

△ △ △ △

一場瑞雪之後，寒月照映下，北京城內，好像一片銀海。上朝的轎子、馬匹，在燈月交輝的街道上，散發出細碎零亂的璚珂聲。破曉時分，雙龍玉闕顯得格外高聳，鳷鵲觀的輪廓，也淸晰可辨。鷫鸘袍上，凝結著白粉似的霜花，衣食無著者的苦痛，也就可想而知。所以，文徵明在「雪後早朝」詩中寫：

「……負薪亦有號饑者，頗得君王發漢廒。」（註十）

這時的江南，也已進入寒霜遍地的嚴冬。年荒歲窮，忍饑號寒者，彼彼皆是。體康每下愈況的唐伯虎，又復開始整理年來的詩作。他呵著凍，以那融合著顏眞卿、李陽冰和趙孟頫的書體，選錄出心血的結晶。究竟藏之名山，傳之後世，或僅僅供人遣閒覆瓿之用，他自己也不敢想像。這就是被題爲〈唐寅嘉靖癸未詩翰册〉的遺作，並由他的好友之子文嘉作跋（註十一）。

另外一卷值得紀念，更被認爲唐書精華，較松雪有過之無不及的，是他爲姚舜承所書的「漫興十首」。姚舜承爲其同年（註十二）之子。仔細玩味漫興十首，雖然並非作於一時，卻均爲晚歲所賦，感慨悲歌，自抒心性和生平遭際。

在他被指爲「不甚措意」，或「如乞兒唱蓮花落」的諸多晚作中，這十首七律，屢經修改鍛鍊，各本之間，頗有大同小異：爲姚舜承所書詩册，可能是十首組作的定稿。懷抱之幽、感人之深，堪稱用意之作。他的另一位同年景暘，推斷是伯虎的絕筆書蹟，其爲後世寶愛，也就更加無與倫比了。

其中「俍俍行」、「擁鼻」被認爲是伯虎淒涼晚景的詩讖。最後一首，則最能表現出伯虎生命樂章結束前的感受：

「造物元來最忌名，太平又合老無能，交遊零落綈袍冷，風雪飄飄瓦罐冰。二頃未謀田負郭，一餐隨分欲依僧。醉時試倩家人道，消盡粗疏氣未曾！」（註十三）

那天，唐伯虎冒著寒風，踏雪來到王鏊洞庭東山的莊園。庭前雙梧，一株已在上年七月的颶風中吹倒，剩下一株，殘葉已盡，椏杈間積起白雪，卻依然挺立在冷冽的湖風裡。漫山的梅樹，都已含苞待放，唐伯虎可以想像到綻開時那片無際的香雪。也使他憶起張靈詠玄墓詩中「隔窗湖水坐不起，塞路梅花行轉遲。」（註十四）的景象。

高齡七十四的王鏊，致仕居山忽忽一十五載，鬢髮俱已霜白，談及近時朝政，不免爲之浩嘆。

近五六年間，王鏊連喪弟弟及三個女兒，此際，這位傷心的老人。正爲即將改葬光福鳳凰山的長女王儀，撰寫墓誌銘。王儀是庶吉士兼侍讀徐子容的妻子，襁褓中便失去了母親，由王鏊親自教導。她不僅精通經史，也了解時事得失，人才高下，並善于五言詩；在丈夫名位日益隆顯之際，抛下二子，猝然而逝，尤使老父悲愴不已。

王鏊齋中，新懸起一幅書軸，略顯陳舊的紙上，是宋學士蘇東坡自書的「滿庭芳（中呂）」。其中「中呂」二字，突然觸動了唐伯虎的回憶。他的耳邊，重又響起福建九鯉湖前轟雷漈的隆隆水聲。在香火鼎盛的九仙祠祈夢時，分明夢到神示以「中呂」二字，多年來，他一直不解這詞牌名稱到底有何特殊的意蘊？

他自己也塡過一闋「滿庭芳」：

「月下歌聲，風前笛韻，遙思當日風流：枕邊言語。猶記在心頭，玉佩叮噹，別後恐

惆悵，永巷閑幽，行雲去，卻又入瀛洲。……」（註十五）

當時他只顧描寫兩情繾綣，別後相思，「中呂滿庭芳」，並未在他心絃中，產生劇烈的撥動。

「歸去來兮，吾歸何處？萬里家在岷峨。百年強半，來日苦無多。坐見黃州再閏，兒童盡楚語吳歌。山中友，雞豚社酒，相勸老東坡。……」（註十六）

「百年強半，來日苦無多……。」唐伯虎默誦著那詞，並反復玩味著這兩個短句。東坡居士賦滿庭芳時，正要離開他所謫居的黃州，告別好友鄰居，有感而發。不意，伯虎卻從中啓發出另一種感受，久埋在心靈深處之謎，竟由此浮現一個不吉利的答案；他行年五十有四，「百年強半，來日苦無多」，莫非是他的「詩讖」？

如果眞是「詩讖」，何以未讖於作者，而讖於見者？思索、迷惑，伯虎心中，一時有說不出的茫然與煩悶。

戚容滿面的王鏊，見伯虎目注書軸默不作聲，不久之後，竟黯然神傷地辭別而去，他不便垂詢，亦未多留，任其登舟自去；然而，這竟是他們師生間的最後一面。

嘉靖二年（一五二三）十二月二日，一代風流才子唐伯虎，與世長辭。他的絕筆詩是：

「生在陽間有散場，死歸地府也何妨？陽間地府俱相似，只當漂流在異鄉。」（註十七）

△　△　△　△

帶著神祕，宿命色彩的「中呂」之謎外，如果想對唐伯虎死因找出些蛛絲馬跡，則他的一首題畫詩，似可略見端倪：

「人來種杏不虛尋，彷彿廬山小徑深。常向靜中參大道，不因忙裡廢清吟。願隨化雨三春澤，未許雲間一片心。老我近來多肺疾，好分紫雪掃煩襟。」—題燒藥圖卷（註十八）

肺疾，可能是奪去伯虎生命的主要因素。

貧，對這位宿疾纏身的才子，是一種長期的摧殘；他在給朱彥明的信中，直抒其生活中的困頓：

「……誦昔人『風力欲冰酒，霜威能折棉』之詩，不禁望天長嘆！奈已無酒可冰，無棉可折何；悲哉，悲哉！何以卒歲？」（註十九）

「此可徵狂奴心力日衰，不似當年敏銳矣……」給沈徵德信中，伯虎自承心力大不如前。

「酒醒只在花前坐，酒醉還來花下眠，半醒半醉日復日，花落花開年復年。……」半生沉醉在花酒間的他，一旦發現已不勝酒力時，內心不免爲衰老的恐懼和空虛感所盤踞；他在給友人嚴民望信中寫：

「……嗜飲如僕，昔每自謂能一石不醉者，今一斗已頹然矣，精力衰薄，或不久乎？惟僕素以及時行樂爲旨，際此去日已多，來日苦少之時，更覺不可不自尋樂境，以遣浮生矣。……」（註二〇）

然而，長期地耽於花、酒，對他飽受折磨的體康，何嘗不是另一種摧殘！

北京冤獄、宸濠案的牽連；先後在兩京間所受的折磨和屈辱，南旋後三餐不繼的歲月。妻子離異，知交零落的孤獨。如蛇一般，無時不纏繞啃噬著他的舊疾。使人生變得既豪邁、瀟灑，復迷離、恍惚，且又有「穿腸毒藥」之稱的杜康，侵蝕於唐伯虎半生的得失和悲歡離合之間，其死因，也就不難想見了。

在臘月的深雪與悲風中，祝枝山痛悼亡友的哀慟聲，震動著災後衰敗殘破的江南。

註一、〔唐伯虎尺牘〕頁五四。按，〔唐伯虎全集〕中，共有兩首與沈氏唱酬的詩，均書作「沈徵德」；〔唐伯虎尺牘〕中，兩封與沈氏的信，卻均作「沈德徵」，其中「水檻憑虛六月風」詩，完全一樣；顯然「徵德」、「德徵」係同一人。本文統作「沈徵德」。

二、〔唐伯虎尺牘〕頁四八。

三、〔唐伯虎尺牘〕頁五五。

四、〔唐伯虎全集〕水牛版頁二六〇「題跋」。

五、〔唐伯虎尺牘〕頁三七「與張夢晉述客況」。

六、〔震澤集〕卷三三頁二七。

七、〔雅宜山人集〕頁三九三。

八、〔甫田集〕頁一一一。

九、〔雅宜山人集〕頁四一九。

十、﹝甫田集﹞頁二五四。

十一、見﹝唐寅年譜﹞頁一〇四—據王季銓編﹝明清書畫家印鑑﹞。

十二、按：宏治十一年應天府鄉試題名錄，與唐伯虎解元同年者有應天人姚隆、江陰人姚惟寶；姚舜承係何者之子待考。

十三、「漫興十首」，見﹝唐伯虎全集﹞水牛版頁五三、漢聲版頁四五、漢華版﹝中國歷代法書名蹟全集﹞冊二頁三一、﹝吳越所見書畫錄﹞卷三頁九四。

十四、﹝吳都文粹續集﹞卷一九頁四五。

十五、﹝唐伯虎全集﹞水牛版頁二四七「詩話」。

十六、詞見﹝蘇東坡新傳﹞冊上頁四〇二，李一冰著，聯經版。唐伯虎夢「中呂」事見﹝唐伯虎全集﹞水牛版頁二三六「遺事」、頁二六三「題跋」（弇州跋伯虎赤壁圖）、漢聲版頁二六〇「遺事」、頁二九七「題跋」。

十七、本詩前已引錄。

﹝唐伯虎全集﹞水牛版頁二四九、漢聲版頁二七九「詩話」中，引﹝燕中記﹞：

「伯虎絕筆詩，他本互異。予僑居燕中，友人邵百朋手一編來云：『此係伯虎定本』，詩云：『一日兼他兩日狂，已過三萬六千場，他年新識如相問，只當飄流在異鄉。』併記于此。」

十八、唐伯虎「燒藥圖卷」藏台北故宮博物院。

十九、﹝唐伯虎尺牘﹞頁五三。

二〇、﹝唐伯虎尺牘﹞頁五六。

第六十六章　寂寞身後事

唐伯虎雖已離開人世，但，某些蘇州人對這位風流才子生平的議論、嫉妒，以及那份幸災樂禍的敵意，並未因而消失。或許，連年的荒欠與饑饉，使人心胸變得格外狹窄和冷漠，伯虎葬禮的淸冷與簡陋，也就可想而知。

他的墳墓，在胥門西南方的橫塘王家村；離他所蕩舟的石湖，經常登眺的靈岩山不遠，對雅嗜游山玩水的他，也算是得其所哉了。

「桂伐漆割，害儁戕特」；對於那些媢嫉伯虎才華，落井下石的市井小人，祝枝山認爲不過是「塵土物態」，不足爲怪，也無傷于伯虎。令他感傷的是，天地鍾靈之氣，總要數百年才舒發一次，凝注在一個人的聰明才智之上；唐伯虎得到了，卻由於世人的淺薄和狹窄，使其未得展露，就抑鬱凋萎；這種哀痛，教人如何去懷！有過人之傑、世人不欣賞贊嘆，而隨意毀棄，有高世之才，非但不用，反橫加擯斥，這種冤屈，何時能已！他在「哭子畏」詩中呼天愴地地寫：

「萬妄安能滅一真，六如今日已無身；周山既不容神鳳，魯野何須哭死麟！顏氏道存非謂夭，子雲玄在豈稱貧；高才賸買紅塵妬，身後猶聞樂禍人。」——二首之二（註一）

遠自青年時代，素有才子之稱的祝枝山，就把小他十歲的唐伯虎，視爲感情上的知己、事業上的同志、才華和智慧上的敵手。

每當他面對這位才高、志遠、學力雄厚的吳趨後進時，自己總會有種辭不盡意的感覺；心下以爲，伯虎未來發展，必定遠遠地超越在他前面。無論思想和學術的層次上，勢將形成無可彌補的差距，導致兩人精神上的疏離。在他給伯虎的信中，坦白承認其心中的疑慮：

「……至其後，足下之峻者益峻，遐益遐，捷益捷；僕之所深畏而終不遷者，計特足下一人耳；然幸到於今不遺。……」──與唐寅（註二）

祝枝山這番自我謙抑的話，一方面勉勵伯虎上進，另一方面也期勉共同爲理想的實踐而奮鬥。既不要被柴米油鹽等現實環境所屈服，也不要空懷壯志，徒具理想；一匹千里馬，除不凡的骨相外，唯有長驅直進，日馳千里，始能令人慕服譽讚，不容爲異辭。

瞭解、期許，平地春雷般的破滅與消逝，使祝枝山的感情無法自已。他在「再挽子畏」中寫：

「少日同懷天下奇，中來出世也曾期；朱絃並絕桐薪韻，黃土生埋玉樹枝。……」（仝註一）

「唐生白虹寶，荊砥夙磨礪，江河鯤不徙，魯野遂戕麟。」──夢唐寅徐禎卿亦有張靈（註三）

寒夜漫漫，連懷星堂四周廟宇的梵誦也沉寂下來，祝枝山和二三亡友的夢中相會，引起心中的悲愴，然而也未嘗不是一件樂事。年已六十四歲的他，自知和幾位至友相會泉下，不過是早晚間的事。幾個人的言談笑貌，友情依依，恍惚無異生時。他在「再挽子畏」和「夢」詩中，一再提及未來歲月中，幽冥世界的復聚情境：

「……生老病餘吾尚在，去來今際子先知；當時欲印搥機事，可解中宵入夢思。」

「……相逢靡幽明，隔域豈不親？茲途無爾我，相泯等一真。……」

然而，他所痛惜的是，三人中尤以伯虎才高，不但不能見容於社會，其得禍也最爲冤抑、悽慘，因此追悼詩中，屢次以「魯野戕麟」，譬喻他的生不逢辰。

和知友們相聚泉下前，祝枝山另有一點不能釋懷的是，現爲臨江府同知的獨子祝續，連生三個女兒，卻使滿頭飛霜的懷星堂主人，獨缺含飴弄孫的樂趣。祝氏三世單傳，枝葉異常單薄。當他受伯虎弟弟唐申之托，爲亡友撰墓誌銘時，心中的陰影，突然由筆下的「配徐繼沈，生一女，許王氏國士履吉之子。……」擴散開來，瀰漫在他的眼前，凝聚成爲若敖鬼餒，愧對先祖的恐懼。

他曾經以沉重的心情，寫信曉喻祝續。表示自己年事已高，彷佛西下的落日，胸中悵惘不已的，無過於宗祧的延續。同一曾祖之族，有兩個孺子，因其生父不肖，至使漂流在外；將來當設法尋回，以壯宗脈。

他指示祝續，能作好官，建勳名，固然是家門幸事，但維持宗祠香煙於不墜，才是至要至重。祝枝山以自身爲例：壯年時，家境貧苦，一事無成，而又一味追逐空廓無用之事；如果那時不幸而死，既無事業，又無子嗣，不過是一個「荒逸無成之鬼」，將無以見先人於地下。

作父親的，也許風聞到祝續隨正德皇帝南巡，處理王陽明與邊將的糾葛時，不無偏頗，遭致王氏弟子們的非議；因此，他力勸兒子，凡求昌後，必以陰德爲冠：

「……爾盛年，幸獵華膴，偉業絃聲，皆可基致。然切勿失祖宗以來，傳家仁厚，本子及方冊行墨間也；此予素衷，因念嗣息，遂言及此。……」（註四）

惆悵、岑寂中，他和伯虎平日間的點點滴滴，乃至早年的一些趣事和荒逸行徑，也一一浮現在祝枝山的心頭。

嘉靖二年隆冬歲暮的一場大雪，開啓了來年豐收之兆，含苞待放的梅花蕾，使祝枝山憶起唐伯虎慣常誇耀的梅蕾酒。有時詩思不暢，他會半夜披裘，前往桃花塢叩門，暢飲而返；或於菴中醉臥，翌日再共同策杖，前往郭西尋梅；今後夜半叩門，不知有誰來應？

更多時候，枝山新釀已熟，未待啓甕，卻先已接到伯虎索飲的手札：

「足下佳醪新熟，香聞十里矣。……」

「但舍劉阮輩，又誰與共醉耶？……僕等腸腑中，位置麴生，最爲得宜，幸整酒兵，共一角逐，毋使麴生守甕，屠沽笑人也。如蒙見招，當趁此良時，願與諸人共之。」—與祝希哲（索酒）（註五）

佳醪可釀，良時可再，唯不知知友，何處可尋；枝山眼中，不知不覺地，籠罩起一片模糊。

某次，祝枝山正縱筆疾書，一陣剝啄聲起，未幾，伯虎家僮抱鵝而入。原來並非索酒，而是仿山陰道人故事，以一隻紅掌白鵝，換取黃庭經卷。信中特別註明：

「……此山陰道士平時珍惜者，敬獻庖廚，以供匕箸。……」—與祝希哲（贈鵝）（註六）

看來，這鵝遠不如王羲之從道觀中提回來那籠鵝那樣幸運；留著守門、驅蛇、諦聽叫聲，或從鵝頸扭轉、鵝蹼划水之勢，尋求用筆落墨的靈思。枝山道士，大可以藉牠佐白酒，解饞饞而無愧。好友之體貼，使這位才子書家，有種說不出的溫暖。札尾，伯虎以一種亦莊亦諧的口吻寫：

「……但黃庭幾卷，不識肯為繕寫否？僕恐所與者薄，而所求者奢；得勿對之頻蹙耶？」

另一封信，祝枝山至今仍壓置案頭。

伯虎敍述其行經吳縣署前所見的景象：

一個被枷示衆的和尚，據地而坐。光禿的頭頂，在方形木板的襯托下，顯得奇特，令人發噱。伯虎近前一看，乃是虎邱山的和尚。邑令欲採虎邱山的茶葉，只因督工的差役需索無應，惱羞成怒，竟向縣令進讒。不但打了和尚三十大板，更要枷號示衆。

在伯虎感覺中，這實在是小題大作，而且是殘民以逞的行徑。乃提筆在枷板上題了首七絕：

「皀隸官差去採茶，只要紋銀不要賒；縣裡捉來三十板，方盤托出大西瓜。」（註七）

不僅這封手札，見者大噱，據說這首詩，更使當時的縣令，又尷尬，又惱恨。

類此，伯虎路見不平，或以金錢，或以膽識和機智，解人之危，恐怕也是他招忌，得禍之由吧？

△　　　　△　　　　△　　　　△

唐伯虎僅存的幾篇墓誌銘和壙志中，以其亡侄唐長民壙志，最爲沉痛，讀之令人酸鼻。

長民殤時，年止十二歲；他是伯虎、唐申兄弟二人希望之所寄，唐氏宗祧之所賴。伯虎一字一淚地寫：

「自曾大父迄先府君，無有支庶，余又不育：曁有此子也，兄弟駢肩倚之。」（註八）

在這種深沉絕望之中，他不能不懷疑所謂天道的公正性：

「昊天不聰，剪我唐宗，冤哉死也斯童！兄弟二人將何從，維命之窮！」

伯虎這篇途窮之哭，和祝枝山的「示續」家書一樣，充滿了痛苦與無奈。

由祝枝山撰稿，王寵所書的「唐子畏墓誌并銘」中，有關唐氏後代問題，只有「配徐繼沈，生一女」，寥寥數字而已。

「子畏死，余爲歌詩往哭之慟。將葬，其弟子重請爲銘；子畏，余肺腑友，微子重且銘之！」

「子重名申，亦佳士，稱難弟兄也。」

對唐伯虎僅有的弟弟唐申，祝枝山也止於文首和文末；以數語帶過，並未言及香煙之承繼。

伯虎逝世後二十年，暮春，桃花塢中，又是落英繽紛時候。有位自稱爲「唐紹宗」的二十三歲青年，寫了一篇「遺命記」（註九）。記中，略敍伯虎兄弟的家世、生平；和「唐長民壙志」、「唐子畏墓誌并銘」所記，頗多符合。

唯據他表示，天道難測，盛衰相襲，循環快速，一如波瀾之起伏：唐伯虎慟哭長民殀折，大嘆命之窮後的第十三四年，唐申竟連生兩兒：「兆民」和「阜民」。

伯虎辭世時，兆民僅三歲，其父唐申，當即命他承祧伯父，命名「紹宗」，改以「兆民」爲字。

這兩個對伯父崇敬、懷念，對父親承歡孝敬的男孩，逐漸長大成人。到了嘉靖二十一年九月，病入膏肓的唐申，忽然把兩個兒子招至榻畔，表示他要把伯虎「唐長民壙志」中的幾句銘語，加以更正：

「昊天是聰，不剪唐宗，今有二子，以送我終；兄有兆兒，予有阜童，泉臺含笑，爾我何窮！」

高齡六十七歲的唐申，據說言畢竟大笑而逝；臉上想必留下一抹感恩和滿足，無愧於地下先祖和長兄的神情。

青年唐紹宗的這篇告白，對宗祧乏人難以釋懷的唐伯虎，可能是一個很大的安慰；但其中似乎也頗多疑竇：

伯虎生命末季，倘然已經添了兩個胞侄，應屬家族盛事。揆之情理，唐申既不會於伯虎逝後，始命其紹宗，任伯虎含恨以歿，枝山於墓誌中，似亦不會隻字未提。

長民壙志中，謂葬之于「城西五里晉昌舊阡場之穴」。

枝山撰墓志中，明指伯虎之墓「在橫塘王家村」。

「遺命記」則一方面謂葬其父唐申「于城西晉昌祖隴之次」，一方面獨指其伯唐伯虎「葬於北城桃花庵次」。晉昌舊阡，或許就在橫塘王家村，枝山葬伯虎於橫塘的說法，似應無庸置疑。

但，康熙年間，閶門內居民，又在桃花塢故址，掘到嘉靖三年赴任的，蘇州知府胡纘宗所書的唐寅墓碑，就益發使人迷惑了。胡太守與祝枝山，杖履相接，唱酬頻繁，祝氏集中，有詩可考（註十），伯虎佳城，太守豈能不知？

遺命記和太守所題墓碑的出現，非但無法解答這位風流才子寂寞身後事的謎底，反而造成更多的猜測。所以，到了清嘉慶四年，湖南善化唐仲冕調爲吳令時，欲修唐寅墓，只好橫塘、桃花塢兩處皆修，以免遺漏。欲刻六如居士詩文集、整理唐氏譜系時，明知「遺命記」疑竇頗多，卻仍然附錄集中；他的看法是：

「……然過而廢之，寧過而存之。」—重刊六如居士集敍（註十一）

△　　△　　△　　△

「言爲心聲」、「詩以言志」：如果從這一角度來看文徵明（甫田集）中嘉靖三年的詩作：「元旦朝賀」、「進春朝賀」、「恭候大駕還自南郊」、「慶成宴」……（註十二）字裡行間，雲淡風清，波平如鏡，彷彿他已經成了老京官、閒翰林那樣，習慣於五更入朝、金殿值夜、丹墀謝恩、禮部賜燕……

在這平靜的表面下，另有一股心靈中的暗流，激蕩成深藏笥中，「不足爲外人道也」的「懷歸」心曲。

「仙音縹緲協和鸞，天上春回白玉闌，日出雞人齊唱卯，雪消風伯為驅寒。萬方玉帛看王會，一歲儀丈（？）重履端，滿目昇平題不得，白頭慚愧直金鑾。」—元旦朝賀（註十三）

「潦倒江湖歲月更，晚將白首入承明，五更幾騖長安馬，百囀初聞上苑鶯。北土豈堪張翰住？東山常繫謝公情：不須禮樂論興廢，畢竟輸他魯兩生。」—潦倒（懷歸三十二首之一）（註十四）

如果，把這兩種不同的心靈脈動，加以比並吟哦，倒也頗堪玩味。

事實上是，從嘉靖三年春天起，「議禮」，這個沉寂將近兩年的火山，即發出一陣陣懾人心絃的震撼，隨時有岩漿爆發，上衝霄漢的趨勢。

第一聲春雷，來自名不見經傳的南京刑部主事桂萼。

正德中葉，桂萼以進士起用爲丹徒縣令。其人性情剛烈，好使氣，無論上官下吏，都難以與之相處。一再改調的結果，於嘉靖初年，遷爲南京刑部主事，和被調離帝都的主事張璁，同署共事，相得甚歡。

對於始自正德末歲的大禮之議，兩人抱持著同樣的看法，認爲嘉靖皇帝繼統不繼嗣；

他並非孝宗的養子，和宋英宗趙宗實，自幼便被仁宗過繼宮中的立場不相一致。不能因繼承明朝的君位，便斷絕了與興獻王間的父子倫常，使孝宗后—慈壽皇太后的地位，壓於興國太后之上。在張璁的誘導和鼓勵下，桂萼於嘉靖二年十一月上疏，想改變廷臣的前議，請皇帝速發明詔：稱孝宗爲「皇伯考」，興獻帝爲「皇考」，別立廟於大內。正興國太后之禮，定稱爲「聖母」。這封奏疏，於三年正月上達闕下，使嘉靖皇帝母子兩年來的抑鬱心情，爲之一振。一面下詔廷臣會文武百官集議，隨又以特旨，召能夠順承旨意，輔助他達成尊崇父母心願的桂萼、張璁火速進京。以他們對大禮的立論，敏捷的辯才，面質廷臣，展開一場決定性的論戰。

在這場即將發動大論戰的陰霾下，最具政治實力的大學士楊廷和，在十八歲青年皇帝的眼中，勢必成爲達成心願的主要障礙；因此，楊廷和的去留，也就成了這場政爭的勝負關鍵。

楊廷和去職的導火線，爲皇帝聽中官獻議，遣官督導江南織造的事：

由於一次又一次的風災和雨災，江南已經連年不登，哀鴻遍野。太監們卻以設立在蘇州和杭州的江南織造廠，生產不力，品質不佳，主張派遣專使，前往督催。憲宗成化年間所遣採藥使，以及督導織造的中貴們，在江南巧取豪奪，爲患民間和官府的景象，立刻浮現在人們的眼前。正德末葉的兵禍未復，嘉靖改元後的天災正深；所以無論工部、各部給事和監察御史，都認爲江南人民，實在難以再承受這番蹂躪。但青年統治者卻以此係前朝舊例，執意派遣專使；僅僅傳旨告戒所遣官吏，不得縱肆擾民而已。

此際的皇帝，對楊廷和的功勳亟思酬報，對其個人，依舊恩禮有加：封伯爵、加歲祿，廕世襲四品京職……但，楊廷和已經感覺得到，他的政治理想，終將無法實現。懇辭一切封賞之外，他不得不像林俊尚書那樣，以悲壯沉痛的心情，向青年君主攤牌：

「臣等與舉朝大臣、言官言之不聽，顧二三邪佞之言是聽；陛下能獨與二三邪佞共治祖宗天下哉？且陛下以織造為累朝舊例，不知洪武以來何嘗有之？創自成化、宏治耳。憲宗、孝宗，愛民節財，美政非一，陛下不取法，獨取法其不美者何也？即位一詔，中官之倖路，絀塞殆盡，天下方傳誦聖德，今忽有此，何以取信……」（註十五）

在老臣絕望，年輕君主急於達成追尊大典的情形下，楊廷和於嘉靖三年正月，桂萼、張璁相繼上疏未久，黯然出京而去。給事、御史，奏請慰留廷和的章疏，皇帝一概留中不報。文徵明、黃佐、薛蕙等翰林苑好友，對此更是悵然若失。

在元老重臣紛紛求去，桂萼、張璁指日進京，朝政遠景一片混亂茫然之中，文武衆官，忽然談起先朝奸黨馬順的故事：

明英宗正統十四年秋八月，太監王振，導帝北狩，遂有土木堡之變，英宗爲額森所擄。皇太后命郕王朱祁鈺監國，議戰守之策。一日郕王攝朝，群臣義憤難平，請誅王振九族，王振餘黨指揮馬順，依舊氣燄萬丈地喝叱群臣退下。給事中王竑，則一把捽住馬順頭髮大罵：

「汝倚振作威，今尚敢爾邪！」（註十六）

於是衆官群起，捶擊踐踏，立斃馬順。郕王也以衆怒難犯，在于謙的勸說下，降令旨獎諭百官，指馬順罪有應得，擊殺者勿論。

嘉靖三年自春至夏，在極度不安的等待中，都衆洶洶，多欲於桂、張入都之時，重演一次馬順的故事。

註一、〔祝氏詩文集〕冊中頁七六〇、〔唐伯虎全集〕漢聲版頁三〇七。

二、〔祝氏詩文集〕冊中頁一〇四八。

三、〔祝氏詩文集〕冊上頁六一四、〔唐伯虎全集〕漢聲版頁三〇七。

四、〔祝氏詩文集〕冊中頁九七八。

五、〔唐伯虎尺牘〕頁二五。

六、〔唐伯虎尺牘〕頁二四。

七、〔唐伯虎尺牘〕頁二八。

八、〔唐伯虎全集〕水牛版頁一八九、漢聲版頁一六〇。

九、〔唐伯虎全集〕漢聲版頁二七一。

十、〔祝氏詩文集〕冊中頁七五八－九。

十一、〔蘇州府志〕頁一七八一「名宦四」，「唐仲冕」條、〔唐伯虎全集〕水牛版序頁七、漢聲版序頁七。

十二、〔甫田集〕頁二五五—七。

十三、〔甫田集〕頁二五五。

十四、〔穰梨館過眼錄〕册二頁七一二。

十五、〔明史〕頁二〇三七「楊廷和傳」。

十六、〔明鑑〕頁一八〇、〔明史紀事本末〕頁二三六「景帝登極守禦」。

第六十七章　夢醒

嘉靖三年春天的北京，雖然充塞著一種「山雨欲來」的壓迫感，但寒艷照人的桃、杏，在籬邊綻放，柔嫩的垂柳迎人款舞之際，也別有一種嫵媚。撇開朝政所帶給人的種種焦思和憂慮，文徵明寂寞抑鬱的情懷，也像北地冰雪般逐漸溶解開來。

二月初旬，偶然得到一些佳紙，他把它接成一幅丈四的長卷，依著王維「桃源行」的詩意，畫起「桃源別境圖」來。這卷春天所寫的春景，著色古艷，山水重疊，繁桃細柳間，點綴著酒肆漁邨，彷彿置身武陵源中，有不知今世何世之感。畫成於二月十日，隨即爲好友民望持去。數年後，民望再度持以索書；但那時的他早已遠離帝都，回憶前塵，再看看畫中景色，心中感慨，無能言喻。遂爲之以小行楷補書王維的「桃源行」，並鈐以「玉蘭堂」朱文印（註一）。

二月末，鄉友鄭正叔來訪，談及家鄉風物。渴思蓴鱸的文徵明，拈筆揮灑起眼前景色。錯錯落落的山水樹石，茅蔭下幽人的綿綿清話、院前挺直得有如擎天之柱的孤松…畫後粘壁自視，構思、落墨，雖然無異往昔，氣氛境界則大爲不同；也許可以留作他日回想或對照吧。

「燕山二月已春酣，宮柳霏微水映藍，屋角疏花紅自好，相看終不是江南。甲申二月晦日，鄭正叔偶訪小齋，坐語家山風物，寫此寄意。」——燕山春景圖并題（註二）

同樣畫題的山水共有兩幅，詩也相同，所異者，另幅下款只寫「甲申二月徵明畫幷題」，畫後有彭年七絕一首（註三）。

文徵明流傳下來的作品中，「蘭亭修禊圖」，款署「嘉靖三年春三月既望，衡山文徵明書於玉蘭堂」（註四）；應是他在首都度過第一個暮春所留下的泥鴻吧？

崇山峻嶺、茂林修竹、亭中振筆疾書的王逸少、列坐於清流兩岸，一面取觴而飲，一面尋求靈思的文人雅士…立軸的右上角，楷書王羲之傳誦千古的「蘭亭集序」。不過這幅作品，有人評爲行筆滯弱，並未達到他往日應有的水準；有人因署「書於玉蘭堂」，而懷疑其眞實性。

文徵明蘇州停雲館之「玉蘭堂」，起於何時，無法確知。正德三年五月，文徵明爲黃雲所畫「米法雲山圖」卷後，書其近作二十三首；最後一首，即「詠玉蘭花」：

「孤根疑自木蘭堂，怪得人呼作女郞，繞得春風憐謝傳，一天明月夢唐昌。冷魂未放淸香淺，深院誰窺縞袂長，漫說辛夷有瓜葛，後開應是娩穠粧。」（註五）

淸香、淡雅、引人遐思；他對玉蘭花的喜愛，躍然紙上。

「進卿自金陵來吳，顧訪玉蘭堂，題贈短句，徵明。」他在贈金陵好友楊進卿的「飛鴻雪跡圖」上題（註六）；時爲正德十二年。而嘉靖三年，人在金臺寓所，書畫中卻寫作於「玉蘭堂」，是以令人不能無疑。

△　△　△　△

春天郊祀後，早朝已畢，文徵明眼見青年天子在儀仗和翠旂前導下，駕幸文華殿聽

文徵明　蘭亭修禊圖

講。覺得這是天子求學、求治，朝政將日趨清明的跡象。眞乃君臣之間千載一時的明良際會，心中感到無限欣喜：

「…小臣漫廁夔龍後，彷彿還瞻日月光。」他在「觀駕幸文華聽講」七律中寫。（註七）

接著，他參與了兩次郊祀禮後的慶成宴。管絃悠揚，身著禮服佩戴宮花的百官，雍容華貴地集聚在玉殿東側。一聲節響，穿著錦衣的中官們，紛紛從御廚裡捧出難得一見的珍饈。嘉靖皇帝意氣風發，殷勤地宣旨勸飲，禮數極爲周到。天恩眷顧下的群僚，莫不盡興開懷，在落日餘暉中相扶醉歸。一向拘謹守禮的文徵明，也不禁陶然而醉，在「慶成宴」中，抒寫當時的感受：

「…一代禮成郊社後，百年身際太平中；晚酣不記歸來處，彷彿春光玉殿東。」（註仝上）

到了四月，爲了大禮之議，與皇帝、張璁、桂萼主張不合的言官和大臣、獲罪的獲罪，去位的去位，一時都下人心危疑，中外洶洶。朱厚熜見群臣所議既然和己意不合，索性直接敕禮部，尊生父興獻帝爲「本生皇考恭穆獻皇帝」，尊生母爲「本生母章聖皇太后」。出人意外的是，這位以外藩入繼大統的皇帝，依然維持了以孝宗爲「考」的前議：

「朕於正統不敢有違，而所生至情亦當兼盡。」（註八）

從嘉靖皇帝這道手詔來看，以前林俊、楊廷和及文武百官所主張的稱孝宗爲「皇考」，稱興獻王、妃爲「皇叔父」、「皇叔母」，而不宜稱「帝」、「后」的原則，是無法維持了。但不管如何尊崇其本生父母，只要能延續孝宗皇帝的宗祧，群臣百姓也就釋然於心；因爲他們實在不願見到有明以來，少有的仁民愛物的賢君，香火就此中斷。

當嘉靖皇帝遣使前往湖北安陸州（承天府）告祭興獻帝陵園時，文徵明鄉友太常寺周德瑞，也在派遣之列。朝中鄉友紛紛賦詩，以壯行色。衆人以德望、學術，共推文徵明爲「送太常周君奉使興國告祭詩敍」（仝前註）藉著這個機會，文徵明首次正式表達他對大禮之議的看法。

在他的感覺中，太傅王鏊所設想的兩全之法；尊本生父母爲「興獻皇」、「興獻后」，使其既受到特殊的尊崇和榮耀，又冠以藩國之名，而有了一定的分際。文徵明認爲，幾位大臣爲爭禮而相繼引退，是想盡其義所當行的職責。皇帝惓惓不忘所生，是想盡一份人子的孝意。而天子手勅中的尊所生爲皇帝，以孝宗爲「考」實在也算「禮」、「孝」兼顧的折衷辦法，他認爲長達兩三年來的爭議，到此該圓滿落幕了。

藉送周德瑞的筆墨，他甚至覺得有向歷史作一個交代的必要：

「……始禮之舉也，時多異議，而君子或不能無疑於其間，故余於此深論其事，以備他時折衷云。」（仝前註）

不過，一些朝中有經驗的大臣，並不像文徵明那麼樂觀，如戶部侍郎胡瓚等，知道夜長夢多，事情恐怕仍有變數；所以趕緊上言，表示大禮既定，爲了安定人事，使各盡職守，已經應召尚未到京的席書、方獻夫，張璁、桂蕚等，宜下詔止其來京，急速返回原來的崗位。

侍郎席書、員外郎方獻夫，在大禮之議展開後，各自寫了一封奏疏；他們的主張，和張、桂二人相近。但因「繼統不繼宗」的主張，爲北京朝臣斥爲異端邪說，所以未敢貿然上奏。其後在張、桂二人鼓勵下，遂由桂萼於前一年十一月幷錄席、方奏疏以聞。因此席、方二人也在徵召入京之列，大大增加了這一派主張的聲勢。

除胡瓚等上言外，朝中也有些人上疏請治席、方、張、桂以應得之罪的。

文徵明好友薛蕙，則上所撰「爲人後解」、「爲人後辨」等，闡明嘉靖皇帝「繼統繼宗」所應有的禮節和義務；企圖以洋洋數萬言的論辯，開悟君主。並駁斥張、桂等論調。結果，上言者，多遭下獄；使一度鬆弛的局勢，又趨緊張。

△　△　△　△

端節前後，奉召晉京的張璁和桂萼，行色匆匆地到達安徽北部的鳳陽縣。館驛中，不但從邸報得知嘉靖皇帝四月所下追尊大禮的勅命，也接奉到停召的朝旨。大失所望之餘，二人心中也立刻明白，這是一干朝臣爲了怕他們入京面質所採用的策略。表面上看，勅命中皇帝已爲父母爭取到「帝」、「后」的尊號，但前面既已加上「本生」字樣，又以孝宗爲「考」，如此，天下後世，仍然會認定嘉靖皇帝爲孝宗之子。於是急忙上疏：

「臣知『本生』二字，決非皇上之心所自裁定，特出禮官之陰術；皇上不察，以爲親之之辭也。不知禮官正以此二字爲外之之辭也；必亟去二字，繼統之義始明，而人心信從矣。」（註九）

疏入皇帝手中，朱厚熜一再思忖，連自己也覺得給禮部勅中留下了甚麼漏洞，或中了禮官的圈套；於是就更急著召張璁、桂萼入京。面質群臣，一舉了結大禮之議，同時也許可以順利達成自己的另一樁心願；在奉先殿側，修建一座「觀德殿」，使亡父的神主，也能從安陸州迎入大內，以盡孝思。

另一方面，大小朝臣和都中民衆，聽說皇帝不聽勸諫，再度詔命二人進京，多欲倣效前朝擊馬順的故事，以無可抗禦的正氣，斃之於廷。三朝元老，謹身殿大學士蔣冕，更公然在帝前表示，二人若來，必撲殺之；但朱厚熜依然不為所動。為父母的尊榮，他似乎把國家的禍福，乃至自己的皇位，一概置之度外。遠在三年前，即位之初，母后自興國來，母子相會於通州，知道朝議要他過繼給孝宗時，這位興國王妃就怒容滿面地表示：

「安得以我子爲他人子！」（註十）並且，駐蹕通州，拒絕入京。朱厚熜聞言而泣，隨即向慈壽太后（孝宗后）表示，他願意避位歸藩。

群臣唯恐十五歲的少年君主，眞的去位歸藩，才應承由內閣研議，稱興獻王、妃爲「興獻帝」、「興獻后」，接著，竟連年爲繼宗繼統的問題爭論不休。多少幹練廷臣，不怕獲譴、寧願掛冠求去，也不願曲順他的旨意。當時的觀政進士張璁，則在爭議初起之時，以所著「大禮或問」上，爲他開啓了處理大禮之議的理論根據。此際，當年被迫調往南京的張璁，即將去而復來，且與桂萼、席書、方獻夫等，相互媒介。朱厚熜看得出廷臣對這股結合而至的力量，心懷忌憚；據他暗知，張璁引經據典的議論一出，連退隱江南的大學士楊一淸，也以其立論堅實，無懈可擊，寄書給他門人—現任吏部尙書喬宇說：

「張生此議，聖人復起不能易也；恐終當從之。」（註十一）

現在，這股支持他的力量，正逐漸接近都門；必要時，大學士楊一淸也會應召出山。此老不但嫺於邊務，更能襄贊大禮；思及於此，在焦慮，等待的紛亂中，朱厚熜的心緒，也爲之穩定下來。

六月，〔武宗（正德）實錄〕修成，嘉靖皇帝賜燕禮部，參與纂修工作的文徵明，再度於詩中表達天恩的深厚：

「北府書成奏尚方，南宮拜詔許傳觴，靑春照坐宮花麗，瑞露浮樽法酒香。邂逅鸞臺修故事，遂令牛走被餘光，濃恩恰似朝來雨，散作槐廳六月涼。」—實錄成賜燕禮部

不過這時，與修實錄的翰林們，對兩三年來辛勤的成果和皇帝的賞賜，內心似乎並沒甚麼欣慰可言。徵明詩中的「濃恩恰似朝來雨」，恐怕也只是應時應景的表面文章。多日來，翰林們的臉上，時常流露出一種無可掩飾的忿懥不平之色。

大約五月下旬晉京的張璁和桂萼，可能對朝官和都衆對他們的仇視，早有耳聞。所謂先朝馬順故事的重演，也喧騰人口；因此入都之後，都盡量小心規避，以免節外生枝。桂萼躲藏在寄寓之中，懼不敢出；張璁過了數日之後，始往宮中朝見。步出皇宮時，唯恐遭人伏伺，趨出東華門，藏匿武定侯郭勛家中。郭勛是開國元勳贈「榮國公」郭英的六世孫（一云五世），大概想從這場議禮之爭的漩渦裡獲取富貴，因此喜出望外，和張璁約爲內助。

張、桂二人，除了防備都人擊殺外，給事中張翀等，更連章彈劾張璁、桂萼、席書、

方獻夫議禮的缺失，及其相互勾結情狀，請正其罪。章下有司之後，張翀彙送刑部；刑部尚書趙鑑，當即列舉張璁等罪狀上奏。趙鑑與張翀並私下計議，只要一得到諭旨查辦，便立刻以迅雷不及掩耳之勢，將四人加以撲殺。

不過，這些風聲，均爲宮廷耳目所探聽；朱厚熜覺得必須爲幾位心腹之臣，安排一個安全的職位，並便於計議、發起對朝臣議禮的各種反擊。因此，除依前令命席書代禮部尚書，扼制朝議之外，特命張璁、桂萼爲翰林學士，方獻夫爲侍講學士。翰林學士位居清要，接近朝廷。應有一定進身的管道；張、桂等，以主事、員外郎，驟履斯職，使翰林們覺得是對翰苑的一種污辱。給事御史李學曾、吉棠等上言：

「璁、萼曲學阿世，聖世所必誅；以傳奉為學士，累聖德不少……」（註十三）

吏部尚書喬宇也力爭：

「內降恩澤，先朝率施於佞倖小人，士大夫一預其間，即不為清議所齒；況學士最清華，而俾萼等居之，誰復肯與同列哉！」（註十四）

由於文徵明不是出身科目，曾受過某些翰林之排擠，對此不便置喙；但因張璁前在永嘉，受到溫州公的識拔，而其爲人所不齒如此。如今更在翰林苑中，朝夕相對，心中困窘，實在不難想見。

好友楊慎，則率修撰舒芬、姚淶及編修張衍慶等上言：

「君子小人不並立，正論邪說不並行；臣等所執者，程頤、朱熹之緒也，萼等所言者，冷褒、段猶之餘也；學術不同，議論亦異，臣等恥與萼等同列。」（註十五）

朱厚熜見疏大怒，對楊愼等人，一律罰俸，以爲懲誡。

而有關大禮之主張與是非，兩派間更已章疏交加，展開一場殊死的論戰。持「繼統繼宗」論者，指張璁等爲異端邪說，阿諛取寵，亂臣賊子，人人得而誅之。後者則指前者，曲解歷史眞象，破壞倫常、欺罔聖上，使皇帝成爲無父之人。

到了七月，嘉靖皇帝似乎已經下定決心，採納張璁等獻議，於興獻帝、后尊號上面，除去「本生」二字。群臣於駭愕之餘，立刻意識到，皇帝也必然改稱孝宗爲「皇伯考」；如此，則一代賢君將宗祧無嗣，大宗因而不繼。急切間，吏部右侍郎何孟春，想到憲宗朝的一樁故事：

明英宗有兩位皇后—錢后和周后。憲宗朱見深爲周后所生。英宗大漸時，曾遺命待錢后千秋萬歲後，與之合葬。憲宗唯恐引起生母周太后的不快，錢太后崩時，有意不依父命，另外下葬。群臣多人上諫不聽，因此以死爭之心，伏哭於文華門外，自巳至申前後跪哭達四個時辰之久，憲宗與周太后，無不爲之感動，終允所請，群臣高呼萬歲而去。

何孟春議論一出，衆大臣深覺有理，事關國統大體，只若以大公之心，堅持力爭，皇帝將終爲所動。

楊愼則說：

「國家養士百五十年，仗節死義，正在今日！」（註十六）

給事中張翀、編修王元正大呼：

「萬世瞻仰，在此一舉，有不力爭者共擊之！」（註十七），並遮留散朝未返的六部九卿，大小朝臣兩百二三十人於金水橋南。一起跪伏於左順門；有些人，一面哭一面大呼高皇帝和孝宗皇帝。

這時，崇信道教的嘉靖皇帝，正齋居文華殿中，聽到呼聲，趕緊命中官曉諭群臣退下；衆官則依舊跪伏呼叫不去。

兵部尚書金獻民表示，身爲輔政大臣的，尤其該據理力爭，以免功虧一簣。於是宏治九年狀元，禮部侍郎朱希周，趕緊到內閣找毛紀、石珤一起來跪倒左順門下。當朱厚熜再次遣中官諭退無效，請命行動已由辰至午，延續了將及三個時辰。

逼人的暑氣、無休無止的呼叫、越聚越多的臣僚…朱厚熜怒火中焚，下令司禮監錄下諸人姓名，遣錦衣衛逮捕爲首者張翀等八人入獄。

這景象，既不像郕王攝政時代的馬順故事，也不像憲宗時代哭諫錢太后葬禮故事，眼見並沒有郕王的容忍、憲宗和周太后的感動。目下，這位來自外藩的青年統治者的作爲，倒令人不由得想起正德初年，八黨用事，劉瑾擅權，劉健、王鏊等一干大臣，集左順門請除八黨故事的重演。

楊愼見多人被逮，乃和幾位翰林撼門大哭。兩百餘人。想到正德以來的種種乖謬措施，不斷地發生變亂，國脈大喪；那知蕣政方除，力圖化治，大禮之議卻糾葛無已…也隨之痛哭起來。震動廷闕的號哭聲，益發激怒了青年皇帝。於是，大舉逮治、繫獄、待罪、廷杖、戍邊、奪俸…種種酷刑和處分，不一而足；兩百數十位衣冠縉紳，鮮少倖免。單是死於杖下者，如翰林王相、王思等，便達十九人（一說十六人）之多。

楊慎則於兩次受杖之後，謫往雲南永昌衛充軍；一代才子，也就這樣埋沒下來。

文徵明平日勤於職務，早朝幾乎無日不往。只因偶然跌傷左臂，請假月餘，左順門的那場狂瀾，幸未波及；但也因而徹底喚醒了他的爲宦之夢；他嘆息著說：

「吾束髮為文，期有所樹立，竟不得一第，今亦何能強顏久居於此耶。況無所事事，而日食太官，吾心真不安也。」（註十八）

註一、〔式古堂書畫彙考〕册四頁四九二。
二、〔式古堂書畫彙考〕册四頁四九三。
三、〔故宮書畫錄〕册三頁三六八。
四、〔吳派畫九十年展〕頁一一二「文徵明蘭亭修禊圖」。
五、〔文人畫粹編〕册四頁一六七。
六、〔文徵明書畫簡表〕頁二三。
七、〔甫田集〕頁二五六。
八、〔甫田集〕頁三九一「送太常周君奉使興國告祭詩敍」。
九、〔明史紀事本末〕頁五〇八「大禮議」。
十、〔明鑑〕頁三四三。
十一、〔明史〕册五頁二一三四「楊一淸傳」、〔明史紀事本末〕頁五〇八「大禮議」。
十二、〔甫田集〕頁二五七。

十三、〔明史〕册五頁二一〇七「張璁傳」。

十四、〔明鑑〕頁三五〇。

十五、〔明史紀事本末〕頁五〇八「大禮議」。

十六、〔綱鑑日知錄〕卷十頁三。

十七、〔明鑑〕頁三五。

十八、〔甫田集〕頁八九八，文嘉撰「先君行略」。

第六十八章　遊苑懷歸

嘉靖三年七月哭門事件發生後，到嘉靖五年十月蕭然離開北京兩年多期間，文徵明的心似乎早已離開了北京：

馬上聽雞，痳木地上朝、下朝、玉堂值夜、到史館中工作、一次又一次地上乞歸奏疏……

由於決心歸老江南，反倒對都下勝景，有種說不出的留戀；禁苑、西山到處遊覽，回到寓所之後，再憑著回憶，紀之以詩。在未來的山陬水涯，面對漁樵閒談起來，豈不像夢境一般！

許許多多因議禮、哭門事件、諫阻遣使督辦江南織造等，忤張璁、桂萼乃至當今天子的臣僚，致仕、左遷以及充軍的不可勝數；單是長洲和吳縣的鄉友，就有多位。長亭餞別，寄詩慰籍，成了文徵明日常生活的主要部份。心中的感受，也特別強烈。他們不僅滿懷忠義，有的更是不可多得的一代奇才，對國家社會，立有不世之勳。此番離去，有些不啻生離死別，相逢無日。展望未來朝政，無不唏噓嘆息。

此外，就是日日夜夜地懷歸思鄉。尤其病中，長夜漫漫，石湖、橫塘、竹堂寺、奉天寺、東禪寺⋯許許多多與好友共同度過的歲月，紛紛在眼前浮現。有時，他不得不摸索著，燃起燈火，拈筆寫下夢裡的詩篇。

吳爟、伯虎、王鏊、都穆、叔父文森、岳父吳愈等好友及長親過世的噩耗，先後傳來，使他心如刀割。即使僥倖還鄉。他也無法想像那種形單影隻，恍如隔世的悽涼與孤獨。

△　△　△　△

回想〔武宗實錄〕纂修之際，文徵明初進翰林院，由於不是出身科目，頗受某些翰林的羞辱和排擠。

但，不久之後，他得自叔父文森、故尚書吳寬、太傅王鏊的史學培育；修〔吳郡志〕，寫傳記、行狀、墓誌銘等多年的鍛鍊，以及其獨特的才識與文筆，使他不僅漸爲同儕肯定，也受到楊廷和、吳一鵬等主其事者，甚至嘉靖皇帝的器重。只是，嘉靖三年秋天，〔武宗實錄〕修成之後，接踵而至的狂風暴雨—左順門事件，掩蓋了實錄告成的賞賜和應有的喜悅。

哭門事件後，參與者遭遇到杖死、入獄、免職和放逐，翰林院給人的感覺，已是滿目瘡痍。多年培植出來的人才，也摧殘殆盡。翰林們對張璁、桂萼、方獻夫等人的敵對與仇視，更加深了它的陰霾和詭譎。

到了四年春天，嘉靖皇帝詔命纂修其父「獻皇帝」實錄，大學士費宏奏請：

「獻皇帝嘉言懿行，舊邸必有成書，宜取付史館纂修。」（註一）朱厚熜當即嘉納。採用興國舊邸成書，一則在史料搜集上減少很多困難，再則，也減少了許多可能發生的爭議和風險；預料實錄纂修，必可順利完成。

在前述背景與時機下所進行的〈獻皇帝實錄〉纂修工作，無論文徵明狷介耿直的性格，因禍得福地未捲入議禮和哭門的漩渦，以及其精深的史學造詣，都使他成為一個頗受矚目的修史者。

實錄未成前，嘉靖皇帝端午賜扇；扇由剡藤、湘竹巧製而成，上有天子宸翰，讓人尤感珍貴。

再賜長壽綵縷；受賜者跪伏在金水橋邊，五色光華的文繡，結成雙螭形，披掛在臂間，儀式隆重。文徵明對這些尚方之賜，一一賦詩謝恩（註二）

五年六月，〈獻皇帝實錄〉五十卷、〈寶訓〉十卷成，皇帝先後兩次頒賜銀幣，另有五色絲織成的繡花衣服一套。文徵明依舊獻詩，表達心中的感戴：

「流銀嘉幣上方琛，晝錫駢蕃雨露深；朽質何堪施綺縠，虛名元自愧南金。敢忘珍重酬千載，圖補絲毫有寸心；白髮茂恩何所自，三年供奉忝詞林。」—再賜銀幣（註三）

賦此詩時，正值文徵明三年考滿，右遷、致仕，全在一念之間。在感謝天恩浩蕩，「敢忘珍重酬千載」的同時，衡量個性與時勢，文徵明心中，迸發出另一種悲涼而低沉的音調：

「湖上鷗盟久已寒，年來歸計轉漫漫；忤懷祇覺官無味，作意那知退亦難。病起涼風秋漸索，夢回孤月夜成闌；負他黃菊東籬下，吹盡殘英不得飧。」—次韻繼子端祠部四首（四首之三）（註四）

大約修史、侍經筵滿二年之後，文徵明開始上疏乞歸。在此三年考滿的關鍵時刻，表裡兩種不同音調交織之下，後者依然佔著優勢；他的第三度乞歸的奏疏，也就在這時，遞入冢宰手中。

文徵明毅然決然地乞歸致仕，還有另外一些微妙的因素：

四年冬，因議禮獲寵升任詹事兼翰林院學士的張璁，似乎頗念溫州公文林的師生情誼，暗示只若徵明依附於他，必將爲其未來出處，多方照應；對此，文徵明當即率眞地加以辭謝。

五年夏五月，也正是文徵明三年考滿之際，家住丹徒的楊一清，由兵部尚書、三邊總制，入閣爲吏部尚書。朝官紛紛前往尚書府拜謁新冢宰，文徵明依禮不得不往；但已拖衍到衆官之後。這位面貌醜陋，胸懷大略的楊老尚書，對徵明的怠慢不免有幾分怪意，乃以父執長輩的口吻說：

「生不知而父之與我友耶？而後見我！」（註五）

徵明既不怕自己前程蒙上不利的陰影，也絲毫不顧老冢宰的顏面，直率地表示說：

「先君子棄不肖三十餘年，而以一字及之者，不肖弗敢忘也；故不知相君之與先君子友也。」

楊一淸久聞文林之子淸正不阿，但不知何以對自己肆慢如此。神色悵然了好半天，才緩緩地說：

「老誇甚愧見生，幸寬我。」

包括嘉靖三年臘月拜兵部尙書、總制三邊，楊一淸已三度總制三邊。宣府、大同守邊將領多爲其門生故舊，對安定邊廷，極具貢獻。

藉平安化王之叛，與監軍太監張永謀誅劉瑾，平定擾攘多年的中原盜亂，楊一淸爲腐敗已極的朝政，凋敝的民生，開拓了生機。

即使因得罪佞倖錢寧、江彬，致仕居鄉時，楊一淸也曾諫阻正德皇帝南巡蘇杭，及早回鑾，以免增加江南的負擔，防止可能萌生的動亂。

所以一時之間，這位一生安邦定國的老尙書，實在想不透，何由遭致以剛正篤學聞名，素未謀面的後輩的肆慢和窘辱。

無論在朝在野，文徵明一向賢名卓著。堅拒寧王之聘、拒收王府禮物、拒與中貴人往還、辭謝張璁和楊一淸的提拔等，均爲時人及後世所樂道。

興獻王追崇之議的是非曲直，難有定論。但，哭門事件，使人才凋零，衣冠喪氣，文武寒心；文徵明辭謝張璁的援引，心境易於理解。

楊一淸雖然肯定張璁立論，並寄書喬宇，預言張璁議論早晚必將採行；但拜相之後，也曾多方爲議禮獲譴的廷臣，尋求寬解；張、楊後來反目，不可不謂基因於此。

從這一角度看來，文徵明對畢生謀國利民的楊一淸的窘辱，難免予人有矯枉過正之感。

△　△　△　△

文徵明侍經筵、值宿內廷，西苑往往是由經之地；但只能算是匆匆走過，無法低徊流連。

仙姿綽約的芍藥，帶著晶瑩的冷露，泛出陣陣清香；給人一種遠隔凡塵，永不凋零的感覺。

從一片蒼松上，隱約露出的殿閣亭臺，是瓊華島上的廣寒殿；相傳為遼蕭太后遊憩之地。雨後的太液池中，閃動著淡淡的波光。

皇帝遊蹤清簡，馳道上面，已經長出青青的薜蘿。白鷗、彤牆，相互襯映。牆邊高柳，無人攀折，空自在微風中搖曳。金扇開處，偶然可以見到一二中官的歸騎。

四年四月中旬，文徵明官滿二載，去意已定，首次乞歸的奏疏，也已呈遞上去；心下反而感到幾分輕鬆。翰林院同官侍講陳魯南，曾任教於內書堂，時日久了，熟識守苑官王滿。四月十六那天，文徵明、陳魯南、修撰馬仲房、編修王繩武，便在守苑官引導下，飽遊嚮往已久的西苑。神宮秘府，形同天上，非平常人可能想見。不但充滿了神秘感，且唯恐良機不再，使文徵明一行人，更覺得珍惜，眼前的一點一滴，都不願意遺漏。

玄武門外的萬歲山，是大內的鎮山，氣勢高崇，樹木葱籠。此時繁花似錦，夏秋之際，則珍果纍纍；「百果園」，是萬歲山的別稱。從萬歲山西行，瓊華島赫然在目，碧波千頃的映襯下，廣寒殿有如海上的仙宮，格外引人遐想。林木亭臺間，傳說中遼太后鳳輦頻遊，仙樂縹緲，鳧雁佪翔不驚。文徵明不覺輕吟：

「…落日芙蓉煙裊裊，秋風桂樹露團團；勝遊寂寞前朝事，誰見吹簫駕綵鸞。」（註六）

歷經甕城中環轉如蓋的承光殿（圓殿）、瓊華島東北的水殿「龍舟浦」，一行人走進太液池東崇臺複殿，古木珍石錯雜參差的「芭蕉園」。園內的景物，文徵明並不陌生；〔武宗實錄〕成書之後，曾經在此焚燒史稿。

太液池西的「兔園」，以及兔園北邊的平臺，可能是文徵明一行此遊的終點。數年前，正德皇帝設威武團練營，嘗閱武於此，旌旗飛揚，炮聲不絕，使內苑形同戰場。平臺之下，有馳道可以走馬。曾幾何時，平臺、馳道已漸荒蕪。文徵明感嘆之餘，復賦七律一首：

「日上宮牆飛紫埃，先皇閱武有層臺，下方馳道依城盡，東面飛軒映水開。雲傍綺疏常不散，鳥窺仙仗去還來；金華待詔頭都白，欲賦長揚愧不才。」（註七）

然而，即使他有司馬相如之才，能賦出委婉而復令人爲之警惕的「長楊賦」（按即司馬相如上書諫獵），對先朝，或是當今，又會有甚麼裨益？

他在「西苑詩十首」後記中，寫出爲宦帝鄉的無力感與無奈：

「…而吾徒際會清時，列官禁近，遂得以其暇日遊衍其中，獨非幸與？然而勝踐難逢，佳期不再；而余行且歸老江南，追思舊遊，可復得耶！」（仝前註）

西山之遊，是文徵明寓居金臺期間的另一次壯舉。

二十年前，都穆遷南京兵部武庫司之前，曾於暮春及初冬，兩遊北京西山，著「遊西山記」上下篇，蘇州士林頗爲傳誦；因此，西山勝景也早爲文徵明所嚮往。

都穆遊山路線，先至西湖、功德寺，登玉泉山而返；十月再續遊香山及以建築雄麗著稱的碧雲寺。文徵明和幾位好友，出阜成門後，即直接放馬四十餘里外的香山，以兩日一宿期間，香山、碧雲寺、玉泉、西湖，反其道而行，一次完成了心中宿願。

一路上，在新春柳色和蘭若鐘聲之間，雖然數度迷途，停馬問路，但聽不完的鳥啼泉鳴，看不盡的峰巒起伏，備極春遊之樂。相對之下，都穆冬日之旅就艱辛多了；一路上道草枯黃，北風撲面，馬不肯前。一次次地痛鞭坐騎，才到達池水半涸，殘梗敗荷縱橫的「竹林寺」遺址。從這遼金時代廢墟，攀緣而上，則是香山永安寺。

文徵明一面馬上尋詩，一面想著都穆在猛烈朔風中痛鞭坐騎的景象；足見此公性情堅忍；但未免予人一種焚琴煮鶴的感覺。

從玉泉亭降至西湖，已經步上日暮歸程，文徵明對燕地風光留戀之餘，也驀然浮起思鄉情懷。他在晚風徐徐，群鴉亂飛的霞光下，低沉地賦出最後一首西山紀遊：

「春湖落日水拖藍，天影樓臺上下涵，十里青山行畫裡，雙飛白鳥似江南。思家忽動扁舟興，顧影深懷短綬慚，不盡平生淹戀意，綠陰深處更停驂。」－遊西山十二首（十二首之十二－西湖）（註八）

△　△　△　△

有人眼見朝政日非，無意繼續爲宦：也有爲情勢所迫，不得不乞骸骨，求保晚節；或因議禮忤旨，調職南都，投閒置散或遠謫邊關；在這一連串官堤折柳、長亭餞別的悲咽和慨嘆聲中，最使文徵明無法自己的，是好友錢元抑的還鄉、鄰友朱希周的調職南都、倡議哭門的侍郎何孟春的左遷，以及吏部尙書喬宇的致仕。

五十三歲的錢元抑，嘉靖三年，任官三年考滿，便急不及待地乞請致仕。算起來，這位吳越武肅王錢鏐的後裔，和文徵明由同里遊伴、庠序同窗，到同事於朝，已經有四十年的交往。

回憶徵明進京後的第一個中秋，幸有錢元抑等鄉友，同聚小樓翫月，才沖淡了那濃濃的鄉愁。當時，文徵明一面舉杯勸酒，一面朗朗吟道：

「樽前常願金波滿，天上誰憂玉宇寒；為語諸君須盡醉，不知來歲共誰看。」——中秋夜月元抑諸君小樓翫月（註九）

錢元抑南歸，約在嘉靖四年仲春。「爲語諸君須盡醉，不知來歲共誰看。」當時的詩句，即將化作形影相弔的孤獨與惆悵；對文徵明心靈的衝擊，似乎特別強烈。

離別前夕，他以五言絕句四首，抒寫懷抱：

「露下葛衣單，參差林影寒，依然殘夜月，不在石湖看。」四首之二（註十）

錢元抑爲太常寺典簿期間，曾屢次上疏，論道士不宜擔任職司禮樂，統和神人的太常卿、少。貪饕不法，屢遭論劾的太監蕭敬，不宜在皇帝左右。又搜集王振、曹吉祥、劉瑾幾名壞亂朝政的前朝太監資料，著「三患傳」，以開悟今上。他也議論追尊興獻王所用籩笠數目，應合於古禮。與其他辭官、被逐朝臣不同的是，錢元抑並未直接和張、桂等人衝突，也未忤及上意。朱厚熜遣大臣、貴冑前往安陸迎興獻帝神主時，錢氏被遣同行。禮成，並曾獲賜白金五十兩。當他表示堅決辭官後，嘉靖皇帝將他進官爲鴻臚寺丞致仕，以示榮寵。回蘇州草廬之後，性情淡泊，不事生產的錢元抑，恐怕也只能重拾舊業，絳帳課徒吧。

文徵明對錢氏南歸，眞是既羨慕又留戀，故鄉景物、好友的臉龐、一幕幕的往事，在眼前映現。連賦贈別詩七絕十首，字裡行間，充滿了濃情和感傷：

「少時同學晚同朝，一著輸君去獨高，落日黃塵回馬處，滿頭衰髮不堪搔。」（十首之七）

「舊遊何處石湖西，故友相思意欲迷，為語近來憔悴盡，日騎羸馬聽朝雞。」（十首之十）（註十一）

朱希周在蘇州的住所，和唐伯虎相鄰。宏治九年朱氏狀元及第，飄飛的旗影，使唐伯虎心有所感，乃閉戶讀書；兩年後，一舉中南京解元。不意卻在宏治十二年的禮部試，遭到一場冤獄，功名路途，到此斷絕；知道的人，莫不爲命運弄人，發出咨嗟。

然而希周仕途，也並非一帆風順，正德初，一度因忤劉瑾，被摘小疵而降職。正德末、嘉靖初，有長達五年的時間，在南京吏部，作個閒散無事的右侍郎。嘉靖五年召還爲禮部右侍郎，因此，議禮一起，便首當其衝地捲進政爭的漩渦之中。

哭門事件中，有人倡言「輔臣尤宜力爭！」朱希周立刻前往內閣，對武英殿大學士毛紀、文淵閣大學士石瑤說：

「群臣伏闕，公等能坐視乎？」（註十二）

於是兩位輔政大學士同往左順門，率衆大哭。當朝廷耳目探聽到上述情況，命希周待罪之際，朱希周非但拒赴上章聖皇太后册文大典，並上言爲哭門事件繫獄的同僚求宥；至是，這位狀元出身的棟樑之才，似乎已再難爲嘉靖皇帝所重用。

嘉靖四年，大約文徵明首次辭官前後，遷朱希周爲南京吏部尚書的詔命，就發布下來了。對這樣一位飽學、忠厚、作了三十年侍從，並無過錯的良臣，忍令閒置留都，文徵明不能不以詩表現發自內心的惋嘆：

「留司晚望重衡鈞，三十年來侍從臣，遠去獨安恬退節，眾中欣見老成人。兩京規制遙相望，六代江山蹟未陳，盛世宦遊應自樂，有人東望惜音塵。」—送冢宰朱玉峰之南京（註十三）

而在哭門事件中，起主導作用，遮留散朝文武於金水橋南的吏部侍郎何孟春，左遷南京工部侍郎，更使文徵明不惜得罪朝廷，索性在贈別詩中，愈發露骨地表示出他對議禮事件的態度。

註一、〔明史〕册三頁一〇四七「藝文二」。
二、〔甫田集〕頁二五七～八。
三、〔甫田集〕頁二五八～九。
四、〔穰梨館過眼錄〕册二頁七一九。
五、〔甫田集〕頁一「文先生傳」、〔蘇州府志〕頁二〇八四「文徵明傳」。
六、〔甫田集〕頁二六二「西苑詩十首」之三。
七、〔甫田集〕頁二六二「西苑詩十首」之十。

八、﹝甫田集﹞頁二六七。

九、﹝穰梨館過眼錄﹞册二頁七一三。

十、﹝甫田集﹞頁二七五。

十一、﹝甫田集﹞頁二七六。

十二、﹝明史﹞册四頁二〇五三「朱希周傳」。

十三、﹝甫田集﹞頁二八五。

第六十九章　中宵悔恨

嘉靖皇帝斥責廉直忠耿的何孟春爲「毀君害政，變亂是非」、「倡衆逞忿，非大臣事君之道」（註一）。

斥責、罰俸、左遷；使一向守本分，遵禮法，凡事講究中庸之道的文徵明，對何孟春的遭際，也不能不感到寒心。他「送何少宰左遷南京工侍二首」中，先把何氏比擬爲忠言被放的三閭大夫屈原；次首，則比之爲大嘆「總爲浮雲能蔽日」的詩仙李白：

「何人發難干倫紀，有客輸忠翼聖明，禮重乾坤那可易？事干名教得無爭！百年富貴浮雲淡，萬里江湖白髮生；李白從來多感慨，鳳凰台上望神京。」（註二）

吏部尚書喬宇，對立國百五十餘年的明朝而言，像王陽明一樣，可謂有再造之功。

寧王叛軍初起的時候，即率大隊人馬，出鄱陽，蔽江而下，聲言直取南京。

但，這時的南京兵部尚書喬宇，卻是一付了不爲意的樣子，不時帶著賓客，到南京城外，飲酒作樂，談笑自若。實則密察形勢，暗置兵馬，以爲攻防準備。結果南京中外宴然，非但民衆安堵如常，連趕赴秋闈的士子，也依舊陸續進入南京。

頗富才略的指揮楊銳，署爲安慶守備，是喬宇佈在九江、湖口到南京之間的一著險棋。宸濠原本無意攻取安慶，只想順流而下，和喬宇一決雌雄。文武兼具的知府張文錦、都指揮楊銳、指揮崔文。一面令軍士鼓譟，一面登城，大罵宸濠。兵貴神速，只是，寧王經不住這種激怒，頓時忘記了此行的主要目標，竟把艨艟戰艦，停留在安慶城外，下令搶攻。而戰事也就在張文錦和楊銳、崔文激勵士氣，誓死守城的情況下，膠著下來。

安慶的久攻不克，成了宸濠的致命傷，也成了戰爭的轉捩點。在南京的喬宇，利用這段寶貴時間，一舉肅清了準備爲宸濠作內應的三百名死士，懸首江濱。使寧王聞風喪膽，失去了東進的勇氣。在江西的王陽明，則出其不意地攻復南昌，斷絕了宸濠的退路，並積極佈署鄱陽湖中的決戰；終使聲勢浩大的叛王，轉瞬之間，一舉成擒。

在正德南征的漫長兩年期間，江彬屢謀不軌，均經喬宇牽制，化解於無形之中。

江彬索取南京宮門鎖鑰，喬宇指示都督府說：

「守備者所以謹非常，禁門鎖鑰孰敢索，亦孰敢予；雖天子詔不可得！」（註三）

江彬不時矯旨，諸多需索，喬宇則一一當廷面白，使江彬不得不爲之收斂。

南京及隨駕諸臣，三次伏闕，請駕回鑾，以免橫生枝節；均爲喬宇暗中倡導。而他自己也一再伏闕請駕，並一直扈送正德皇帝到揚州，以防不測。

朱厚熜即位，召喬宇爲吏部尙書，嘉靖初年的許多用人行事，多由喬宇所策劃，使天下欣欣望治。

漸漸地，由于對興府候補官員的任用、外戚封爵，以及議禮等問題的看法，與皇帝意見諸多不合，感到處處掣肘，喬宇只好乞求致仕。當御史許中、劉隅等，覺得喬宇是不可多得的人才，疏請慰留時；嘉靖皇帝對這衛護過明朝命脈的長城，去留了無顧惜：

「朕非不用宇，宇自以疾求去耳！」（同註三）

晉用南京兵部前，喬宇曾拜南京禮部尚書。文徵明杖履從游，久列喬氏門牆。此次金臺握別，倍感依依，也爲樑柱之去，有著無限的惋嘆：

「四十餘年仕闕廷，歸來雙鬢未全星，一身用舍關天下，千載風流尚典型。啟事從來誇水鑑，移文曾不愧山靈，等閒頌德知何益，自有勳名照汗青。」—送喬冢宰致仕還太原二首其一（註四）

喬宇是詩人，也是著名的書家，他篆隸的表現，頗具李斯和李陽冰的風貌，評者謂爲有明第一。去職數年之後，乃師楊一清卒，喬宇渡江弔祭，行至南京時，父老出迎。憶及寧王叛日，阻敵、固防的各種措施，及正德末抵制江彬、伏闕請駕等對社會與生民的功德，人們莫不舉手加額，爭相頌贊：

「活我者，公也。」（同註三）

大概，這也就是文徵明贈別詩中所謂：

「自有勳名照汗青」了。

△　△　△　△

文徵明在「懷歸詩」序中寫：

「徵明自癸未入京，即有歸志，既而忝列朝行，不得即解，迤邐三年，故鄉之思，往往托之吟諷。……」（註五）

在這漫長的三年時光中，隨著離家的時日和時序的變化、好友的聚散、體康的否泰、政局波盪等不同的因素，文徵明的心靈，也起伏不定。縱觀他三年來的吟哦，可以分成幾個不同的感情層次：

春日騎馬郊遊，無論城西的玉泉，或城南的清淺溪流，都能使他暫時沈醉。柔嫩的柳條，輕拂著青衫皀帽。從樹梢上面，隱約露出一抹淡淡的山色，彷彿帶著會心的微笑，大有「相看兩不厭」的意味。無垠的碧草，與溪畔青苔上的點點落花，映照出一種特別的情趣，文徵明顧而樂之，所吟詠出來的小詩，也輕快得像淙淙流過的細波：

「……地偏白日無留鞅，春盡青苔有落花。三載京華塵土裡，只應此際不思家。」—

春日郊行（註六）

這種宜人的春景，使文徵明置身於陶然忘我的境界，懷歸情緒，一時爲之蕩然；是懷歸詩中，僅有的一劑清涼散。

玉堂值夜，闃寂中，遙聞刻漏悠長的聲響，摻雜著幾聲細碎的鈴索，使睡意朦朧的文徵明，分不清身在瀛洲，或江流環繞著的故鄉。

秋日早朝，待漏宮門。殷殷的鐘鼓，在乍分的曙色中敲擊著，給人一種心神不寧的感覺。紫雲閣仍舊在氤氳裡，隱隱現現。縷縷鄉愁，就在這種單調刻板的時刻，纏繞、啃噬著他。鼓聲和那片帶著涼意的玄色氤氳中，他看到了石湖的帆影和石湖精舍四周的篁叢。感到故園、林壑間猿鶴那種幽怨期盼的神情。

「……常年待漏承明署，何日掛冠神武門，」—秋日早朝待漏有感（同註六）

那是發自他心靈深處的聲音，一種遙遠的，故鄉的呼喚。

「南望吳門是故鄉，與懷山澤意偏傷；一行作吏違心事，千載移文愧草堂。……」—

次韻盧師陳二首（其二）（註七）

類似的詩句，幾乎成了文徵明的口頭禪。面對鄉友同樣抑鬱的眼神，北方的烈酒，沿著喉嚨，火一般的流下，不久便在文徵明的腦海中，擴散成洞庭東山一樹樹初熟的橘苞，菰米羹混雜著飄浮在空氣裡的桂香。橫塘聽雨的景象，則永遠像揮灑中的水墨畫，痛快淋漓，透著一種日暮風急的涼意。

以上種種，在文徵明諸般鄉愁中，只是像一襲輕紗那樣，充斥於生活裡面，似有若無，卻是揮之不去。

依據某些年表記述，文徵明嘉靖二年六月家書中，提出妻子進京之議，推測八月由蘇州動身，當年九月，即可夫妻團聚。但也有的年表顯示，徵明夫人吳氏，直至三年八月，始由吳下起碇。如果後者爲眞，這漫長的孤獨與等待，足以使文徵明的愁緒，濃得像一杯釅茶。其時，文彭二十八歲，文嘉小長兄四歲，雖然均已長大成人，但顯然既不了解朝事的紛亂，也難以體會背井離鄉的父親的心境，對萬金家書，不免有些疏懶。文徵明自己又何嘗不是呢？愁悶當中，反而很少修書給家人好友，一敍衷曲。桃李滿園，燕子啣泥，惱人的柳絮，飄飄飛舞，兒子的家書，卻是杳然無蹤；文徵明一面抱怨兒子少不更事，一面也怪自己慵懶和煩亂，多少知音好友，竟連封信，連首詩都沒有寄去：

「終日思歸不得歸，強驅羸馬著朝衣，歲寒空負梅花約，客舍頻看社燕飛。兒子遙憐更事少，故人久訝得書稀；何當便買扁舟去，笠澤東頭有釣磯。」──思歸（註八）

朔風、北雁、落葉，一向最動旅人愁思，文徵明自不例外：

「尺書不至意茫茫，酒醒俄驚雁北翔，迢遞秋聲連朔漠，蹉跎歸思滿衡湘。……」——聞雁（同註六）

在政潮洶湧，局勢混沌的那段期間，文徵明的情緒表現，可就不僅像「終日思歸不得歸」、「尺書不至意茫茫」那麼溫婉了；歸思之激切，簡直到了刻骨銘心的程度，而且，對於妻離子散，措身仕途，抱著極度悔恨的心態：

「年侵病迫久應還，貪戀君恩尚強顏，賸有黃塵隨馬足，未忘青瑣點朝班。……」

這詩的下半首，直以晉世子申生，未及時出走而遭殺身之禍。漢王仲，明天文與道術，濟北王興居反時，仲爲懼禍而不願綰兵，棄職浮海，奔樂浪山中而得全。用來隱喻議禮、哭左順門諸臣的遭遇。其內心之苦痛與義憤，實不難想見。

「……申生不去終鉗市，王仲何如只抱關；連日驚魂殊不定，盡隨鄉思繞吳山。」（註九）

這時，文徵明心中的「吳山」，無異於避秦的桃源。

「秋夜不寐枕上口占五首」（註十），是他幾年來思鄉情緒的總爆發，像發自火山口的熊熊岩漿。

這五首七律，魂縈夢繞，盡寫吳門風光、家中景況。玉蘭堂的碧草簾櫳、綠陰門巷的午風、床上的殘薦孤琴、書架間的牙籤萬卷、百花洲上所觀賞到的十里紅欄、圍郭山色……寫得纏綿細緻，一事一物，莫不有情。而每首詩的結句，都彷彿有惋嘆、懊悔的淚光，閃閃爍爍：

「誰令抛卻幽居樂，掉鞅來穿虎豹場！」
「誰令抛卻幽齋樂，騎馬來聽午夜雞！」
「誰令抛卻鄉關樂，博得黃塵撲馬頭！」
「誰令抛卻江鄉樂，來著青衫博俸錢！」
「誰令抛卻交遊樂，贏得青青兩鬢華！」

懷歸到了這種地步，文徵明除了以酒澆愁之外，就只有拼力掙脫那誤入其中的利祿牢籠了。尤其在三年考滿的關鍵時刻，避之猶恐不及，豈肯像某些同官所勸說的那樣，前往拜謁當道，以求遷升！

△　△　△　△

嘉靖四年重九，文徵明在北京迎恩寺中度過。這已經是第三度見到塞鴻南歸。傳自四面八方槌衣的碪聲，使他憶及離家時妻子整理征衣的情境；也使他驚覺到新知舊友，已經愈來愈少。

「……愁裡漫逢佳節至，樽前殊覺故人稀。……」──九日迎恩寺懷歸（註十一）

病中的文徵明，懷念起經常和師友詩酒流連的葑門東禪寺，心頭不由得一陣酸楚：

「……遙憶故人多隔世，如聞老衲去遊方；不知聽雨南窗下，誰與繙經續斷香！」（註十二）

南翔的塞雁，在一冬之隔的春天，又將北旋。遊方的老衲，在深山野寺中，面對青燈古佛的景象，不僅可以想像，而且也有倦遊歸來的一日。隔世的親知好友，則只有泉臺相會了。

吳爟逝世於嘉靖二年九月，三個月後，唐伯虎撒手人寰。再三個月，也就是嘉靖三年暮春，太傅王鏊接著謝世。在王鏊眼中，文徵明形同子侄，其一生的道德勳業和治世的理念、學術思想，冀望藉文徵明的史筆以傳。洋洋三千四百餘字的「太傅王文恪公傳」（註十三）不但是文徵明的用意之作，也是研究王鏊生平、詮釋其學術思想、剖析其歷史背景的權威。王文恪公傳的墨瀋未乾，自幼呵護教導他的叔父文森，作古的噩耗繼踵而至。

文森卒於嘉靖四年五月。文森雅慕其先祖文天祥為人；又因為這位南宋丞相曾建節吳門，有功德於民，乃奏請朝廷，建文山忠烈祠於自家宅左，命兒子文斗主持。而生平以忠義自許的文森，即易簀於他所崇敬的文山祠側；在文徵明感覺中，顯然不是一件偶然之事。

徵明因薦釋褐之後，文森有家書數封，以示己志；頗想有一番作為；更希望一見親手培植的猶子，而一切都為時已晚。當文徵明修史二載，初次上疏乞歸的時候，這位既是諸父，又似師友的親長，已經溘然長逝。

嘉靖踐位之初，工部李尚書、戶部胡侍郎，以及沈御史，曾先後上疏，推薦文森老成，應予起用。其時文森已年逾耳順；文徵明眼見其後朝政之衍化，於唏噓悲愴之餘，也深慶李尚書等薦疏不報，否則以文森的忠耿正直，置身於議禮的浪濤之中，難免會招不測之禍。

時僅一年之隔，岳父吳愈亦步入黃泉。他的歸期愈近。親友的噩耗，傳來愈頻；叔父、岳父喪事之間，還有嘉靖三年秋天的都穆之喪。

自從二十六、七年前，伯虎春闈冤獄之後，徵明對都穆雖然不像伯虎那樣避不與見，但也鮮少往來。有時，文徵明見到祝枝山、都穆、唐伯虎和他，舊日相互唱酬的詩作，不免回想到少時，同在沈周處學詩，以及經常詩酒酬酢的情景。

「外面令人倍惆悵，裡邊容眼自分明。」（註十四）

苦學強識的都穆，常能隨口背誦出沈周詩中的一些警句，沈周那種慈祥、寬恕待人的眼神，就浮現在文徵明的腦中。而沈周這兩句「詠簾」詩的意蘊，也常能發文徵明的深省；同一湘簾，外望、內視，竟有撲朔、分明的差別。也許每個人的內心和行爲之間，都隔著一重使物態變得朦朧的湘簾；都穆常誦沈周警句，是否也是一種自我剖白和寄托？

「無方漂泊關遊子，如此衰殘類老夫。」

「懊惱夜生聽雨枕，浮沉朝入送春杯。」

「萬物死生寧離土，一場恩怨本同風。」（同前註）

沈周的落花詩，文徵明不知曾鈔寫過多少次；當都穆酒後吟詠這些珠玉般的詩句時，聽來彷佛是其內心悔恨的幽嘆。漸漸地，文徵明對都穆在北京時，對唐伯虎所造成的無心傷害，採取了比較寬容的態度。

嘉靖四、五年之交，蘇州知府胡纘宗到北京述職候遷，王守到北京應誠。曾爲伯虎作過墓誌銘的胡纘宗，此際更以工部主事伍疇中所爲行狀，撰爲「都少卿墓誌銘」，述其生平、爲官和爲學，文徵明覺得，這對九泉之下的都穆，可能是一種莫大的安慰。

嘉請五年春闈，王守高中進士，文徵明爲好友由衷地欣喜。但，當他在詩酒唱和中，讀到王寵給王守的贈別詩，立刻爲仍在家鄉孤單失意的王寵詩句所感動：

「富貴別離易，貧賤去住難，游子起蓐食，盡室慘不歡。高堂有老親，雪涕何汎瀾，征馬為躊躇，僮僕皆辛酸。薊門莽蕭蕭，澌水流桑乾，朔風旌旗裂，胡雁愁羽翰。……」—乙酉送家兄履約會試（二首之一）（註十五）

詩中，爲長兄晉京應試而舉家悲愴，長歌當哭的情景，使文徵明讀之酸鼻，恨不得立刻插翅飛回江南，安慰王寵，一掃幾年來日夜煎熬他的鄉愁。

△ △ △ △

嘉靖五年，孟冬十月的北方，正如生長在南國的王寵，送別乃兄詩中所想像的：「薊門莽蕭蕭，澌水流桑乾……」那樣荒寒。

在多位好友並馬相送之下，困居京華三年半的文徵明，終於譜出了致仕出京的心曲：

「獨騎羸馬出楓宸，回首長安萬斛塵，白髮豈堪供世事，青山自古有閒人。……」—致仕出京言懷（註十六）

當友人立馬折柳，暮色映照杯酒之際，文徵明的心神，早已回返停雲館玉蘭堂下和石湖帆影之中。

但一片白茫茫，橫亙在前面的潞河堅冰，使船隻膠著，根本無法啓航，歸心似箭的文徵明，不禁發出窮途之哭。

註一、〔明史〕册四頁二〇五四「何孟春傳」。

二、〔甫田集〕頁二八〇。

三、〔明史〕册四頁二〇八五「喬宇傳」。

四、〔甫田集〕頁二八二。

五、〔穰梨館過眼錄〕册二頁七一二～七二七；共詩三十二首。

六、〔穰梨館過眼錄〕册二頁七一六。

七、〔穰梨館過眼錄〕册二頁七一五。

八、〔穰梨館過眼錄〕册二頁七一四。

九、〔穰梨館過眼錄〕册二頁七一五；此詩無題。

十、〔穰梨館過眼錄〕册二頁七一七。

十一、〔穰梨館過眼錄〕册二頁七二〇。

十二、〔穰梨館過眼錄〕册二頁七二一。

十三、〔甫田集〕頁六八一。

十四、〔都玄敬詩話〕頁五一，廣文書局版。

十五、〔雅宜山人集〕頁五三。

十六、〔甫田集〕頁二九一。

第七十章　潞河阻冰

東出朝陽門，前往潞河途中，黃佐、徐縉、陳沂、馬汝驥……文徵明回顧幾位策騎相隨的好友，心中感慨，一時眞是難以言傳。

編修黃佐（才伯），廣東香山人。爲了南下省親，與文徵明結伴而行。黃佐博綜今古，著作等身，在嶺南文壇上，別樹一幟。

「倦游卻憶少年事，笑擁如花歌落梅。」（註一）是此公流傳一時的名句。這一路上吟詠唱和，文徵明將不怕舟中寂寞。

餘者，多爲江南人，懷歸心情，和文徵明幾乎毫無二致。三年多以來，文徵明送客於京、潞路上，不知有多少次；離別之情總和鄉愁緊緊地糾結在一起，美酒和眼淚，往往同時灑落衣襟。只有這次的潞河之行，他心裡格外輕鬆。此番出京，文徵明不僅卸下了「待詔」、「太史」的擔子，而是與朝班、仕途絕緣，他將永遠是碧山、五湖和扁舟的一部分，他已自稱爲「散人」。

「有人辭官歸故里，有人連夜趕科場。」

對於這句俗語，文徵明有著無比的感受。他策馬徐行，在一片得得的蹄聲中，以詩來感謝送行的諸友：

「解卻朝衫別帝州，一竿煙水五湖舟；故人莫作登仙看，老病無能自合休。」——馬上

口占謝諸送客十首（其五）（註二）

然而，大家都聽得出來，這些詩與其謝送客，不如說是安慰一干懷鄉的送客，更爲恰當。

一陣陣朔風，捲著枯柳上的積雪。盤旋的歸鴉，閃現出抹抹黑亮的金光。不時地一兩聲馬嘶，使白皚皚的原野，顯得愈加空曠。偶而，牽著三五匹駱駝的客商，迎面而過，逐漸遠去的駝鈴聲，頗有幾分塞外那種荒寒的感覺。幾位送行者，觸景生情，紛紛依韻賦詩贈別，吟哦之聲，不絕於耳。馬至雙橋，猛然一陣風過，雪粉挾著岸沙，像迷霧般的迎面刮起；北京的風沙，如政潮一般濁惡，讓人目迷神眩。想像著即將回復的江南歲月，文徵明以袖拂沙，隨口吟道：

「立馬雙橋日欲斜，沙塵吹霧暗征車；從今絕跡江南去，只見青山不見沙。」——馬上口占謝諸送客十首（其九）（註三）

△　△　△　△

潞河，又稱「白河」，或「北運河」。漢時，置「路縣」，東漢因潞河而改爲「潞縣」。廢縣而歸通州，是入明以後的事。文徵明、家眷、僮僕，以及黃佐等一行人，來到漕運繁忙的運河碼頭之際，顯得出人意外的清冷；只見稀疏的燈火，幾個焦急得不知所措的客商，和三五個拾荒的閒漢。各式行船，早已膠著在碼頭上。有些甲板，冒出裊裊炊煙。白茫茫一片雪掩冰封的河面，像利刃一般，立時割碎了文徵明紅橘、碧波、帆影點點的鄉夢。這時，他才感到北風的強勁，零落的貂裘，經不住北地的寒夜。

胡亂地，把家眷和行李安頓在寓所之後，文徵明才仔細思忖目前的處境：

有人勸他，冰雪封河，何不改從陸路，乘車趕返？他當即表示，致仕還鄉，不同於觸犯朝廷，被逐去國，行止均依法定期限；儘管歸心似箭，但他仍舊該走得從從容容。

出京前，已風聞有人要上疏留他；這也是他行色匆匆的原因之一。如今不意阻冰潞河，如果眞的露章薦留，倒像他本來有所覬覦似的；思及於此，文徵明心中感到一陣陣焦慮。

到了十月中旬前後，明月流輝再現，天氣卻嚴寒依舊。逆旅無聊，文徵明有時到河邊觀望，遙想此際江南景色；有時穿越通州街巷，四處野行。好在與黃佐寄寓的地方，相去不遠，兩人不是互通詩簡，就是相聚小酌。他在贈黃佐詩中，抒寫當時的心境：

「長河十月朔風悲，零落貂裘不受吹，冰雪崢嶸驚歲晚，江湖寂寞滯歸期。誰憐阮籍窮途泣，自笑穰侯見事遲；忽憶同行黃太史，篝燈何處擁書帷？」—阻冰潞河簡同行黃太史才伯（註四）

不久，徐縉、陳沂、唐雲卿等，紛紛寄詩慰問，使困居河干的文徵明，心情爲之舒解不少。他在答徐縉詩中，隱約透露，已無復留意，大抵希望這位同鄉知友，對意欲上疏薦留者，能稍加影響，化解於無形：

「霜華慘淡襲征衣，關朔蕭條雁影稀；遊子天涯苦行役，故人歲晚惜分違。還家短夢秋無賴，伴客殘缸夜有輝，猶勝前時羸馬上，滿頭風雪趨朝歸。」—次韻答子容學

士見懷三首（其二）（註五）

答徐縉第三首詩中，更有「……我已去來無復戀，天於人事每多違。……」寓意也就愈加明顯了。

及至御史鄭洛，擬欲上疏請留徵明爲翰林，而且朝論也一致認爲理該如此的時候，文徵明感到，這正是他所不願面對的窘境。他一方面整理「懷歸詩」卅二首成爲一册，用以明志，也直接去函鄭洛，婉謝章薦：

「吾已去國，而偶滯於此，若疏入，是我猶有所覬覦矣；何君不知故人如此！」（註六）

黃佐編修以此相戲時，文徵明餘悸猶存地連和七絕五首，進一步表明自己對京師和官位無復留戀的心意：

「平生藝苑說荊關，點筆雖忙意卻閑；何用更騎黃犢去，右丞胸次有江山。」——某比以筆箚逋緩應酬爲勞且聞有露章薦留者才伯貽詩見戲輒亦用韻解嘲五首（之五）（註七）

隆冬歲暮，爲受到薦留而憂心的文徵明，病後策杖閒行。望著陰霾籠罩下的河冰，桅杆上隨風擺動的繩索，感覺中，這好像是有生以來，最漫長的冬天。

臘八那日，他和黃佐相聚小酌，話題忽然轉到去年臘日午門賜燕的景象。

「綺筵錯落映朱旗，百辟承恩燕赤墀，薦蜡尚存周典禮，賜餔聊舉漢官儀。……」——臘日賜燕（註八）

這詩，也是他當日紀實之作。誰知恰好一年之隔，同蒙賜燕的兩位同官好友，卻困守河濱，望著灰暗的天空，一個期待著故園的春色，一個渴盼著母子的團圓；恐怕是始料所不及的吧！

一路遐想著的文徵明，不知不覺，走進一座荒廢的野寺。傾坍了的鐘樓和佛殿，勉強可以棲息的雲房，蛛網密佈的迴廊……饒是這樣一間殘破的廟宇，也使他多日來的抑鬱和俗慮，頓然消除。

送灶之後，除夕接踵而至。子時未到，遠近爆竹，已經此起彼落。

對有家歸未得的遊子而言，除夕的心情，可能最爲落寞。文徵明撥著爐中殘餘的灰燼，暗淡的燈光，半醺的酒意，使他忽然想起韓文公的「送窮文」，於是轉身開篋取出來讀。喝了幾口微溫的餘茶，他以回想家鄉的除夕景象，排遣內心的空虛。

分歲酒、膠牙餳、守歲盤（辛盤）……每到除夕，妻子、兒媳、孫男女，便一起爲新年而歡樂與忙亂。但，他是一個不太喜歡熱鬧的人，略微嚐嚐辛盤中的食物，便獨自到書齋枯坐，或整理一年來的文稿和詩作。在整理或書寫的過程中，回憶的火花，也格外地活躍，像流水般逝去的日子，彷佛歷經一次心靈的反芻。然而，今夕無論取自篋中的詩稿、記憶和心緒，似乎都異於往昔：

入京三年多的時間，他生活失去常軌，詩草也變得雜亂無序。嘉靖三年、四年、五年作品，顚倒錯置。有些應時應景之作，難稱「詩以言志」，或「言爲心聲」。有些作品如果傳誦開來，又難免不遭受時忌。因之，這幾年作品，他只能以性質概括爲：「紀遊」、「懷歸」、「贈別」、「出京」……

即以「懷歸」爲例，迤邐三載，先後之間，也難以理出一個脈絡。感慨多，詩也多，文徵明略加檢點：七古、五律、七律、七絕……單是「出京」詩，迄至此際，已有三四十首之多。

推開堆疊的詩稿，文徵明視線掃過懸掛在旅社壁上的小幅山水，卻使他憶起庚辰（正德十五年）歲的除夕。那夜，他獨坐停雲館的西齋，面對壁上王孟端的一幅墨竹。王孟端的風骨，以及夜半聽簫，贈人以畫竹的故事，他不知聽過多少次。壁上的畫竹，王孟端自題作于「洪武丁丑除夜」；作于除夜，賞于除夜，文徵明當時覺得這眞是一種巧合。他在心中算了一算，那幅墨竹，已經整整經歷了一百二十四個除夕。滄海桑田，這一百二十幾年間，人世上不知經過了多少巨變。再四十六年後，又是一個丁丑年，到時候，不知又是何人，坐賞畫中的幽姿！一時之間，文徵明頗有「前不見古人，後不見來者，念天地之悠悠，獨愴然而涕下」的惆悵：

「醉墨淋漓玉兩株，澹痕依約兩行書；不知丁丑人何在？忽把屠蘇歲又除。涼影拂墻燒燭短，淸聲入夜聽窗虛；不辭霜髩蕭疎甚，已有春風繞敝廬。」——（題長不錄，註九）

又是一陣爆竹響起，河濱的古木上，隱隱地傳來幾聲鴉喧，窗紙已經發白。年，的確給岑寂中的文徵明，帶來一些新的希望；無論如何，他已不必在此起彼落的雞聲、雜亂的馬蹄聲、轎夫及隨從的吆喝聲中，冒著嚴霜深雪，前往朝賀：

「撥盡爐灰夜欲晨，不知飄泊潞河濱，燈花自照還家夢，道路誰憐去國人。浩蕩江湖

容白髮，蹉跎舟楫待青春，只應免逐雞聲起，無復鳴珂候紫宸。」—除夕二首（其二）（註十）

△　　△　　△　　△

冰融了—

在河干逆旅中困守三個多月的文徵明和黃佐，苦等著一聲這樣的呼喚。

漫山遍野的冰雪，連枯枝上也滿結著霜花，月下看來，更是冰雕玉琢，輝映成一片。然後，春天來了，文徵明想不出這樣嚴寒僵冷的世界，究竟如何溶解；尤其那結滿河床的堅冰。

也許是近來吹面不寒的東風、和暖的陽光，使冰胎雪骨，消融於無形；也許是來自上游的洪濤冰凌，沖決了那崢嶸的河表。

冰，終於解了；其實這種雪溶冰消的感覺，早在黃佐的臉上和詩裡預感得到，這位嶺南詩人居京的時間，比文氏略早。文徵明以無比欣喜的心情，和黃佐的「冰泮志喜」：

「吹面東風不作寒，斷冰千片下晴灘；已看積雪經冬盡，正好垂楊映水看。滿目江山勞應接，到家櫻筍未闌殘；只應今夜扁舟夢，先繞吳門鬥鴨闌。」（註十一）

「故人西辭黃鶴樓，煙花三月下揚州。」文徵明、黃佐歸舟路經維揚，正是草長鶯飛的煙花三月，也是瘦西湖景色最為秀麗繁華的時候。兩人儘管歸心似箭，但依然不改詩人本色，決心冒著和風細雨，前往揚州西北蜀岡平山堂，憑弔北宋嘉祐年間的遺跡。

蜀岡平山堂，歐陽修為揚州太守時所建，堂前遠眺，江南諸山，拱揖其前，近得好像可以攀登似的；「平山堂」因而得名。另一位北宋學士蘇東坡，也屢登蜀岡，有詩唱和，平山堂之名，益發大譟。

平山堂所在之大明寺雖然久已傾圮，但有「天下第五泉」之稱的大明泉盛名依舊，品泉，也是文、黃二人此行的目的。向晚的風雨吹過，雷塘兩岸，落花滿地，帶著幾分酒意的文徵明，望著雨中山色，和遠近的裊裊炊煙，賦「過揚州登平山堂二首」，紀一時之遊：

「鶯啼三月過維揚，來上平山郭外堂，江左繁華隋柳盡，淮南形盛蜀岡長。百年往事悲陳跡，千里歸人喜近鄉；滿地落花春醉醒，晚風吹雨過雷塘。」——二首（之一）（註十二）

還家，是一種喜悅、安全和溫暖；但，也帶著一絲寂寞。

溯自宏治四五年間，文林從太僕任內，致仕還吳，曾喜賦「還家十韻」（註十三）

「中外驅馳二十年，暫依桑梓息塵緣。……」那種放下多年重擔，脫出紛擾世事的舒適安全感覺，躍然紙上。

「飯抄雲子長腰米，羹煮銀絲縮項鯿；繞屋溪聲林下樂，滿窗花影日高眠。……」文林以質樸的筆緻，抒寫居家的幸福和情趣。

「作計已逃多辱外，收功能及未衰前；只應今夜西齋夢，不到紅雲北斗邊。」那時，文徵明只有二十二三歲，對父親「還家十韻」的最後四句，還無法充份體會；然而，出京以後的他，豈非一直就詠著類似父親詩中的感嘆：

「猶勝前時羸馬上，滿頭風雪趨朝歸。」

「只應免逐雞聲起，無復鳴珂候紫宸。」

「只應今夜扁舟夢，先繞吳門閂鴨闌。」

…………

臥山六年，文林被召再起爲溫州知府，而文徵明的「還家志喜」七律，卻是他宦途的終結：

「綠樹成陰逕有苔，園廬無恙客歸來；清朝自是容疎嬾，明主何嘗棄不才？林壑豈無投老地，煙霞常護讀書臺；石湖東畔橫塘路，多少山花待我開。」（註十四）

△　　△　　△　　△

嘉靖元年，祝枝山致仕之後，足跡較少離開鄉里，書蹟則相對地增加。

嘉靖二年伯虎逝世，和次年三月太傅王鏊回歸道山，對他的心靈，都是一種極大的震撼。前者是其知己好友；後者，非僅是國家的棟樑，更是對他有知遇之恩的座師。

宏治五年，王鏊主試南京，手中拿著一份彌封朱卷，讀了又讀，單從字裡行間；看那文章的才華、氣度和深邃的思想，心中當即了然。

「必祝某也。」王鏊愛不忍釋地對同考官說。秋試榜發，祝枝山果然高中。

「吾不謬知人。」讀著祝枝山謝主司詩，王鏊愈加喜不自勝。

王鏊丁憂居鄉時期，規劃〔吳郡志〕的編撰，朱存理、文徵明、祝枝山，同膺重任，後者所分擔的工作尤其繁重。正德改元，王鏊出山拜相之後，重任幾乎完全落在祝枝山肩上。枝山不憚勞頓，處理果斷；但也因此招致許多閒言閒語。王鏊在京中，儘管政務繁忙，對郡志的編刻，關懷依舊，務求有始有終。因此，屢次箚示知府和枝山，指示編撰付梓事宜，也對枝山所招致的困擾，表示了解與支持。

嘉靖三年十一月二十日，祝枝山在「祭王文恪公文」（註十五）中，表現得至爲哀痛：

「……何不才有如小子，而蒙被乃超於等夷待以國士，要以遠期，所謂春澍膏萌，蕭蘭同德，而焦枯之枿倍榮，秋月之揚彩，遐邇齊昭，而迷塗之夫加賴。……所最痛者，生無所立，以光公之敎，又不即能死，以從公之遊；悵進退以無據，徒啣知而弗酬，雖哭毀以絕，亦何補而何贖！……」

王文恪公的墓誌銘，由曾拜南京禮部尙書的無錫邵寶邵二泉先生執筆，祝枝山書。後之論者以爲，祝枝山這卷墓誌銘：

「方於晉而不疏，圓於歐而不局，開卷時古雅之氣照人眉睫間，是祝金石中第一。」（註十六）

嘉靖三至五年間，閒居養疴的祝氏，留下的「黃庭經」，至少有兩本。

四年三月，祝枝山齋中暇坐，有人持趙松雪所寫「老聃書黃庭經」來訪，祝枝山窗下展讀，心神大快。趕緊把仇英請來臨圖，自己則補書黃庭經。趙與祝的楷書，均得自右軍神髓；款中，一向傲視千古的祝枝山，卻謙虛的表示：

「……愧不能彷彿松雪得右軍之筆意也。」（註十七）

另一本黃庭經，書寫過程，則頗爲有趣：

五年十月，正是文徵明出京前後，友人魏誠甫遠自崑山來到懷星堂，乞書「黃庭經」。其時，六十七歲的祝枝山久病初起，一千三百餘言的小楷，恐怕不是急切中可以辦得到的。但，不論他如何辯解，訪客卻態度懇切，執意坐等立取。祝枝山無法，只好封藥執管，休息一陣寫一陣，以半日工夫，把黃庭經臨寫一過：

「……可謂老人多兒態矣，自亦不堪屬目，以徇愛情而已。覽者若以作字視之當大咲，況謂臨帖乎。」（註十八）

後之評者，以爲祝枝山抱病所書的這本黃庭經：

「……此卷為祝京兆晚年所書，不必點畫惟肖而結構疎密，轉運遒逸，神韻具足，要非得書家三昧者不能；第令右軍復起，且當領之矣，豈獨追蹤文敏而已哉」（仝前註）

也有的評者，認爲祝氏此本，於右軍楷法之外，兼運以褚河南「陰符經」正行本，筆意別有一番韻度。

註一、〔列朝詩集小傳〕頁三八三。

二、〔甫田集〕頁二九三。

三、〔甫田集〕頁二九四。

四、〔甫田集〕頁二九四。

五、〔甫田集〕頁二九四。

六、〔甫田集〕頁八九三，文嘉「先君行略」。

七、〔甫田集〕頁二九八。

八、〔甫田隻〕負二五七。

九、〔甫田集〕負二三五。

十、〔甫田集〕頁二九九。

十一、〔甫田集〕頁三〇〇。

十二、〔甫田集〕頁三〇〇。

十三、〔吳都文粹續編〕卷五二頁六。

十四、〔甫田集〕頁三〇一。

十五、〔祝氏詩文集〕册下頁一三六五。

十六、〔中國書法大辭典〕頁七二八「祝允明」條，香港書譜出版社。

十七、〔美術叢書〕二集三輯頁八五〔玉雨堂書畫記〕卷三。

十八、〔祝允明黃庭經册頁眞蹟〕，國泰美術館「五百年書畫大系」。

第七十一章　大雨勸農圖

年老、貧、病加以師友的紛紛凋謝；祝枝山生命中的最後二、三年，可以說是在痛苦、孤獨裡度過的。但是，在他書法創作上，卻進入了另外一個高峰。

嘉靖四年七月所書「月賦」（註一），洋洋五百字的草書，於毛光祿府，酒後一氣呵成，使人不禁想到張旭、懷素當年的氣度。後之學者王世貞評爲：

「……希哲生書法，波靡時乃能用素師鐵手腕，參以雙并逸趣，超千載而上之，尤可貴也。」（仝註一）

這位目空一切，評詩文書畫向以嚴苛著名的王氏，形容祝枝山那種放誕的個性和天眞縱逸的書風：

「……余嘗謂希哲如王謝門中佳子弟，雖偃蹇縱逸，而不使人憎，跳盪健鬥，如祭將軍，而有雅歌投壺風味。……」

當文徵明在毛光祿九疇府中，讀到這篇用宋經箋所書的月賦時，忽然想起應禎師和其愛婿祝枝山間的一些往事：

李應禎爲人儘管循規蹈矩，但，在書法方面，卻極力主張，要有個人創意，不作古人的奴隸。

「破卻工夫，何至隨人腳踵，就令學成王羲之，只是他人書耳！」（前已引錄）文徵明永遠不忘應禎師的當頭棒喝。是滁州隨侍父親，學書於李師的歲月。一次，李應禎發現徵明習作中，涉及東坡筆意，立刻引來雷霆般的喝叱。

那時的文徵明，雖僅十九歲青年，但他深知老師的用意；覺得當代學者，不太講究書道的眞諦；有的沒有根基，卻只求新巧，有的篤信古法，則僅僅泥於規模。因此，他以四十多年心力，從浩瀚古帖中，深詣三昧，自成一家。爲了開導後之學者，李應禎不惜以「奴書」那樣尖銳的字眼，教人務必依據舊學，探索新源，以免固步自封。

祝枝山的性情風流倜儻，書學見解，則與岳丈的主張大異其趣；結果是岳父評女婿書法嚴整而少姿態，女婿則指婦翁矯枉過正，偏離了傳統書學的常軌。關於前者，文徵明在祝枝山草書「月賦」跋中，作了一番客觀的剖析：

「……李（應禎）楷法師歐顏，而徐（有貞、武功伯）草書出於顚素，枝山先生武功外孫，太僕之婿也。早歲楷法精謹，實師婦翁，而草法奔放，出於外父；蓋兼二父之美，而自成一家者也。李公嘗爲余言，祝婿書筆嚴整而少姿態；蓋不及見其晚年之作耳。……」（仝註一）

文徵明的推論是，楷書的精謹，草書的奔放，二者相輔相成，擅於草書者，未有不擅於楷書，李公地下有知，見到枝山晚歲之作，當不會再以其「少姿態」爲憾吧！

一次，祝枝山在南京顧司勳家，受託寫各體書，他在後系中寫：

「僕學書苦無積累功，所幸獨蒙先人之教，自髫丱以來，絕不令學近時人書，目所接，皆晉唐帖也。……」（註二）

從這段獨白看來，枝山崇尚晉唐古帖，可謂其來有自。

綜據祝枝山幾篇評書、論書的文章，如「書述」（註三）、「奴書訂」（註四）、「評書」（註五），可以歸納出他所信守不移的書道理念：

張旭、索靖、鍾繇、王氏父子，已將各體書法，發揮到了極致；從歷代書家，只能小變其面貌，無法更動古人的骨架，就可以知道，他們的成就，是千古不易的準則。其後，唐賢雖稍有變化，依然不失古人規模。但到了宋中葉以後，不僅大換顏面，古人風骨已十不居一。

「……千載典模，崇朝敗之，何暇哂之，亦應太息流涕耳。……」

他在「書述」中，對古代書道的淪喪，表示無限的沉痛。

歷述晉唐以後各朝書壇演變概況，唏噓嘆息之外，祝枝山舉出一位力挽狂瀾的中流砥柱，就是宋末元初的趙孟頫。他認爲趙孟頫學書歷程是「偏友歷代，歸宿晉唐」（書述），其成就也是獨振國手，獨步當代；中興之功，無人堪與比擬。

「吳興公書冠天下，以其深究六書也。」（評書）

「子昂妙在行草，奕奕得晉人韻度，所乏者，格力不展。……」（評書）

盛讚趙孟頫書學成就之餘，祝枝山進一步剖析這位趙王孫所以能振衰起敝的主要因素是「規」、「矩」二字：

「趙承旨如程不識將兵，號令嚴明，不使毫髮出法度外，故動無遺失。……」（評書）

反觀，祝枝山自幼學書，即無所不學，務求集衆家之長，以晉唐法書爲尊崇的標的；主張書家只能小變面貌，但必須「沿晉游唐、守而勿失」（奴書訂）；無規矩，不成方圓，「爲圓不從規，擬方不按矩得乎」（奴書訂）是他勸勉學書者的箴言。由此可見，無論趙孟頫「偏友歷代，歸宿晉唐」的書道歷程，趙孟頫的循規蹈矩如程不識將兵，乃至趙氏的崇高成就，都是祝枝山畢生追隨和遵循的標的。不幸，他所遵循的路途和他所尊崇的偶像，都受到了「奴書」說法的譏刺和挑戰；提出「奴書」論的，正是賞識他、敎導他、將愛女許配給他的李應禎，就更令他感到痛苦與困惑。而他論書的語調，衛道的態度，也不能不因而變得婉轉而和緩：

「觚莞士有奴書之論；亦自昔興，吾獨不解此藝一道，庸詎繆執至是。……」（奴書訂）

「亦自昔興」，意味著此論「古已有之」，李應禎並非始作俑者，因此並非有意與尊長針鋒相對。

「……自牸歸精，既據妙地，少自翔異，可也。」這句接著而來的論點，顯然也是爲婦翁預先留下餘地。但，要在另外一篇文章──「書述」的結尾，才能看到「既據妙地」者，「少自翔異，可也」的含意與呼應：

「……太僕資力故高，乃特違衆，既遠群從（宋人），幷去根源（按，指晉唐書家楷模），或從孫枝（按，指宋中葉以後書家）翻出己性，離立筋骨，別安眉目；蓋其所發奴書之論，乃其胸懷自熹也。」

類似這樣，祝枝山一面在文中爲岳丈預留餘地，一面針砭奴書論的謬執，不止一處。例如，他在「奴書訂」的尾聲，爲奴書論者作了個譬喻，斥此說之矛盾和荒謬：

「……學爲賢人，必法淵賜，晞聖者，必師孔；違洙泗之哀曲，而曰爲孔顏者『奴賢』、『奴聖』，可乎？」

但是，就在這篇文章的前半段，他就爲李應禎留下了另一個伏筆：

「……今人但見永興勻圓、率更勁瘠、郎邪雄沉、誠懸疆毅，與會稽分鑣，而不察其爲祖宗本貌，自粲如也……」

這又意味著，有根基、天資如李應禎者，有能力改變古法，創新書風，發些狂放自熹的論調，也可以諒解。只是後人不可以泥習耳聆，執其言而失其旨，盲從妄動罷了。

△　△　△　△

多災多難的蘇州，經過嘉靖二、三年連續兩個凶歲之後，到了嘉靖四年，在和風細雨的吹拂下，禾苗一片油綠，人人都認爲否極泰來，總算盼到了一個豐年。

七月，在祝枝山寫下流傳千古的「月賦」前後，人們忽然發現，已經結實纍纍，秋收在望的莊稼，有了枯萎的現象，而且日益嚴重。經枝山好友潘崇禮鑒定，是蝗災的前兆；註定又是一個荒欠之年了。衆人在恐慌、絕望之餘，只好聽信農業儒行的半巖處士潘崇禮勸告，用紗網盛裝捕捉來的蟲樣，請吳縣楊令奏請朝廷，減免租稅，以抒民困。然而，這也只能說是絕望中的一線希望而已。

致仕後的祝枝山，爲了修築「懷星堂」以爲晚年棲身之地，已耗盡了大半積蓄和家產。前年六月，七十六歲，寡居四十餘年的繼母，與世長辭；喪事，復加以連年的荒欠，對不事生產的他而言，無異是雪上加霜。許多師友的凋零和遠行，使六十六歲的他，更覺得孤獨和岑寂。好在錢元抑致仕南旋，重度其絳帳授徒的生涯，和祝枝山偶相過從，對後者未嘗不是一種慰藉。文徵明次子文嘉（休承），對父親的知友，頗爲仰慕與敬重，不時遣人到懷星堂問候。

當他聽說文嘉將手勒黃庭經入石的時候，心裡就愈加快慰。他生平最重黃庭經，臨寫無數；黃庭經，也代表他小楷的最高成就。以黃庭經刻石，使王羲之的書學，昌明於世，使他有深獲我心之感：

「……邇日英儁雲烝，青衫亦起，永和容彩，當由嘉靖吳州而還也乎？」……祝枝山在「與休承」（註六）信中，禁不住大加稱贊。

此外，他也爲好友徵明，能有如此佳兒，光大其志業，感到慶幸。而祝氏內心的欣悅及期盼之情，更躍然紙上：

「……足下家門傳硯，會而通之，良勝！良勝！幸爲速鳴鐵頯；拙者老矣，邈辭中郎一揖虎賁，豈非耄耋一快哉！」（仝前註）

有關流傳下來的黃庭經摹本和拓本，就祝枝山眼目所見，唐臨者，僅有殘本。較早而完整的，有宋高宗的搨本。不過，他認爲晉唐以後，寫黃庭經成就最高的莫過于趙孟頫；因此，信中，他不免又把岳丈李應禎譏爲奴書的趙王孫，大大的讚譽一番：

「……子昂秀出，會稽之跡，蹈武爻偏，往復諄煩，小楷尤臻高第，故今人間傳本，獨承旨耳。……」

秋天九月，在往年正是菊黃蟹肥，登高賦詩的時候，而蘇州人的心緒，卻仍舊籠罩在陰霾之中；蝗災凶歲的境況，雖經巡按監察御史朱大人以蟲圖、蟲樣馳奏朝廷，但路途遙遠，一時未得旨意，地方官吏，自然無法定奪。

某日，祝枝山自闔閭子城日華里的懷星堂，往訪文嘉。文嘉深知這位父執拮据的近況；自然，他也想使年邁多病的著名書家，能在停雲館帖中，留下不朽之作。美酒佳肴外，也特意設下繭絲紙和上好的筆墨，以引發他的豪興。祝枝山果然乘興揮毫，以行草體書「古詩十九首」。文嘉亦禮數周到的，奉以豐厚的筆潤。同月，枝山又以一幅草書爲報，并題于后；這些難得的晚年書蹟，其後一并刻入停雲館帖中（註七）。

對于「古詩十九首」，祝枝山有著特別的偏好：

「余每愛書古詩十九首，不啻王子敬之書洛神賦。……」（註八）祝枝山在其正德十二年春所書古詩十九首後記寫。

嘉靖五年二月，文徵明則在北京跋祝氏古詩十九首（註九）；不過那本古詩十九首，書於嘉靖三年七月十六日，並非文嘉所求得者。由此亦足證祝氏愛「古詩」之篤，寫「古詩」之勤。巧的是，文徵明跋祝氏所書「古詩」前後，祝枝山則在蘇州爲文氏所繪「潘君子大水勸農圖」，作洋洋一千二百餘言的記敘（註十）。

△　　△　　△　　△

潘崇禮，號「半巖處士」，耕讀於蘇州城西的香山、胥口之間。潘氏雅好山水，經常策杖獨行。太湖浩淼的煙波、陡峭的崖壁，洞庭山成千上萬的古木，與之朝夕相對，感覺中，似乎他也成了自然的一部分。

祝枝山遠自二十五六歲，就與潘崇禮成爲好友，文徵明於弱冠返蘇定居之後，也和這位胥口隱者，結下不解之緣。

面對著大自然的無窮變幻，無論是平靜晴和，或風雲詭譎，乃至波濤山立，他都同樣地激賞。有時在狂風怒號，湖水翻騰，雷雨交加之際，潘崇禮恍惚間感到仙老在山腳憩息，渥足晞髮，向他招呼：

「潘君兮子來，共千歲以一息。」（註十一）

當他把那種突然間木號水呼竹石裂，彷彿老龍掙斷了大禹鐵索，挐雲怒雨衝出洞穴的自然景觀，和那從宇宙深處發出「共千歲以一息」的神秘呼喚，形容給文徵明聽時。後者則閉門研墨，連夜以宣州兔肩毫筆揮灑出巨幅「灌木寒泉圖」。

大自然以其無比的神奇變幻來啓示這位山野處士。潘崇禮用言語述說他數十年來得自湖波、樹浪、山鬼木客窺視號泣的感受。文徵明以鬼斧神工，潑灑一如天成的筆墨，復現自然萬象。祝枝山則以生花妙筆，描述潘崇禮的人品和風骨，也寫出「灌木寒泉圖」的磅礴氣勢。成爲自然、語言、繪畫和文學的整體融合。

一旦大自然的搏激、迴盪，造成河堤潰決，禾苗淹沒，人畜漂流，鄉民惕號不知所救的時候，潘崇禮也就毫不猶豫的引導鄉民排水、搶修堤防、扶植未腐的秧苗，與大自然抗衡。面對著在風雨中頹喪、絕望、筋疲力盡的災民，潘崇禮厲聲徧呼：

「而等毋憚，為瘁人猶可免作餒鬼！」（仝註十）

就這樣，歷經宏治五年、正德五年兩次大水，香山、胥口一帶農村，仍得少有所穫，保全性命。正德五年文徵明所繪的「大雨勸農圖」（註十二），就是潘氏督導童奴和鄉友，冒雨保田的寫照。然而轉眼之間，當時四十餘歲的中年，已經邁入耳順高齡。不知何時，文氏所繪贈的「大雨勸農圖」，也遺失不見了。

當因蝗災減免十分之四租稅的詔命，頒抵吳縣時候，推測當在嘉靖四年秋末冬初之際。民衆於感戴天子聖明，御史、縣令愛民之外，對察秧、探蟲、繪圖、首倡奏報朝廷，乞免租稅的潘崇禮，更加感激。一般風俗，年逾六十者，多請人寫容，繪成「行樂像」，給子孫留作紀念；因此，蘇州士林也一致認爲委請名筆爲潘崇禮寫行樂圖，是表達謝意與敬意的最好方式。

潘崇禮一方面覺得衆意難卻，一方面感到年歲荒凶，黽勉救災，以免凍餒，談不上甚麼行樂。再者，一般人家寫眞，不是畫金紫待漏、蟒玉還鄉；就是儒巾儒服，再不然便寫成幅巾策藜的隱者；都不能切合他的身份、性格和風貌。在衆人的催促和勸請中，潘崇禮想到了那幅遺失了的「大雨勸農圖」：

「……苟無已，則盍為披簑戴笠，勤甽捍災之狀，以寄訓厲，或因以固志安土，而保吾業。……」（仝註十）潘崇禮說。

此外，對於士、農的分野，他也持有不同的見解：

「……且古士農一，故無不農之士；後世不盡爾，亦大校然，有能偕者，不妨朱紱方

來；吾獨以素服入家廟，厥亦無怍于我衷！……」（仝註十）

于是，在其子潘鋹（和甫）進京的時候，就乞請文徵明再次繪寫「大雨勸農圖」，太學生蔡羽爲文衍述救災事蹟；推測時間當在嘉靖四年的隆冬歲末，起碼是文徵明在午門東接受臘日賜燕以後的事。

至於是圖全稱爲「潘君子大水勸農圖」，爲圖作記的祝枝山別有見地：

「……其行（指潘氏）極淳古，將所謂澄之不清，撓之不濁者與！知者咸以善人稱之；予曰，未也，其殆所謂君子人歟，君子人也。何以言之，其人明明，則必有嘉謀，其人仁仁，則當有義勇。謀嘉而勇義，必有所樹。有樹曰才，才德兼有，曰君子。……」（仝註十）

等到潘鋹自北京南歸，以圖索枝山爲記，即使行程迅速順利，也是嘉靖五年，江南草長鶯飛的暮春前後了。然而，這可能是祝枝山回歸道山之前，所見、所記文徵明的最新一幅畫作。

△　△　△　△

「……丹青洗出屏風疊，跳珠濺玉聲鏘然。誰能置我巖石間，仰面落雪水底眠，酒酣戲作五里霧，山精嘯雨空中旋。嗚呼！我歌兮歌始放，九江茫茫日在望。」（註十三）

嘉靖五年夏天，蘇州暑熱難當，城居如甑。煩蒸之中，形單影隻的王寵，伏枕作「五憶歌」。開頭第一首，就遐想置身於匡廬屏風疊間，仰面飛瀑，珠玉跳濺，彷彿冰雪串成的瓔珞……

他形容這種靠遐想消解暑悶的方式：「……亦猶執熱者之思濯乎！」（仝前註）鬱悶的暑氣，對纏綿病榻的祝枝山，所形成的煩悶和無聊，是可以想像的。岑寂中，許多師友、往事，一一浮現心頭，彷彿對過往生命的反芻。當他沉思默想，心游物外的時候，心頭的煩悶反而爲之消滅，像王寵作「五憶歌」那樣，深情雋永的「懷知詩」，逐漸地，在枝山心靈中醞釀而成。

註一、〔式古堂書畫彙考〕冊二頁四一〇。
二、〔祝氏詩文集〕冊下頁一六三三「爲各體書與顧司勳後系」。
三、〔祝氏詩文集〕冊下頁一五二〇。
四、〔祝氏詩文集〕冊中頁九三七。
五、〔祝允明〕頁三九，葛鴻楨著，中國古代書法家叢書，紫禁城出版社出版。
六、〔祝氏詩文集〕冊中頁一〇七七。
七、〔祝允明〕頁五七。
八、〔吳越所見書畫錄〕卷二頁三四一。
九、〔文徵明書畫簡表〕頁三七，周道振編著，人民美術出版社（北京）。
十、〔祝氏詩文集〕冊下頁一四七三。
十一、〔祝氏詩文集〕冊中頁六七四「題徵明寫贈潘崇禮灌木寒泉大幅」。

十二、〔文徵明書畫簡表〕頁三七，文自題「勸農圖」。

十三、〔雅宜山人集〕頁一二〇～一二四。

第七十二章　夢迴懷星堂

吳寬、王鏊、沈周、陸完、葑門二朱……

病中的祝枝山，回想和幾位過世長執杖履相隨的景象，他們的道德、學問、風骨和勳業，以及對他的識拔與教誨，一點一滴地，從他的心裡擴散開來，縈繞在他的眼前。

那年，他三十五歲，冒著十月下旬的嚴寒，往訪沈周於相城。年近古稀的石田老人，和他把手同行林中。透過稀疏的林木，陽光灑落在枯葉上。他們頎長的身影，被樹影和起伏的幽徑分割得零零亂亂。那是他中舉後的第三年，脫掉襴衫的喜悅，已逐漸爲春闈的失意所掩蓋，心靈的沮喪，彷彿滿地的枯枝和敗葉。但這位誼介師友間的隱士，卻對他的器宇和才華，滿懷信心：

「……君今文名將蓋代，蹤跡所至人爭迎，青袍獵獵風滿袖，知者重者無公卿。……」（前已引錄）沈周在贈詩中寫。

對於祝枝山的史學造詣，沈周也讚賞不已：

「……謂子良史，左丘馬班，謂子鵬運，直舉橫騫……」（註一）

沈周的期許和勉勵，言猶在耳，但時光飛逝，轉眼他也到了暮年。「左丘馬班」，回想生平的際遇，祝枝山感到無限感慨。

「……對樹常疑屋，尋芳不辨柯。臨觴更喚酒，披縠妄稱羅。察耳因嗟蹇，尋聲卻悮羸。回身避石獸，揮策叱銅駝……」（前已引錄）以長詩幽默朱存理那雙高度的近視眼而傳誦一時，是沈周和他的傑作，想著「奉和沈先生戲贈性父短視之篇」中，描寫朱存理因近視所鬧的種種笑話，祝枝山不禁啞然失笑。

他也無時不想著存理載滿書畫、筆記的遊艇「野航」，以及在葑門外，溪畔二株古松下面和存理一起鼓琴、弈棋和品茗清談的歲月。存理六十歲時，枝山祝嘏詩中「書抄滿篋皆親手，詩草隨身半在舟，前輩風流惟此老，天工都為後生留。」（註二）是紀實，也是爲人傳誦的警句。

在蘇州士林，朱存理和祝枝山最相似的地方，就是他們同屬「中間」的一代。當老一輩的碩學雅士年邁而逐漸凋零時，他們起而教導年輕後進，使吳中的學術和風雅，繼續流傳發展下去。朱存理當年，於所居「見松閣」一水之隔的二松樹下，設「傲松軒」，接待楊循吉、都穆、祝枝山、文徵明、吳次明、唐伯虎等青年學子的熱心和風範，都成了祝枝山今天的寫照。在年齡上，二人是長輩與後生，在感情上，卻相處如兄弟手足。王寵、陳淳、文彭和文嘉兄弟，近年頻往懷星堂請益的，豈不正像當年在「傲松軒」聆教的一群？不知何時，朱存理的面影，竟和陳淳、文嘉等青春的面影交織在他的眼前。歲月輪轉，他也到了風燭殘年；看著自己羸弱的身體，滿室薰人的藥味，祝枝山不禁發出一聲聲長嘆：

「……緊我與君，髮皓相逐，今我視眾，如君我矚，餘霜猶幾，三歎不足！」（註三）

祝枝山在懷念朱存理五古中寫。

想到存理，那與存理比鄰而居，卻同樣嗜書如命的朱堯民，也立刻浮現在他的記憶中。

青年時代的祝枝山，曾經以一首七絕戲寄朱堯民，調侃他冒雨借書的情景：

「五日冬陰雨載途，途中日日走疲奴；聞渠竊向同曹說，不信家公為借書。」（註四）

記得堯民，每聽說有部難得一見的古籍，往往急得徹夜難眠。如果失之交臂，則皇皇不可終日；一旦如願以獲，立刻喜形於色，焚香瀹茗，和二三好友、後進，奇書共賞。對於葑門二朱的慈祥和風趣，祝枝山心中，眞可以說無時無刻不在懷念和依戀。他讚嘆兩人的風骨：

「葑亦多彥，卲矣兩朱，崑丘連璧，嶧陽雙梧。」

對於堯民的氣質和篤學，他更由衷地景仰：

「子出最後，遺風爽如；寒泉冬潔，篆竹秋臞，積百媚學，孰儷君劭！……」（註五）

可惜，如今一切早成過去。正德七年，堯民去世在先，翌年，存理接踵而逝，十四五年的歲月，祝枝山感到一種無可言喻的空虛和惆悵。

錢元抑、王寵、表弟蔣允暉、惠州秀才張天賦……這些遠近知交，無不賦性高潔，才氣縱橫，像那些過世的長輩一樣，爲祝枝山所愛敬，也是他生活中的精神支柱。

小他十餘歲的錢元抑，行事談吐，進退有節。他的致仕南歸，隱居漕湖，更使祝枝山覺得他是位有所爲有所不爲的君子。不過退隱後的錢元抑，在學術思想上，受到京中幾位翰林與太常寺同官的影響，頗從事於治心養性的道學修爲。不但棄絕一切支離的文字，而且每每以「文藝喪志」，諷勸士林好友，不要再從事於詩詞書畫之類的無益之學；這種見仁見智的主張，不要說別人，連他的密友文徵明，都無法接受。更令人費解的是，正值盛年的錢元抑，竟在所居之旁穿穴治冢，整備棺木，籌劃起未來的歸宿。這位博雅嗜古，爲宦三載的鴻臚寺寺丞，雖然有如許不近情理的變化，而祝枝山對他的敬愛，卻並未稍減：

「入室芝蘭始見薰，也知孤陋合離群。……」從浮現於眼前，錢元抑帶有威儀的面容，想到他那白雲秋水般的清高節操，祝枝山搦管疾書：

「……煙霄本自冥黃鵠，城市安能駐白雲。震澤晚山青歷歷，漕湖秋水碧沄沄；相思只借中天月，會把清輝兩地分。」—錢太常元抑（註六）

王寵、這位忘年之交，常給他一種不食人間煙火的感覺。無論他那優雅的風姿、清新脫俗的詩文、如春雲出岫般的字跡，都似神仙中人，不屬于汙濁的人世。想以文字來描摹出王寵的神情氣韻，即使以祝枝山的敏捷詩思，也大費斟酌：

「七十看花歲已殘，始憐梅蕋照衰顏，河清可道遭逢易，駕俗深慚會合難。錦繡段閒藏黼黻，驪龍珠抱媚江山；欲留光彩無窮事，心緒悠悠竹素間。」—王文學履吉二首（其一）（註七）……

祝枝山把這些在病中懷念知己，斷斷續續吟詠出來的詩篇，定名爲「懷知詩」；他在篇前自序：

「臥病泊然，緬懷平生知愛，遂各為一詩；少長隱顯，遠近存沒，皆非所計，秖以心腑之真。凡十有八人，共詩一十九首。」（註八）

依照祝枝山的構想，十位存在人世的好友，將各錄所贈本篇詩投贈，以爲紀念。但是「懷知詩」十九首的消息一經透露，立時洛陽紙貴，紛紛向這位臥病老人，索錄全篇。祝枝山也就隨興之所至和當時病況，有的得到全錄本，有的僅得所書贈存者詩十一首，或其他版本，不一而足（註九）。

△　△　△　△

祝枝山座落於日華里襲美街的「懷星堂」，奠基於嘉靖元年。堂址原爲其外祖父武功伯徐有貞所有。到了正德末季，中表兄弟他遷，這片環境幽靜，地勢高爽開闊的園地，就落到他的名下。

嘉靖二年人日堂成，請道士作醮，奏章時，有仙鶴旋導燎臺的異象，祝枝山賦「鶴章」一篇，以爲銘志。

懷星堂，除了爲退隱家居，讀書著作，會聚家人，燕請親朋好友之外，另闢一室，奉祀儒教鬼神。其中包括西方導師、宣聖孔子、伯夷、叔齊、老子、莊子、左丘明、班固、屈原、王羲之、蘇東坡、司馬光……從這些神位，可以看出晚歲的祝枝山，歷經人世滄桑，心靈中的信仰，已經融合了儒釋道三教。此外，史學家、文學家、書家以及心地光明，行爲足以表率群倫的古聖先賢，都在他膜拜之列。

嘉靖三年三月既望，他以一篇「所事儒教鬼神解」（註十）來闡明他的信仰，及奉祀先聖的原則和態度。

枝山一生，爲人所作的「堂銘」、「堂記」無計其數，而他那洋洋灑灑、古奧富麗，又帶著幾分神祕遐想的「懷星堂記」（註十一），想必經過長期的醞釀和一次次煅煉而成。

「存先廬以繫思，築新樓而萃衆。」在懷星堂記中，祝枝山首先寫出他構堂的動機。「軒窗洞明，院落舒曠。其內則圖書矗矗以周列，琴瑟閑閑而在御。筵案肆設，鐘鼓靜懸，月旦藏家人之儀，晨暮集高朋之駕，芝蘭滿坐，雲霏盈耳。」開闊舒爽、纖塵不染的淨潔與幽雅，勾畫出詩一般的生活情境。

就日常起居而言，則極盡懶散而閒適：

「或孤據屏几、崇朝忘興，或甘瞑枕席，踰辰乃寤。」

在學術上，面對著古賢遺册，大有如魚得水，左右逢源的樂趣：

「周孔之禮樂，洋洋上下，淵賜之音容；誾誾左右。遨〔春秋〕而友辭令，蹈〔戰國〕而參機辯。……」

沉思默想，神遊宇內，那種心靈中的自由，應是古往今來，無數讀書人夢寐以求的境界吧：

「靈飛渾澒，神潛窈冥，孤若禪祖，寂如洞穴，萬如紓緗，一若執象，江山不易，俯仰平遠，皇羲何在？千古在目，萬玄集膺，雖則一扉隔而道俗懸，百英對而今古接。」

從各種有關的文獻，祝枝山考據出街里名稱的由來，和曾經居住過的古賢，爲懷星堂之美，下了結語，也爲他生活的遠景，描繪出一個清晰的輪廓：

「嗟夫，擇仁而處者，智也。安土樂天者，達也。求古而歸契者，尙賢也；是之謂三善。有美而不知得師者，蒙也，懷居膠有將爲其後之恆守者，魯也；是之謂『二繆』。循三善而屏二繆，居室之理，其殆庶幾乎？爰用聲其臀鴞，登筆垣屏；時余齡六十七矣。嘉靖紀元之五祀，蒼龍駕于降婁，榦麗于柔兆月，惟宵中星虛哉生魄，丁卯文成。」

推算起來，祝枝山這篇「懷星堂記」，脫稿於嘉靖五年正月初四日。同年臘月廿七日，這位蘇州才子即回歸道山；二者相距僅三百五十餘日。其間十月，他爲崑山魏誠甫書「黃庭經」時，自識：「久疾初間」，莫非是迴光反照中，留下了千古名蹟！

懷星堂址之選，含有保存先廬的深遠寓意。精心規劃的堂室與庭院，汗牛充棟的古籍，宗教、先哲及祖先神牌的設置，正是要「歌於斯、哭於斯、聚國族於斯」，爲世代相傳的久遠打算。「鶴章」中的虔誠祝禱，「懷星堂記」中的美麗憧憬。轉眼之間，彷彿一場春夢；隨著祝枝山的逝世，爲蘇州士林和家人好友，留下無限的悵惘。

△　　△　　△　　△

和懷星堂相比，文徵明還鄉後於舍東所築的「玉磬山房」，規模就小多了。但是窗明几淨，陳設幽雅，旣便於讀書創作，又能與二三好友促膝談心，度其閒適的生活，則毫無二致。山房外面，種了二株桐樹，致仕後的文徵明經常在樹下流連嘯詠，安祥散朗，人望之有如神仙。家門中，除了他原有的禁絕歌舞女色之外，由於寧王先例，及朝中所見，對於藩邸，他一概採取敬而遠之的審愼態度。對於中貴人，則絕對不肯往來。

「此，國家法也。」（註十二）文徵明堅決地表示。

爲宦京師雖然未久，但幾年來所閱歷的宦海波瀾，卻極爲豐富，這也就更堅定了他處世的信念：

「人之處世，居官惟有出處進退，居家惟有孝弟忠信。」（註十三）

「玉磬山房」落成前後，嘉靖二年藉病辭山西按察使而不就的顧璘，仍舊養痾金陵。顧璘本籍吳縣，時常往來吳下。曾以哀淒的心情，憑弔故相國王鏊的園亭。在王鏊之子所栽種新花木間，流連徘徊：

「…門牆惠澤思不盡，踏遍三槐樹下苔。」—遊故相守溪公園亭見中舍君新栽花木（註十四）

痛感宏治以來，多少光燦耀目的文學家及詩人，紛紛凋謝；尤其吳中好友徐禎卿、唐伯虎、都穆、祝枝山等。惟恐斯文流散，如孔子所說的：「天之將喪斯文也，後死者不得與斯文也。」顧璘正著手輯〔國寶新編〕（註十五）。〔國寶新編〕，只錄過世的作家，存者一概未錄。並各加敍贊，簡敍其身世、爲人及文學上的成就。贊中，一一肯定其在文學史上應有的承先啓後地位。

「博士清資，冰淵斯濯。遺編熒熒，鳳羽麟角。唯寶貴奇，匪以其多。有文弗粹，山委則那。」（註十六）在顧氏交遊中，徐禎卿才高命蹇，是早隕的巨星。顧璘認爲徐氏上探騷雅，下括高岑，融會貫通而成的〔談藝錄〕，可謂良工獨苦，必將照耀千古。

對於都穆和唐伯虎兩位故友，撇開都、唐間的恩怨，顧璘仍然把都穆視爲淡泊的君子，在考據和著述方面都有不可泯滅的建樹。有關伯虎的才華與遭遇，使顧璘不得不擲筆長嘆：

「嗟嗟伯虎，孰廣爾志，登臺則流，牖下斯滯。生滅既一，寵辱奚驚，上善若水，是生令名。」（仝註十六）

顧璘藉眞州蔣山卿，讀祝枝山所撰「建康觀雲記」（註十七）後的驚嘆，來反映祝氏的才華：

「文不在兹乎！偏才曲學，真河伯未離龍門，難與言水也。」（仝註十六）

論及祝枝山的文學造詣，顧氏以爲：「高者凌徐庾，下亦不失皮陸。」而其書學上的精工和諸體俱臻妙境，顧璘認爲有明以來，恐怕無出其右。至於其玩世自放，傲睨冠紳，顧璘更將這位謝世未久的好友，比擬爲漢代的東方朔：

「漢隱方朔，明玩祝子。」（仝註十六）

徐、唐、文、祝，吳門四才子，〈國寶新編〉中已錄入其三；面對年近耳順，碩果僅存的文徵明，濃髯滿面的顧璘，敬愛之餘，也感慨無任。在「贈文徵仲」（註十八）五古中，對文徵明性格和爲人處世的風骨，有深刻而生動的描寫：

「揜面過行女，閉門拒王侯。天然冰玉操，不與思慮謀。」自少至長，文徵明于女性面前所流露出來的羞怯和慌亂，在友輩眼裡，往往被視爲笑柄。花前月下，或歌聲舞影中，他那種對異性的僵持和畏避，又不免掃人雅興。但經好友顧璘，獨具隻眼地把「揜面過行女」的畏怯，和「閉門拒王侯」的凜然氣度，兩相對仗，立刻顯得意象鮮活，逸趣橫生。也讓人對文徵明端莊、狷介的性格，不禁肅然起敬；眞可謂千古絕對。

「…待詔入金馬，玩世存薄游。脫冠挂神武，遂返蓴鱸舟。…」無論在知縣、知府或南京吏部任內，顧璘性情融朗闊達，精通吏理，更勇於任事；但是，他也能急流勇退，縱情於山水嘯詠之間。文徵明的掛冠來歸，顧璘內心毋寧是懷著一份期待和喜悅；此後他們可以邀集舊侶，遍遊名山大川，以了宿願。

這首五古的末段，顧氏以其生花妙筆，描摹文徵明金臺息影後的悠閒歲月：

「頣神擊磬室，放歌埋劍丘，掉筆弄圖畫，盡搶松雪儔。乃驚鐵石腸，遺韻仍綢繆；伯陽信龍物，變化不可求。」

「伯陽信龍物，變化不可求。」從這首詩的尾韻，隱約可見文徵明在顧璘心目中的評價，堪居「吳中四才子」之首。

△　△　△　△

久違了，虎丘。

文徵明困處京師的後期，魂夢中所思念的，無非吳山、笠澤、橫塘以及蘇州城內外的古寺。

嘉靖六年三月十六日，當他登上虎丘碼頭，走在石磚鋪成的朝山路上，眞有一種虎歸山林，游魚入淵的快慰。林木中的鳥囀，飄過千人石上的陣陣暖風，可中亭畔的花香，無不令人心醉。雲岩石塔，似乎更傾斜了，經冬的簷草，使它看來有幾分蒼涼。文徵明信口低吟：

「靈丘石上思冷然，紺壁樓臺劇目前，香林遍遶生公石，法境長寒陸羽泉。」—虎丘

春遊詞十首（其六）（註十九）

暮春的劍池，依然十分冷冽。猶記那年冬天，池水乾涸，滄海桑田之變，使人議論紛紛。他曾冒險持著火把，從地下石闕，進入深不可測的石洞，想一探究竟。千載相傳，秦始皇南巡，發闔閭墓，鑿山求劍因而成池的故事，隨著陣陣冷風，浮現在他的腦際。唯恐火盡無法出洞，只好拾塊墓磚半途而返。轉眼，已是十五六年前的舊事。看著汩汩而流的寒泉，文徵明感覺到有些不可思議。當日同游者，今日尚存幾人？宦游乍歸的文徵明，不禁爲之黯然。

赴京前一年的五月，也曾偕王寵濯足於此，並作山水扇爲贈；至此亦已五易寒暑。「富貴別離易，貧賤去住難，游子起蓐食，盡室慘不歡」（前已引錄）咀嚼兩年前王寵送王守的詩句，那種離別的酸楚，再次衝上文徵明的眉心。王守雖然喜得釋褐，但憔悴多病的王寵，卻依然困於場屋；年逾而立的長子文彭和廿七歲的次子文嘉，又何獨不然！功名路上的憂喜得失，眞是一個難解的謎題，文徵明心下，一片迷茫。

註一、〔祝氏詩文集〕册上頁六二五「沈周先生」。

二、〔野航附錄〕頁二，欽定四庫全書集部六。

三、〔祝氏詩文集〕册上頁六二八「朱孝廉性甫」。

四、〔祝氏詩文集〕册上頁九九「戲寄朱堯民」。

五、〔祝氏詩文集〕册上頁六二九「朱文學堯民」。

六、〔祝氏詩文集〕册上頁六一五。
七、〔祝氏詩文集〕册上頁六一九。
八、〔祝氏詩文集〕册上頁六一七。
九、〔吳越所見書畫錄〕卷二頁二九、〔式古堂書畫彙考〕册二頁四一三。
十、〔祝氏詩文集〕册下頁一三八六。
十一、〔祝氏詩文集〕册下頁一四一四。
十二、〔甫田集〕頁一「文先生傳」。
十三、〔甫田集〕頁八九三附錄「先君行略」。
十四、〔吳都文粹續集〕卷五二頁四二。
十五、〔國寶新編〕見於〔明朝小說大觀〕明人百家本頁五四九，及國立中央圖書館善本藏書室藏本。
十六、〔明朝小說大觀〕明人百家本頁五四九。
十七、〔祝氏詩文集〕册下頁一三九二。
十八、〔吳都文粹續集〕卷五二頁四二。
十九、〔吳越所見書畫錄〕卷三頁五三。

第七十三章　歲寒五友

蘇州閶門裡，專諸巷東，有座寶林寺。由寶林寺往東，地近唐伯虎故居吳趨里附近，綠柳桃花掩映中，有流水、拱橋和深藏著的一處宅院——「雁蕩村」。

主人袁鼐，號「方齋」，是位帶有濃厚書卷氣的富商，中年曾作過崑山醫學訓科，不久就去官歸隱。善於養生，樂觀而豁達，如美玉般的容顏，滿頭濃密的銀髮，怎樣也看不出不久前已六十初度。

嘉靖六年二月，除了慶賀他六十壽誕之外，四侄袁袠先著青雲鞭，也是一件值得大肆慶賀的喜事。袁鼐事母極孝，而且非常友愛；自少至老，兄弟間相處，始終和和樂樂，看來無異於童年。

袁鼒有二子：袁衮（補之）、袁裘（紹之）；袁鼏（懷雪）則有子四人：袁表（邦正）、袁褧（尚之）、袁褒（與之）和袁袠（永之）。這六位公子，雖然有的得志，有的屢試應天不利，有的以太學生補了個兵馬指揮；但他們的學問、才氣和志節，則勿庸置疑，因此，蘇州人稱之爲「袁氏六俊」。

所謂「先著青雲鞭」的袁袠，中嘉靖四年南京解元，當年冬天進京，經常與王守、文徵明詩酒盤桓，陪伴後者度過進退維谷，孤獨苦悶的歲月。

由於里閈相近，袁袠遠自童年，便隨著父親和叔伯往訪桃花塢和唐伯虎的臨街小樓。

長大後，更與這位名滿天下的詩人杖履相從，不時詩酒唱和。仰慕之情，使他正積極地搜集伯虎詩詞歌賦，乃至雜文，準備付之梨棗，傳播於世，以慰忘年知交於九泉之下。對於此事，文徵明非但樂觀其成，心中更存著無比的感激。

嘉靖五年春闈，袁袠和王守，同時高中，袁袠並以優異才學，膺選爲翰林庶吉士。

春風得意，對袁袠而言，與其說是光宗耀祖的喜事，毋寧說是一場政治悲劇；至於在袁鼒六十壽筵的盈門賀客中，一時可能尙無人得知官場的眞象，或者有人心中知道，卻不便道破罷了。

廷試時，學士張璁讀到袁袠試卷，曾經贊賞不置，欲薦爲榜首。可能因不齒張璁爲人，一干讀卷大臣，多少帶有幾分意氣用事地，把袁袠抑置於第二甲，選爲庶吉士。

爲了籠絡袁袠，事後張璁極力宣揚他對袁氏的賞識和提攜的德意；只是袁袠既未表達謝忱，也未前往趨謁。被這種冷漠態度所激怒的張璁，轉而密奏於嘉靖皇帝御座之前，表示本科所選的庶吉士，均屬少年浮薄之輩，難成大器；莫如放到各部去歷練政事。君臣密議之下，首當其衝的就是袁袠；很快地就調離翰林院，授刑部主事，繼而改任兵部武選。

當兵部武選司署失火之夜，適逢袁袠代友當值。又給了張璁一次落井下石的機會，暗示獄吏嚴刑逼供，欲坐袁氏以故意縱火，謀爲奸利的罪名，一舉置之於死地。唯刑訊結果，毫無所得，只好將原欲判決的斬刑，減爲戍守湖州。

如果袁鼒得知遠在北京的從子，宦途坎坷至此，儘管如何豁達，壽筵之上，恐怕也難展歡顏吧。

琳琅滿目的祝壽禮品中，以王寵久經策劃的吳中勝景詩畫册（註一）最爲珍貴。

袁鼒和王寵父親王貞同學，極相友愛，王寵則與袁氏長子袁袞爲同窗契友。由於兩代世誼，所以一向深居簡出的王寵才樂於聚吳中老成新秀的墨翰於一堂，成爲照耀千古的瑰寶。

望湖亭、行春橋、林屋洞、消夏灣…以及袁氏居宅所在的雁蕩邨，一共爲二十景。分別由文嘉、文伯仁、陳淳、陸治四位青年畫家執筆，人各五幅，一律寫於絹本之上。山水的對頁，則請二十位當代詩家，分別就景賦詩。其中騷、賦、五古和七律等，不拘一體，均以宋紙書寫。其中也有幾位工詩而不善於法書的，便由王寵代爲落墨。二十幅畫與題的後面，是王寵的一篇「壽方齋袁君六十頌」及序，爲他多時籌劃的心血，作了個總結。

由文徵明門人包山陸治所畫的「鳳見嶺」，在天池和穹窿山附近，早年相城隱士沈周也曾畫過。山峰聳峙，山路紆曲，宜於隱者蹤步棲遲，文人雅士嘯詠寄跡，也是袁鼒所最喜歡登臨的地方。對題則是文徵明猶子文伯仁的一篇長賦。文伯仁字「承德」，號「五峰」，少年時代，性情暴躁，好使氣罵座，大概頗受乃父文徵靜的影響。爲了與叔父徵明興訟，曾經一度繫獄。轉眼年已二十五歲，眼見原來性格感情大相逕庭的父親和叔父，無時無日不相歡聚，可能也會深悔少年時期的孟浪吧。文伯仁山水，筆力清勁，佈局奇兀，雖然稍微有點塞實之感，一般而言，還是很能傳承文徵明的家學。在詩賦方面的造詣，也使讀者無不嘖嘖稱道。

文徵明回到蘇州，袁鼒六十壽誕，早已過去一個多月，祝壽書畫册送到風塵僕僕的文徵明面前，可能在春夏之交。王寵爲他預留的詩題，不知是有意或無意，乃是開卷首幅，由愛子文嘉所繪的「望湖亭」。文徵明仔細地把圖册翻閱一遍，二十幅山水的四位畫者，盡是他的門生弟子和子侄。二十位題者，除自己外，湯珍、錢貴和新授南京翰林院孔目的蔡羽，可謂老一輩中的碩果僅存。文嘉、文伯仁、陸治，兼具詩書畫多方之長，所以册中有畫也有題。長子文彭，分題陸治所畫的「白蓮涇」；白蓮涇是袁鼒別墅的所在地，夫妻彷彿神仙伴侶，過著蕩舟、賞花的悠遊歲月。

年逾而立的文彭，以一篇五古，描寫蓮涇之美，以及經常與鴛鷺爲伍，遠離塵世的清靜生活，使倦遊歸來的文徵明，不禁爲之嚮往。書畫之外，文彭更專注於篆刻，所作象牙章，文徵明頗加贊賞。其餘題者，也多爲文門子弟或親交。藉著袁鼒的六十祝嘏，王寵似乎把吳門藝林耆宿和青年菁英，匯爲一股川流，未來的發展，隱然可見。文徵明去鄉不過四載，前輩乃至同輩好友，凋零殆盡，後生子弟，則紛紛茁壯，成了士林的中堅。難怪別時年僅四歲的長孫肇祉，早已入塾讀書了。

端節過後，李少宰、杭巡撫等封疆大吏的邀宴，錢元抑等好友攜樽過訪之後，生活已逐漸進入常軌。趁著秋涼時候，文徵明攜次子文嘉，前往睽違已久的金陵；應冶城（江寧縣西）趙麗卿侍御之邀，並往訪好友許彥明。

趙麗卿，這位在北京時的鄰居，不少日子，他們並馬上朝。嘉靖四年深秋，趙麗卿南歸金陵，文徵明依依相送，滿懷鄉愁地賦了四首七絕，贈別兼以明志：

「清秋北雁盡南征，我獨東歸計未成，為語金陵文酒伴，年來白髮滿頭生。」—送趙

麗卿四首（之四）（註二）

冶城是東晉謝安和王羲之登眺吟詠的地方，其時兩位賢達莫不悠然遐想，有高世之志。分別兩年後的文徵明和趙麗卿，冶城重逢，不但兩人頭髮更白；舉頭所見，落木蕭蕭，城下荒𡐨秋草，古人的幽嘆，彷彿重現耳際，益增心中的感慨與涼意。面對著隱隱青山，文徵明仰首悲吟：

「……有客樽前談夢鹿，何人天際慕飛鴻，荒𡐨寂寞埋秋草，猶自風流憶謝公。」——趙麗卿侍御邀遊冶城（註三）

重九日，和好友許彥明到城南的雨花臺登高。許彥明是他青年時代應天鄉試所結識的好友，和顧璘、陳沂、王欽佩（金陵三傑）的交誼，同樣深厚而久遠。經常，他以唐朝書家「許渾」稱呼彥明。每屆鄉試前後，他們總有多日詩酒盤桓，燈下清話。從僵硬的科舉制度，風雲詭譎的時事，到星散各地的好友遭際，到頭來，不免引起聲聲慨嘆，回顧前塵，更不啻南柯一夢。

向晚的雨花臺，宿雨初乾，金風陣陣，江光野色，盡落眼底。幾杯佳釀，使徵明胸中塊壘頗感一吐爲快：

「……老年節物偏生感，到處雲林不負閒，落木滿空秋萬里，暝禽遙帶夕陽還。」——九日與彥明登雨花臺（註四）

這首詩，應時應景，抒寫一時心中所感，但比較起來，不如稍前他布襪青鞋，身著短褐，步行至寶光寺那首七律，更能表現辭官後的感觸，和發自心靈深處的空虛與矛盾：

「布襪青鞋短褐衣，酒樽詩卷一僮隨。白頭自笑曾供奉，徒步誰憐老拾遺。五畮喜聞秔稻熟，重陽還恨菊花遲，松竇竹谷逍遙地，時有山僧乞小詩。」（仝前註）

△ △ △ △

唐伯虎和仇英，雖然同樣受業於老畫師周臣之門，但在一般人的觀感中，比起文、唐二人，仇英究屬後起之秀，加以出身漆工、瓷匠，也予人胸乏文墨的印象。但由於近年周臣年邁，伯虎凋謝，徵明又游宦金臺，步入中年的仇英，在蘇州的繪畫地位，遂愈形重要了。難能可貴的是，在好友薰陶，和他多年努力鑽研下，筆底的山水人物，不僅能得到大小李將軍及北宋趙伯駒、趙伯驌兄弟之精工，也能得到那種優雅綿密的韻度；或者可說是文人眼中的「士氣」。此外，他的某些作品，筆緻逐漸縱逸，也頗有那種兼工帶寫，和文人戲墨的意味。

嘉靖二年五月，翰林院國史編修崑山王同祖，爲他授鉛山令尹的同年朱子羽餞別。席間嘉賓雲集，文人雅士紛紛賦詩，以壯行色。王同祖堅邀仇英作圖，並親自書敍於圖後，成爲朱子羽珍祕的寶物（註五）。四年春天三月，祝枝山一見友人王元度所持趙孟頫畫「老聃書黃庭圖」，愛不忍釋，立刻延請仇英前來臨寫，以安慰病中岑寂，更補書黃庭經，使與仇英所臨書黃庭經圖，成爲合璧（前已有註）。

隨著繪畫聲名遠播，仇英的藝術視野，也爲之寬闊起來。許多收藏書畫之家，重金禮聘，請其作畫；不限時日，使他能從容構思和落墨。同時也把家中秘藏古代名畫，供他研究考據，勾勒粉本；因之，其作品也愈發思想細密，古意盎然。嘉靖五年春天，在鎮江米芾故居海岳庵，得睹聞名已久的李龍眠十八羅漢卷，其內心的興奮與快慰，不難想見。仇英一如古昔畫家，名款、圖章之外，畫面上甚少年款，更乏自書的長題大跋。但這次，卻破例地在寬達一丈一尺餘的宣德牋上自題：

「嘉靖五年春暮，在海岳庵拜觀李龍眠十八尊羅漢卷，敬臨大意。實父仇英識。」（註六）

無錫著名藏家華雲的劍光閣，也成爲仇英作客之地。嘉靖六年，華雲便禮聘仇英作長逾丈二的絹本「維摩詰說法圖卷」。以李昭道青綠法著色，寫林巒迤邐，雲水瀠徊的山間，兩位尊者相對而立。接下去，是奇峰怪石的幽深洞壑，洞口有馭象者四人。當畫卷逐漸捲向左方，峭壁如環，豁然開朗。維摩詰、天女、奉鉢的童子、男女侍從，乃至聆法後，接受考驗的衆多弟子，均出現在畫面上。天女所散播的花朶，形成繽紛而莊嚴的境界。長卷尾段，則一片山高水長，陪襯出熱鬧而神秘的景觀。

依佛教典故，維摩詰說法之後，維摩詰室有一天女，見諸人聞所說法，便現身以天花散落在諸菩薩及弟子身上，以驗證衆生向道的心志是否堅毅，結習未改者，花即著身。

這一年的端陽後二日，王寵在石湖草堂，以眞書爲跋；除了引維摩詰經，略敍仇英畫意之外，也對仇英造詣和華雲如獲至寶的心境，有所描述：

「……若夫實父畫法精玅，久已膾炙人口，余何必再贅焉。補菴珍之如趙璧，屬余為題識，爰為此數語…」（註七）

文徵明的二子一侄，於詩書畫無所不能，使徵明家學，得以承傳，早已成爲藝林佳話。仇英兒子能否繼承父志，不得而知；但其掌珠「杜陵內史」仇珠，卻下筆頗有父風。所作「觀音大士像」，慈容端莊，神態妍雅。爲王寵所書之「洛神賦補圖」，見者莫不贊嘆。李公麟白描「群仙高會圖」，仇珠摹寫當在二本以上。圖中人物百餘。工細而秀逸，絕無閨閣脂粉之態，一時有「女中李伯時」之目。相較之下，文徵明佳兒恐怕就不能專美於前了。

△　△　△　△

仇英爲某氏所作「碧梧翠竹圖」，王寵、彭年、文徵明皆有題詠。仇英此圖，照例沒有年款，從徵明詩中所透露出來的消息，可能作於嘉靖七年春天前後：

「年來無夢入京華，才盡文通敢漫誇，但得池頭頻賦草，不須筆底更生花。」（註八）

這首七絕，即使不能爲「碧梧翠竹圖」暗示出創作的年代，起碼也浮現出文徵明潛在的心曲。他以半生精力，盡瘁於應天鄉試。屢戰屢北，瀕臨絕望之際，始得以年資入貢，並蒙恩詔拔擢，成爲翰林待詔，與修國史。對畫學史學造詣同樣深厚的文徵明而言，可謂魚得入淵，虎躍山林，正可一展長才，以償其宿願。

大禮爭議不絕和朝政日非，使守正之士，死難、繫獄、左遷或斥逐，幾乎很少倖免。加以張璁的籠絡和逼迫，使他不得不掛冠東歸。

唐伯虎春闈冤獄，備嘗折磨和屈辱。但，晚歲依然不免擬賀表，夢草制。朝市之想，似乎始終未能從心靈中根絕。「白頭自笑曾供奉，徒步誰憐老拾遺」；文徵明褐衣徒步至寶光寺時，腦中所興起的落寞感，不僅可以理解；烙印在胸臆間的京華夢痕，也就難以完全磨滅了。

不過，當時序進入嘉靖七年春天，他不但重又融入吳山吳水之中，書畫創作的脈動，也逐漸平穩下來。

二月，湯珍邀他同游玄墓山，留憩僧寮達五日之久，飽沃山光水色，彷彿在塡補幾年來的空虛，以及對故鄉風物的朝思暮想。歸舟之中，帶著幾分旅遊後的倦怠，兩人都沉默下來。爲了消解寂寞，湯珍取出紙墨，向文徵明索畫。徵明爲作松石、蘭石、柏、竹以及梅花長卷。紙高不足一尺，寬卻達三丈左右，堪稱近年鉅作。

宋王孫趙孟頫的從兄趙孟堅（子固），曾以勁利的筆鋒，寫松竹梅，謂之「歲寒三友」，以象徵其清高的人格。文徵明則加上幽蘭、古柏，共成五友。

「紫莖拆新粉，別葉轉光風，小閣茶甌歇，相著細雨中。」（註九）文徵明詩筆下的蘭，是可以在瀟瀟細雨的湘簾下，品茗默坐的友伴。一縷縷幽香，浮動於清冷寂靜中。湯珍、王寵，正如這種寂靜中，默默相對的朋友。一次，永嘉好友趙君澤，寄贈溫蘭，他高興得賦詩深謝：

「草堂安得有琳瑯，傍案猗蘭奕葉光，千里故人勞解珮，一窗幽意自生香。……」——謝永嘉趙石澤寄蘭（註十）。而此蘭竟爲愛徒陳淳借去不還，使他思念，久久難忘。

他也曾前往越溪，以蘭花贈王寵，王寵謝詩之中，充滿了欣慰和友情的溫馨：

「美人涉秋水，結我紫蘭心，雜佩耀奇服，幽香披道襟。窗虛山翠積，石古澗藤陰，坐對忘言久，臨風揮玉琴。」—文內翰徵仲攜秋蘭過山齋作（註十一）。文徵明一再地玩味著王寵這首七律。王寵冰雪般的氣質，略顯蒼白的臉色，眞像深谷中的幽蘭。他不涉世事，似乎只適於在崖谷間詠嘯；然而，他卻像自己早年一樣，以半生歲月，僕僕金陵道上，顚躓於場屋之間。

和幽蘭相對映的古柏，是文徵明心目中的昂藏男子，頂天立地，彷彿擎天之柱：「黛色恭天二千尺，霜皮溜雨四十圍。」（仝註九）在畫中，他以簡簡單單七言聯，題寫出古柏的氣概。

然而，就他耳目所及，林見素、楊廷和、喬宇…在宦海波瀾中，多少勳名彰著的「擎天之柱」，仍不免黯然神傷地隨波浮沉。在長卷後記中，文徵明語多感觸地發出弦外之音：

「……昔子固嘗圖松竹梅，謂之歲寒三友，余加以幽蘭古柏，足成長卷；惜一時漫興，觀者當於驪黃外求之可也。」（仝註九）

除了這薄霧似的感傷之外，談及趙孟堅的性情，不禁令人心神爲之一爽。

趙孟堅嗜書，傳說他身邊有三件寶物，坐臥不離：其一是北宋書畫大師楊旡咎的法書小軸，其二是楊旡咎外甥，避秦檜而不仕的湯正仲橫卷。另一件爲晚年所得，大名鼎鼎詞家姜夔珍藏過的定武本蘭亭禊帖。

像米芾那樣，這位趙王孫喜歡把各種書畫雅玩，裝載船上，四處漂泊。遇有山清水秀之處，便一舟橫陳，雅玩羅列，或與諸賢評賞。或箕踞嘯詠，高歌離騷。無論船上、江畔，人們一見便知是趙孟堅的書畫船。

某次，孟堅與客夜泛至浙江霅溪的昇山，風急浪湧，書畫船撞裂。危急中，只見趙孟堅立身於淺水裡；兩手高舉禊帖，告訴同游者：

「蘭亭在此，餘不足問！」（註十二）

事後，並題於禊帖卷首：

「性命可輕，至寶是保。」其人品節操，乃至書畫、行徑，幾乎無不令人叫絕。

一舟水上，四處漂泊，收羅奇書名畫，近人中朱存理的野航號，差堪比擬。想到和存理在雙松樹下清談問道的景象，老輩風流已難得再見，文徵明和湯珍，無不嗟嘆。

像王寵一樣，博綜群籍的湯珍，也是屢困科舉。十餘年來，經常讀書石湖，並教授文彭、文嘉及彭年等。文徵明在感激之餘，也以「歲寒五友」互相勉勵。

註一、〔吳越所見書畫錄〕卷四頁四七～五七。

二、〔甫田集〕頁二八七。

三、〔甫田集〕頁三〇三。

四、〔甫田集〕頁三〇四。

五、〔書畫鑑景〕頁四〇五。

六、〔秘殿珠林〕續編頁一四四。

七、〔書畫鑑景〕頁四〇一。

八、〔石渠寶笈〕頁六五三。

九、〔吳越所見書畫錄〕卷三頁五一。

十、〔莆田集〕頁一一九。

十一、〔雅宜山人集〕頁二三六。

十二、趙孟堅事跡，見〔中國美術家人名辭典〕頁一二八〇「趙孟堅」條。

第七十四章　關山積雪

也是春天，大約在文徵明、湯珍同遊玄墓山不久以後的事，剛剛起任浙江右布政使的顧璘，來信邀文徵明往遊西湖。

蘇州、杭州，同樣有「人間天堂」的美譽，但生長於蘇州的文徵明，對那波光瀲灩的西湖，狂濤怒浪的錢塘江潮，總像欠缺了一些緣份似的。

文林先後兩次任職永嘉，杭州爲從蘇州到溫州的必經之地，但，一次由於徵明年幼無知，隨著家人往返，自然無法領略山川之秀。另一次父親病危，文徵明攜醫往救，結果是護著文林的靈櫬回返蘇州，更無心遊山玩水。

成化七年春天，那時徵明才兩歲，沈周和弟弟沈繼南、致仕僉憲劉珏、隱士史明古偕遊西湖。歸後，沈周特別爲乃弟作西湖十六景，供其病中臥游，解除寂寥。那知，第二年繼南和劉珏便雙雙病故。其後徵明每當讀到沈周哭悼胞弟和好友的詩作，就好像見到石田師當時那種悲愴的面容，心情也隨之黯然。但沈周筆下的西湖勝景，卻使文徵明心嚮往之。視力不良的朱存理，也曾繼沈周之後，駕著滿載書畫的野航號，尋詩於蘇堤、斷橋、西泠等勝境；一直爲鄉里之間所津津樂道，就更令爲場屋和生計所羈絆的文徵明羨慕不已。

正德中葉，顧璘歷任浙江台州知府和浙江布政使司左參政，曾屢次書邀徵明前往杭州遊湖觀潮，到靈隱寺尋訪沈周當日所留下的題詩和畫蹟，也都因故未能如願。回想起來，文徵明心中，就有著說不出的懊惱。

這次文徵明北京歸來，名繮利鎖，不但看穿，且已擺脫淨盡，正可以閒雲野鶴之身，一償宿願，卻又因病，辜負了好友雅意；文徵明以充滿遺憾、歉疚的筆調寄詩顧璘：

「舊約錢塘二十年，春風擬放越溪船，卻憐白髮牽衰病，應是青山欠此緣。……」——顧華玉以書邀予爲西湖之遊病不能赴詩以謝之（註一）

離家赴任，滿懷鄉愁的顧璘，不久亦有詩筒傳達內心的空虛和悵惘：

「懷君不見動經年，有約猶慳訪戴船，草閣自含懸榻愧，蓮舟終少聽歌緣。徒聞避俗稱高士，未必尋幽損大賢；落日依闌空佇立，海山千點淡蒼煙。」——文徵仲翰苑約游西湖不至次韻奉嘲（註二）

其實，年近花甲的文徵明，除了時患微恙之外，主要還是一種身心的倦怠，常覺一動莫如一靜。簷下的避風簾幕，往往放下不捲。有時，連著十幾天，懶於梳理頭髮。對酒、觀書、煮茶和晏起，逐漸成了生活上的習慣。

「晚得酒中趣，三杯時暢然，難忘是花下，何物勝樽前？……」——對酒（註三）

像這樣花下樽前，淺斟細酌的生活情趣，雖然是年歲使然，想來多少也得自石田師的啓發。徵明在雙峨僧舍、承天寺和有竹居開始受教於沈周時，沈周大約也是八十幾歲吧？

「…世事有千變，人生無百年，還應騎馬客，輸我北窗眠。」

文徵明「對酒」七律後四句所領悟到的那種超然境界，沈周青年時代就已參悟透徹；

而他和祝枝山，卻都在歷經人世滄桑，兩鬢皤白的花甲之年，才得大徹大悟，頹然自放，北窗高臥。揣摩其中的原因，文、祝二人，可能基於對社會、朝廷和歷史的一種使命感吧！博覽群籍格物致知之外，先與仕途所必經的科舉搏鬥，經過一再挫折；過了知命之年，始以年資和聲望，得到一份微末的官職。最終又都因環境和時勢，在飽受無力感的摧折之下，神色黯然地超脫了宦海生涯。這番領悟，對祝枝山而言，似乎是晚了一點。溫州公文林，雖然及時領悟，卻又被迫出山，終至客死官所。有了這些先例，如何安排居家的歲月，倒是很值得文徵明思索玩味的課題。

觀書，是文徵明遠自少年時代所養成的習慣，如今已老眼昏花，雖然結習未改，卻難以長時間閱讀。有時欹枕窗下，百無聊賴，有時細雨燈前，滿懷寂寥，便一編在手，一面讀，一面體會個中滋味，自結靜中之緣。

在妻子的體貼照顧之下，徵明一生也未曾插手家事，唯有煮茶，他才親自動手煎烹。住在陽羨和無錫的好友，知道他雅好此道，不時寄來陽羨茶和用瓦缶封裝的惠山泉。這才是文徵明最爲興奮的時候，挽起衣袖，旋洗沙缾，更親自引火燃爐，查看火候。品茗、參禪，也幾乎成了他的日課：

「絹封陽羨月，瓦缶惠山泉，至味心難忘，閒情手自煎。地罏殘雪後，禪榻晚風前，為問貧陶穀，何如病玉川？」─煮茶（註四）

暮春三月既望，文徵明在相城邂逅陽羨好友王德昭，兩人不但地罏相對，品茗清話。文徵明一時雅興勃發，爲作「青陰試茗圖」（註五）一幅，並繫以七律一首，無論畫意詩境，都不難見出致仕後的文徵明，在茶藝與禪道上面所作的功夫。

對文徵明來說，晏起不僅和老、病、懶以及減少交游有關，恐怕也是當年行腳赴試、聽雞上朝的緊張歲月的一種心理補償。或者說已經成了他隱逸哲學的一部份：

「林下將迎寡，頹然萬事捐，老知閒有益，病與嬾相便。殘夢荒雞外，輕寒總帳前；從教貧到骨，不負日高眠。」—晏起（註六）

不過，儘管致仕後的文徵明隱志已堅，閒逸頹放的生活方式，漸漸成了習慣，但對好友的殷殷情意，與杭州的山川始終緣慳一面，仍舊有著揮之不去的縈懷：

「…漫說西湖天下勝，負他北道主人賢；只餘好夢隨潮去，月落空江萬樹煙。」（同註一）文徵明在謝顧璘邀游七律中，傳達了他的心聲。

△ △ △ △

文徵明宦游金台，求的是多年來的苦心孤詣，能夠得到明主的賞識，蔚爲國用，造福群倫。不得已，則退隱家園，在閒適生活中，以書畫自娛，終老此身。

反觀和他誼屬世交的琴士楊季靜，也是隱居一生，並同樣有種難以排遣的空虛和悵惘。

楊季靜，以家傳的琴藝見重鄉里。但常感知音罕遇，壯歲時曾幾度挾琴，前往金陵，在古老荒蕪的鳳凰臺、巍巍聳峙的鍾山上、六朝風流所在的秦淮河畔……解衣磅礴，意在尋求千古知音的子期。

爲了送季靜南遊，唐伯虎爲作「南遊圖卷」，文徵明也以世交好友，賦五古長詩，以壯行色。

畫卷之後，崑山黃雲，則以過來人的口吻，奉勸季靜對那古老的都城，莫抱過高的期望：

「幾年南國看煙花，功業無成笑鬢華，送子薄遊攜綠綺，知音不在五侯家。崑山黃雲。」（註七）

邢參的贈別詩，則更加語重心長：「…師曠明五音，所適無轗軻；吾獨懼子心，此行不能果。丈夫當磊落，莫被利名鎖，世路多間關，齊人笑眇跛。願子求知音，勿誚吾言瑣。」（同註七）

當時，文徵明和落拓潦倒的唐伯虎，都是三十六歲的壯年。轉眼二十餘年，早已人事全非；至於那次楊季靜的金陵之行，究竟收穫如何，恐怕只能說是「冷暖自知」了。

其後，伯虎又爲楊氏作了一幅「琴士圖」（註八）。

山巖下，瀑布溪流的淙淙鳴響中，琴士趺坐揮絃。飄逸的丰姿，渾然忘我的神態，彷彿正在和自然天籟互相融和呼應。書卷、古瓶、沙壺、古意斑駁的鼎彝，羅列四周，一個童子叉手侍立，另一童捧物而至；神情間好像怕影響到眼前那種流泉和琴音交相融和的境界，因而止步不前。稍遠的坡石下面，一燒火小童，正在燃鼎烹茶。

這畫雖然沒有年款，但無論從那流動的筆意，淡雅的彩色，乃至楊琴士頰下那縷隨風輕飄著的美髯，不僅顯示出是伯虎晚年手筆，也可以看出他點染在楊季靜容顏上的歲月。

對于請人畫像、題贊、題詩，楊季靜似乎有著特別的興趣。他最近一幅小像是嘉靖五

或曰楊子之像象耶文子曰象也又曰何以稱耶文子曰琴也又曰今禧爾瞻視後何知耶文子曰既象矣則知其爾琴則可以稱則後可知遂重之以贊贊曰雖不柱指鈞綜搏搠覘覘吾知立之清廟明堂必能欽廣劇之思發其高山流水必能有流峙之知阿堵方昭曷得而還諸

明嘉靖丙戌穐八月七日衡陽文伯仁製

文伯仁　畫琴士楊季靜小像引首

文伯仁　畫琴士楊季靜小像

年八月七日，由文徵明的從子文伯仁執筆的。引首猶虛而未題。像中的楊氏，置琴膝上，兩手輕揮，神情靜謐，歲月的刻痕，較之伯虎的「琴士圖」，尤為明顯。祝枝山、唐伯虎、都穆、黃省曾、皇甫汸、袁氏兄弟……這幅小像後面的書贊，幾乎包涵了所有的吳中俊彥。其中伯虎、都穆，逝於小像完成之前；五年八月畫像前後，祝枝山均在病中，所書之贊，何以並列卷中，使文徵明頗感費解。長子文彭、次子文嘉，也各有贊辭。最後，則是「皇甫四傑」中皇甫汸的題辭。汸七歲時已能作詩，在皇甫錄四個兒子中，是比較恃才傲物的一位，但，對楊季靜可謂推崇備至：

「皇甫汸曰：此予里楊子者也；楊子殆古之所謂逸民與？瞻其巾以為若而人，睹其衣以為若而人，是皆窺見楊子之形者也。而其翩翩然山林之氣，遺乎域外，有足稱焉，乃得楊子之心矣。噫！楊子殆古之所謂逸民哉。」（註九）

瀏覽過整卷的小像和贊辭，文徵明正不解由朋友傳遞來的長卷，用意到底何在？究竟是請他書引首，或寫像贊？而楊季靜卻親自登門拜訪，別有所求。

三月二十六日，春末天氣，帶著幾分初夏的炎熱。楊季靜談到其父雅素翁，有一個詩卷。將近二十年前，曾蒙徵明跋尾，至為珍寶。最近幾年，更承吳中士林好友雅愛，多賦詩歌為贈；說到這裡，季靜雙目微閉，以悅耳的抑揚音調，吟誦幾首他最為珍愛的名流題贈。最後話題一轉，以徵明多年宦游金臺，未蒙惠贈墨寶，未免美中不足。這時文徵明，因天氣漸暖，微恙已不藥而癒；又以世誼，情所難卻，於是以墨筆寫琴士依蕉石趺坐，琴聲琤琮，彷彿在應和著暮春江南的脈動。並以小楷為書晉嵇康叔夜的「琴賦」。

「…今間中，季靜復以此為言，併請書琴賦；余不能辭，輒此以焉。…」（註十）從跋中，不難看出文徵明作畫作書的同時，對季靜的到處索畫、索詩，求人揄揚，多少有些不以爲然。

文徵明既感于有些「隱士」、「逸民」，雖然自謂澹泊名利，只求知音，而心靈深處，卻依然不免津津於名流達官的品評和揄揚，他心中多少帶有幾分戚然和自我警惕。無論釋褐之前或致仕之後，他絕少進入公門，撫按高官的餽遺，概行婉辭，拒絕接見四夷貢使，原因也就在此。

自送楊季靜離開停雲館，文徵明想到長子文彭（壽承）和他的朋友王子美；兩人都善于吹簫。江南紫管配上象牙和耀眼的金飾，看來名貴而雅緻。王寵爲簫聲感動之餘，曾以「參差賦」爲贈：

「…亂曰：繁音促薄兮蕩人。罔象相求兮窮高深。神歸來兮勿周章。彷徨四出兮恐弗勝。聊逍遙兮澹容。與哀中則兮樂不淫。」（註十一）每當文徵明讀賦至此，不禁爲王寵婉轉、清新，彷佛一泓徐徐湧起的甘泉般的文辭所沉醉，而文彭在松間、月下所吹奏的簫聲，也幽遠清亮地浮現於耳際。

△　　△　　△　　△

嘉靖七年冬天，文徵明和王寵同寓治平寺，楞伽僧舍之中。

對王寵而言，這是艱苦落魄的一年。幾年來王氏家境，可謂每下愈況，很可能與不事生產的兩兄弟，多次往返兩京，參加鄉試、會試有關。

「富貴別離易，貧賤去住難，游子起蓐食，盡室慘不歡。……」（前已引錄）

「古人貴逃名，今人學干錄，豈無遐舉心，鞲鷹不充腹。夢寐在山林，苦迫臘與伏。飢來不待驅，燕趙莽馳逐，所悲骨肉離，不及雙黃鵠。……」—乙酉送家兄履約會試二首（其二）（註十二）

三年前送兄長王守會試的兩首七古，衣食迫人的家庭窘況，讀來令人酸鼻。窮苦生活，似乎並未因王守的入仕而改善。這一年又逢鄉試，剛剛入夏，王寵便爲籌措往返南都的旅費而苦思焦慮。結果央文彭作中，向袁氏季子袁褎（與之）借貸白銀五十兩。王寵和袁氏諸子，不僅同里而居，且不時詩酒唱和，交情極深，本有通財之誼。但既屬借貸，王寵也就按著成規，正式立下借據：

「立票人王履吉，央文壽承作中，借到袁與之白銀五十兩，按月起利二分，期至十二月一併納還，不至有負。恐後無憑，書此爲證。嘉靖七年四月日，立票人王履吉，作中人文壽承。」（註十三）接著，王寵和文彭依次畫了押。

如今時序已近臘月，袁氏雖然未必眞的如期以劵責償，而王寵的心境，文徵明卻不難想像。

事實上，由於袁王兩氏交情，袁褎並未求償；在人們心目中，王寵那手師法王獻之和虞世南的八行行書的價值，遠勝區區五十兩白銀和它的藩息。此劵後經好古之士珍重裝池成册，流傳於蘇州世家大族之間。歷經名家題詠贊賞，考據王寵生平和袁王兩氏往來唱酬的風雅韻事，已經成爲無價寶藏；這恐怕是王寵和文徵明父子始料所不及的吧？

以前每次鄉試歸來，文徵明總要大病一場。連平日好友，也少有往來；好像獨自一人，在惡夢中浮沉、掙扎。望著王寵清癯的面容，文徵明不僅知道他病過。知道他兩個多月來，所經歷的心理煎熬。連日落雪，已使窗前竹梢，沉重地彎曲著，給人一種不勝負荷的感覺。寺外峰嶺，也失去了往日的青翠。幾杯陳釀下肚，兩人都有了點暖意。文徵明眼前，更浮現了北方那種天寒地凍的景象；尤其嘉靖五年冬天，阻冰潞河，盡日看著那片白皚皚，單調得幾乎讓人絕望的河面，和深雪覆蓋的遠山。王寵則輕拈著頦下的短鬚，像在欣賞簷外的飛絮，又像在咀嚼過去一段長兄北上幽燕，好友宦游翰苑的孤獨歲月。終於，他從箱篋中，找出一卷久藏的佳紙，希望文徵明爲他寫下這種雪飛幾尺，千峰失翠，冷冽、迷離，而又神秘的世界。也許有一天，他會獨自騎著匹黑騾或白馬，遨遊於紆紆曲曲的山間小道，穿越寒林，踏過一片又一片像水晶似的冰面，消逝於那未可知的世界。可能由於體弱多病，自幼失去母親，缺少溫情和依賴，常使王寵生出類似的遐想。他在姨母朱碩人的墓志銘中寫：

「…吾母年三十有七而亡，吾時童髫未甚哀也。稍長始知悲慕，每自痛生平不知有母子之樂；見人母子慈戀，嫗煦相保持，未嘗不愴然心摧也。獨時時見碩人儀容聲咳，髣髴吾母之存；而今又已矣，吾痛曷有既耶！」（註十四）

文徵明也是童年喪母，靠姨母照顧，他曾在姨母祁氏墓志銘中，以無比哀痛的筆調寫：

「…嗚呼！先夫人之亡，於茲三十年餘矣，歲時升堂見碩人，猶見先夫人也，矧有恩

文徵明　關山積雪（局部）

焉，而今已矣，其何以爲情耶！」（註十五）

從此看來，文徵明和王寵的同棲同遊，除了情投意合，節操和志趣相同之外，他們少年時代失去母愛的孤獨心境，也很相似。

當王寵呵著凍手，爲文徵明整備筆墨的時候，徵明舒卷著一丈三尺餘的長卷，彷彿想從白紙中，看出山嶺綿亙，和橋樑、廟宇、村屋、墟市，乃至兩山夾峙的萬丈雄關。而他心中所浮現的、是他多年來從江南、燕京所見過的古代名家的雪景圖卷。如王維的「雪谿圖」、李成的「萬山飛雪圖」、李唐的「雪山樓閣圖」、郭忠恕的「雪霽江行」、趙松雪的「袁安臥雪」……尤其松雪翁的「袁安臥雪」，和此時此刻困坐愁城的王寵境況，倒頗有幾分類似；可惜沒有雪中出巡的洛陽令和那種薦賢起用的時代，薦舉這位窮困潦倒，體弱善病的王秀才。

在時而對紙冥想，時而抬頭望向窗外的近樹遠山，和隱約的殿角，文徵明腦中，已漸漸形成大體的結構。參考各家雪景的畫題命意，他想到「關山積雪」（註十六）四字，既不雷同古賢，又和眼前雪飛數尺，萬木僵仆的蕭瑟感覺，頗爲貼切；更重要的是「關山」二字，於蕭索、冷冽、幽隱之外，別有一種雄渾的境界。

文徵明開始以淡墨勾勒輪廓，陡峭的遠峰，隱僻的山村，環繞著勁松和寒花。椏杈的古木、冰雪中的行旅、凍結在山腳下的船隻和林立的桅杆，使文徵明不由得想到在潞河所挨過的隆冬歲暮，恐怕他一生都難以忘懷。

整個畫面佈局，繁複而細密，在文徵明離寺回城之前，仍只粗具骨架，他必須把它攜回玉磬山房，「十日畫一水，五日畫一石」地細加皴染和著色，希望能爲好友留下一個永恆的紀念。

註一、〔甫田集〕頁三〇九。
二、〔吳都文粹續集〕卷五二頁四二。
三、〔甫田集〕頁三〇九。
四、〔甫田集〕頁三一〇。
五、見〔文徵明與蘇州畫壇〕頁一四四條五。
六、〔甫田集〕頁三一〇。
七、〔大觀錄〕册四頁二四二七。
八、〔唐伯虎畫集〕頁一二二、〔吳門畫派〕頁一八八。
九、〔吳派畫九十年展〕頁一二七、二四九。
十、〔書畫鑑景〕册下頁一一七一「文待詔蕉石鳴琴書畫軸」。
十一、〔雅宜山人集〕頁三七九。
十二、〔雅宜山人集〕頁五三。
十三、〔湘管齋寓賞編〕卷四頁二二二，刊於〔美術叢書〕册一九，集四輯八。
十四、〔雅宜山人集〕頁四二八。
十五、〔甫田集〕頁七二〇。

十六、圖見〔中國文人畫粹編〕册四圖五六、〔吳門畫派〕頁一一〇。

第七十五章　拙政園

文徵明還鄉後的第二個除夕夜，停雲館中燈燭輝煌，糕果、椒盤紛紛羅列，兒孫們喧騰着玩昇官圖的聲音，愈發顯示出年的歡樂。頭戴紅色氈帽的文徵明，也充滿閒情逸緻地書寫春帖；並不像往年那樣獨自整理年來的詩稿，而任由它雜亂無序地散置著。子夜一過，他的生命就進入另一個里程，成了「花甲」老翁。孫兒孫女邊吃糕果，邊好奇地看著祖母整理塵封了的箱篋。當吳夫人翻出嘉靖皇帝舊賜繡袍和宮花時，不但孩子圍繞著問長問短，連文徵明也不禁落入回憶之中。

〔武宗實錄〕、〔獻皇帝實錄〕先後修成時，賜燕、賜襲衣、綵縷、銀幣、寶扇……幾乎不斷地接受尙方的賞賜。賜燕則在禮部，他跟一些英姿煥發的年輕翰林，同樣佩戴光燦無比的宮花，出自御府的脂酒，發出沁人的香氣，連他這樣不善飲酒的人，也渴欲一醉。

賜絲縷、襲衣等，多半在午門之內的金水橋畔。層層白玉欄杆所圍繞的太和門，放射出一片金色的光芒。身後的午門和龍鳳樓影，巍峨高聳，彷佛直逼天際。用五色文繡所結成的雙螭，披掛在肩臂上面。這時的他，眞有那種君臣一體的感覺，不但虔誠地爲青年天子，祝福祝壽，也願意竭忠盡智，像古昔的賢君良臣那樣。共同開創出民生樂利的清平世界。及至想到大禮之議，連輔政大臣都紛紛被逐、求去的景象，他卻不忍心再想下去了。

若在京裡，此刻已不是書春帖、嘗椒盤和飲年夜酒的時候；稍事休歇，就該吩咐僕夫備馬，冒著嚴寒和積雪，前往宮中朝賀。

「……浩蕩江湖容白髮，蹉跎舟楫待青春；只應免逐雞聲起，無復鳴珂候紫宸。」（前已引錄）——這是文徵明前年除夕，阻冰潞河時的一番感慨。

如今閒裡重看宮花與繡袍，空氣中浮動著御賜摺扇和簾外臘梅的香味，種種往事，再度在文徵明腦海中翻騰。只是，比起在潞河時那種歸心似箭的急景凋年，心中感受頗爲不同；他拈筆在詩箋上寫這一年最後的詩作：

「堂堂日月去如流，醉引青燈照白頭；未用飛騰傷暮景，儘教強健博窮愁。床頭次第開新曆，夢裡升沉說舊遊，莫笑綠衫今潦倒，殿中曾侍翠雲裘。」——除夕戊子二首（之一）（註一）

隨著午夜雞聲鳴起，遠近爆竹也此起彼落，文徵明在百感交集中，步入耳順之年。

不同時間，不同情境下所聽到的雞聲，可能會有不同的意義和象徵：

傳說入夜後，子夜前的雞啼聲，是年歲荒亂的朕兆，令人惶恐不安。

「風雨如晦，雞鳴不已」，雖然把雞喻爲亂世不改其常的君子，但予人心理上的感受，也愈加顯示出世亂年荒的淒慘與蕭索。

「雞聲茅店月，人跡板橋霜」，孤寂的意象中，也多少帶些「聞雞起舞」的惕勵奮發意味。而聽雞赴朝，既是一種權勢、榮耀的象徵，有時又帶有一絲「身不由己」的悲哀；這是文徵明所深深體會過的。

「坐睡覺來無一事，午雞深巷看蠶生」─唯有午日的雞聲，令人感到恬淡、溫馨和寧靜。

「會心何必在郊坰，近圃分明見遠情，流水短橋春草色，僅籬茆屋午雞聲。」（註二）這是文徵明在去年三月十日為致仕御史王獻臣（敬止）所作「槐雨園亭圖」上的題詩。

「槐雨亭」，是座落在蘇州婁門和齊門間的「拙政園」之一景。王獻臣自號「槐雨」；在竹澗、桃花和榆槐竹柏圜繞中的槐雨亭，則是王獻臣移床獨臥，納涼和聽雨的地方。

王獻臣原本吳人，寓籍燕京。弱冠時，便以錦衣衛舉宏治六年進士，授行人。未久之後，更擢為御史。王氏性情疏朗峻潔，博學能文，遇事極有擔當。孝宗臨朝時，只見王獻臣峨冠簪筆，立于殿柱之下，儼然有古代直臣的風度。巡按山西大同時，獻臣對怯懦喪師的邊將，多所疏劾。當大同、延綏旱災頻傳之際，王獻臣則極力主張減免租稅，以舒解邊地軍民的困境。此外，無論巡按遼陽，出使朝鮮，莫不顯示出他的幹練和正直；然而，也因此得罪了許多權貴。

大約宏治十二三年，先以東廠所舉發的令部卒導從游山，及擅委軍政官吏的罪嫌，把王獻臣逮下詔獄；廷杖之後，旋被謫為上杭丞。宏治十七年，再次貶為廣東驛丞。到正德改元之後，才遷為永嘉知縣，繼任高州通判。而他則由高州任內，告別了波瀾起伏的政壇，回歸本籍，築園自娛。

園名「拙政」，依照王獻臣自己的說法，源於晉代著名美男子潘岳（安仁）所謂：「此亦拙者之爲政也。」按，潘岳當時，一面交結權勢，黨同伐異，謀求高官厚祿，一面尋求築室種樹、灌園鬻蔬的生活情趣，以爲拙者之政。王獻臣雖然不以潘氏交結權勢謀求私弊爲然，但對灌園種蔬的「拙者之政」，頗爲共鳴。

由於他的直臣風範，吳下名士，如相遇京師的徐禎卿、居鄉的唐伯虎、張靈、文徵明、王寵等人，都與之唱和，也是名重江南的「拙政園」的常客。

「拙政園」落成的時間，比唐伯虎的「桃花塢」略晚數年，這位自稱爲桃花塢裡的桃花仙，曾爲王獻臣繪寫「西疇圖」，並繫七律一首：

「鐵冠仙吏隱城隅，西近平疇宅一區。准例公田多種秫，不教詩興敗催租。秋成爛煮長腰米，春作先驅丫髻奴。鼓腹年年歌帝力，不須祈穀幸操壺。」（註三）

其時，飽受摧殘、羞辱的唐伯虎，和王獻臣一樣地絕意仕途，灌園種樹，鼓腹高歌：「帝力於我何有哉」；所以，他的詩和畫，想必會引起王獻臣深深的共鳴。

王寵對王獻臣的景仰和敬重，比起徐禎卿、唐伯虎，似乎猶有過之。王寵不僅以四首五律（註四），揄揚王獻臣人品高潔，生性豁達，及所隱居的林園之美，更作「拙政園賦」一篇（註五）。序中，首述王獻臣爲官清正和獲罪的經過。繼言王氏連遭貶謫之後，早已無意仕途，及其灌園自娛，終老是鄉的旨趣：

「……乃築室闤闠之城，背廨市，面水竹，斬蕪糞莽，取勝自然。頗愛潘安仁閑居之篇，附于拙者之政，寵遂賦之以歌厥事焉。其詞曰：

『緊蹇蹇之王臣，秉靖恭於爾位。企遐風於往哲，干青雲而高議。際明時以自奮，謂諤諤其無忌。冠切雲而直指，惟一人之余媚。鏌琊利而鈆刀揮，毛嬙都而嫫母恚。信人情之翩翻，羌愛釁其奚自。睇天門之遙遙，臣得罪之遠去。狺犬吠而掉尾，虎磨牙而蹲踞。……』」

王寵生平，作賦篇數雖然有限，唯清新雋永，又饒有古意。「拙政園賦」，尤爲用意之作，王獻臣自然如獲至寶。

徵明掛冠之後，王獻臣過築室種樹的悠閒歲月，已經十五六年之久，樓臺亭館，蓮池假山以及各種珍玩佈置，規模早已大備。潦倒而歸的文徵明，如果說心中有甚麼願望和羨慕，則莫如王獻臣既自然又幽清美麗的林園了。他不但經常流連園景，吟詠、題額、書聯……簡直無可數計。在王獻臣的計畫中，冀望年歲彷彿的文徵明，能把園中諸景一一圖寫下來，各繫以詩，更爲「拙政園記」，以總其成。

園主所居宅院的戲臺前，文徵明舊曾植種紫藤一株。宦游歸來的文徵明，發現它早已紫玉紛垂、彩蝶飛舞，內心的喜悅，實在難以筆墨形容。歌詠描繪之餘，有時他會感到，那園幾乎成了他和王獻臣所共同開闢出來的世外桃源。

對於王獻臣的直臣風範，遇事的膽識幹練，屢忤權貴，及一再受制於東廠之類事蹟，無論蘇州才彥的賦詠、府志，乃至明史所載，大抵很少出入。但，其致仕後的整地治園，卻招致市井間的一些蜚語流言：

流言之一是，「拙政園」址，原爲大宏寺，王獻臣侵佔寺產，驅逐僧人，使這座建自元成宗大德年間的二百餘年古寺，不得不由北街迎春坊，遷往北園重建。

流言之二是，王獻臣趁遷寺移佛之際，盡剝佛身上的金裝，所以綽號爲「剝金王御史」。傳說王獻臣晚年全身患痒，令僕婢搔抓，猶嫌不快，不得已，乃以沸湯淋燙，以圖止痒。在極端痛苦中煎熬了一年多，潰爛見骨而死；人們認爲此乃剝取佛金的果報（註六）。

△　△　△　△

居鄉兩年的文徵明，感於當日師友，多已零落，一種孤獨和空虛的感覺，縈繞胸懷，揮之不去。因此，常常藉著他們所遺留的手澤，沉浸於往日的情境中。

嘉靖四年九月，文嘉以重酬索求到的祝枝山行草「古詩十九首」，文徵明便一直置于案上。讀枝山最愛吟誦、書寫的詩，欣賞勁拔灑脫的墨蹟，彷彿重新接近他的音容笑貌。

嘉靖七年初夏，文徵明之甥劉復孺前來玉磬山房，索書小楷，文徵明一時想不出適當的題材，便以烏絲欄紙，把祝書古詩十九首錄寫一遍。祝枝山送他北上幽燕，囑咐他時通訊問，以慰寤夢之思的詩句，遂浮現在他的心頭，不禁一陣黯然。

八年二月，他又在玉磬山房中，書寫起沈周的「落花詩」來，六幅寫沈周的原唱十首，另六幅寫自己的和詩，共成一冊。

賦落花詩那年，文徵明三十五歲，沈周已是七十八歲高齡。但他那敏捷而妙麗的詩思，卻無人可與比擬。首唱十首完成後，文徵明和徐禎卿，一面吟誦，一面嘆艷，於是兩人各和十首。沈周看了，喜從中來，連夜反和十首。仲秋鄉試，當文徵明把所錄各詩給南京太常卿呂㦂欣賞時，呂氏愈加贊賞不置，一時技癢，也和了十首；這也是沈周反和最後十首落花詩的由來。其年十月，潦倒場屋的徵明，心情稍事平靜後，以蠅頭小楷一口氣寫了四家詩六十首。不意唐伯虎竟自和了三十首，其餘和者更無計其數。當日蘇州文風之盛，撫今思昔，讓文徵明不能不搖頭嘆息石田師最後一首落花詩，調子低沉悽愴：

「盛時忽忽到衰時，一一芳枝變醜枝；感舊最聞前度客，愴亡休唱後庭詞。春如不謝春無度，天使長開天亦私。莫怪留連三十詠，老夫傷處少人知。」（註七）

「春如不謝春無度，天使長開天亦私」，數年來，蘇州才彥的紛紛凋謝，多像風雨摧殘下的落紅！

陳淳、陸治、家門子侄……文徵明檢點眼前的門生後輩，不知可能爲蘇州藝文，帶來另一個萬紫千紅的春天？

「莫怪留連三十詠，老夫傷處少人知」，文徵明愈來愈能體會到石田師心靈中的感傷。

嘉靖八年五月，文徵明一位頗富收藏的好友沈律（潤卿）將出仕河南。除了感情上的臨別依依，那些將攜以赴任的書畫珍藏，也使文徵明有種賞鑑無日的感覺；尤其他那鎮庫之寶，宋徽宗趙佶所畫的「王濟觀馬圖卷」。

除了徽宗觀馬圖所表現出來的筆墨精妙，人物、馬匹的神思性情，理路入微，天機自然之外，勝國名流的幾則題跋，也彌足珍貴。其中雲林倪瓚的跋語，更能發人深省。

這位賦性高潔的前代大師，把萬幾之暇，精研翰墨的唐太宗，和亡國之君的宋徽宗，作了一番比較；徽宗在書畫上的巧思和精妙，眞可謂千古所未有，但談到自強治世，就不能不令人撫卷三嘆；否則，以道君皇帝的聰明靈敏，何難媲美貞觀盛世！

然而，除了倪雲林發人深省的嘆息之外，文徵明更對前此一同觀賞過的許多知友，不能再聚一堂品評探討而悵然若失。宏治十三年五月，他和徐禎卿，曾經一同到沈潤卿家觀賞此圖；算來已整整三十年的歲月。三年後，他和徐禎卿、黃雲、朱凱、都穆、祝枝山、張靈、蔡羽同時往觀，幾人都曾在跋紙上留下墨跡和章印。而今展卷重觀，感覺有如一場春夢：

「追憶卷中諸君，若都太僕元敬，祝京兆希哲……時皆布衣，喜鑒別法書名畫；每有所得，必互相品評以為樂。及是諸君皆已仙去，惟余與九逵僅存，亦頹老翁，無復當時討論之興矣。……」（註八）

△ △ △ △

陳沂（魯南、石亭、小坡）所賦的「憶昔」七律，又引起文徵明許多回憶和感慨。

陳沂是一個才子型的詩人和書畫家，大徵明一歲。書學東坡，所以自號「小坡」；其蘇體字的成就，一般認爲比故禮部尙書吳寬，不相上下。詩則以唐人爲宗；他論詩的名言是：

「少陵七言，聲洪氣正，格高意美，非小家粧飾；但才大不拘，後學茫昧，特拾其麤耳。」（註九）此論，大大地矯正了當時學杜詩者的弊病，使江左風流，得以維持不墜。

「石亭與華玉、王欽佩並稱，讀其詩，恍乎臨蓬山而俯瞰閬州，深遠鬱然。」（仝前

註）從這則詩評，不難看到金陵三傑詩的秉賦和造詣。

陳沂學畫，比文徵明早十四五年；六、七歲時便搦管臨摹古畫。至於他繪畫眞正突飛猛進，卻是在翰林院，與文徵明相互研討以後的事。

正德十二年，舉進士後，陳氏曾教授內書堂，嘉靖四年春天，因他與守園官的關係，使文徵明於致仕東歸前，暢遊西苑；不僅遊苑詩作豐富，也是文徵明畢生難忘的盛事。文氏出京之後，陳沂雖然未因議禮、哭文華門事件而獲譴，但也無法見容於張璁和桂萼，所以外放爲江西參議。

當他行經宸濠廢宮時，只見荒草蔓延，宮牆頹坍，數株衰柳，在風中搖曳。遙想當日，建館招賢，恢復護衛，整備甲兵，不可一世的雄心霸圖，轉眼之間，煙消雲散。使這位金陵才子，感慨無限：

「章水故宮何處是，幾株衰柳亦從遮；金書葬地無劉濞，玉樹歌聲有麗華。秋日放鷹荒草陌，春風飛燕野人家；諸公臺省多休暇，每憶當時一歎嗟。」—宸濠廢宮（註十）

由於陳沂這首七律的引發，正德十四年秋天，往南京赴試途中，在金陵城內所感受到的戰爭壓力和惶恐，再次浮現在文徵明的腦際。想到當時堅拒寧王禮聘所招致的嘲諷，寧王事敗後，好友伯虎所受到的牽累，江南黎庶因正德南巡所遭遇的蹂躪……使文徵明不勝唏噓。

「紫殿東頭敞北扉，史臣都著上方衣，每懸玉佩聽雞入，曾戴宮花走馬歸。此日香鑪

達伏枕，空吟高閣靄餘輝，三年歸臥滄江上，猶記雙龍傍輦飛。」—憶昔四首次陳魯南（四首之二）（註十一）

陳沂這首詩，彷佛重新把文徵明喚回時光的彼岸：值殿東廊，嘉靖皇帝有時遣中官，封賜御筆親書的摺扇，輕輕揮動，淸風之中，流動著寶墨和扇股混合的香味。退朝時，行經寂靜的藥闌傍，生意盎然的花木，含著露珠的晶瑩與芬芳，使他禁不住低吟起來。偶而，聖駕臨幸翰苑，雉扇、玉斧、虎衛的隊伍，分列而行。文徵明形容那種至極華貴和雍容的氣象是：「紫氣氤氳浮象魏，彤光縹緲上罘罳」。

…………

此際他不但遠離帝鄉，更令人惆悵的是，當日環繞龍衮前面的翰林好友，早已星散，有的甚至音訊皆無。

歸臥滄江轉眼已經三年的文徵明，雖然自覺心如止水，可是，偶而因師友墨蹟，睹物思人，觸景傷情，有時接讀好友憶往的詩篇、翻檢向方舊日的賞賜，或好事者向他索書「西苑詩十首」，一時思緒紛亂，有如古井揚波。當他醉心拙政園中景物，題寫聯額，狀繪山石亭臺，吟詠菡萏垂柳的時候，則又渾然忘卻一切，恍惚間似是另一所禁宮西苑。

嘉靖八年，生活於寂寞和回憶中的文徵明，也有兩件令他眞正快慰和欣喜的事：

十六歲的少年周天球（公瑕），自太倉遷居蘇州，拜於文徵明門下學書。徵明一看少年的資質和筆法，當即大加贊許說：

「他日得吾筆者周生也。」（註十二）除將各種書體盡心教導之外，也教些花卉畫法，尤其寫蘭；冀望這位聰穎的弟子，能把書法與蘭法，冶於一爐。

另一件令文徵明喜不自勝的是，這年十一月，長子文彭又添麟兒，取名「元發」（子悱）。長孫肇祉，年已十歲，對書法方面，頗有興趣。如今人丁日益興旺，家學得傳，文徵明寂寞心靈，也多了一份新的寄托。

註一、〔吳越所見書畫錄〕卷三頁五四。

二、〔石渠寶笈〕頁一一二九「槐雨亭園圖」。

三、〔唐伯虎全集〕水牛版頁四五、漢聲版頁三八。

四、〔雅宜山人集〕頁一七八。

五、〔雅宜山人集〕頁三八二。

六、王獻臣生平見〔明史〕冊四頁一九二六「王獻臣列傳」、〔蘇州府志〕頁一九五五、〔拙政園志稿〕—蘇州市地方志編纂委員會辦公室及蘇州市園林管理局共同編印。

七、〔吳越所見書畫錄〕卷三頁二〇「明文徵明蠅頭小楷落花詩冊」。

八、〔美術叢書〕冊一九，四集第八輯〔湘管齋寓賞編〕卷五頁二九七。

九、〔明詩紀事〕冊四頁一〇一一、〔明詩綜〕卷三二頁一一二。

十、〔明詩紀事〕冊四頁一〇一二。

十一、〔甫田集〕頁三〇六。

十二、〔中國美術家人名大辭典〕頁四七五「周天球」條。

第七十六章　停雲館言別

嘉靖九年臘月，文徵明秉筆作好友錢元抑墓志銘時，算算自己歸隱的歲月，已經快要四個年頭；時間不長，但世事的變化，卻令人不堪回首。

錢元抑還鄉後，築塚壙、造棺木以待年壽之盡的舉動，文徵明不以爲然，也不以爲怪。他知道這位相交四十年的同窗契友，在京時頗受道學名流的影響，專注於治心養性，把死生的分際，看得很淡。

文徵明處世，一向謹言潔行，未嘗置身於有過之地，唯絕口不談道學。退隱林下的錢元抑，一面集諸生講論道學，一面想以多年來的思維，影響文氏；尤其不時勸諷：「文藝喪志」，希望他能放棄這些細枝末節的學術，歸心大道。文徵明則往往笑著迴避：

「人有能有不能，各從其志可也。」（註一）

這年三月三——上巳之日，袁氏六俊之長袁表，集聚一干蘇州好友，舉行修禊，同時也舉行「聞德齋」的落成大典。

袁表是由太學生，授西城兵馬司指揮，歷任南京中城和臨江通判。爲人耿介，像乃弟袁袠一樣，動輒與權貴相忤；任職南京時期，曾一度繫獄，索性盛年致仕，嘯歌山林。「聞德齋」，是乃翁袁鼒袁懷雪爲他致仕棲身而構築的，以地近蘇州城西的聞德橋而得名。

落成之日，嘉賓雲集，絃歌聲騰。

「聞德齋　徵明為邦正書」（註二），文徵明以隸書題〈聞德齋志〉的册首，並與次子文嘉各為「聞德齋圖」一幅，寫幽篁對坐、背山面水、攤書論古一類的閒散生活情趣。

袁表更親自寫了一篇「聞德齋志引」，對未來的隱居歲月，勾勒出充滿詩意的輪廓；賢良滿座，隨手抽閱四壁的圖書和畫卷；即使三冬之天，一面舉杯啜飲，一面自由自在地或坐或臥，讓心靈的佳釀，像泉水般湧現，把冬天的寒冷，化解於無形。籬落、游廊、秀挺的湖石、翠幕般的修篁，是焚香煮茗和驅暑消閒的所在：

「…焚香煮茗，聯句飛觴。或談碁而鼓琴，兼嘲謔而清狂，適一己之天真，揖千古之義皇。屏勢絕利，偷閒謝忙。陶然自以為足已矣，何復所長？」

文後，袁表親列齋友十五人的芳名：徵明、壽承、休承、德承；單是文氏父子叔侄，已居其四。他如蔡羽、錢元抑、王寵（雅宜）、楊季靜…無非人品高潔，才學豐富，風度優雅的蘇州賢哲。而當日的曲水流觴、絲竹管絃以及流連嘯詠之樂，比之蘭亭修禊，似乎並不多讓。

不幸，上巳修禊的次日，就由澧湖傳來錢元抑的噩耗，得年僅五十有九。

這年穀雨，徵明才以隸書題從子伯仁所畫「琴士楊季靜小像」的引首。楊季靜也在未久之後，便告廣陵散絕，聞者莫不為之唏噓。

鶺鴒情深，文徵明回到蘇州前後，正在盛大慶祝六十誕辰的方齋袁鼒，於九年五月二十三日，在孤獨寂寞中離開人世。

袁鼒青年失怙，爲了支持門戶，棄去儒服，以賈起家。富裕之後，雅好搜集圖書與古玩，慷慨急難，交結四方賢豪，深受士人稱述。他個性耿直，常常面折人過，不作洪涊態；「方齋子」之號，因此不脛而走。春天，當袁鼒殤症進入危險期的時候，身體素來羸弱的妻子韓氏，憂心如焚地服侍於榻畔，連著五日不食，因而病倒；於二月十七日，竟先袁鼒而逝。袁鼒生命晚期，所遭受到的肉體與精神雙重折磨，也就可想而知。

「…袁君神仙侶，築室擬鴟夷。素心眷佳卉，日夕歡追隨。於今六十年，游晏不知疲。分明太華峰，玉井同陸離。彷彿瑤池傍，桃花相蔽虧。……」（註三）

吟哦長子文彭於方齋六十壽辰時所賦的「白蓮涇」，文徵明想著袁氏伉儷賞花觀魚，形影不離的情景，更有一種人生如幻的感覺。

△　△　△　△

袁褧再一次把珍藏著的倪雲林「江南春」詩稿，及吳中賢哲和詩取出，請人和詩作圖，可稱蘇州的一件盛事，也愈發豐富了袁褧所編﹁江南春詞集﹂的內容。

「……春風顛，春雨急，清泪泓泓江水溼。落花辭枝悔何及，絲桐哀鳴亂朱碧。嗟胡為客去鄉邑，相如家徒四壁立。柳花入水化綠萍，江波搖蕩心怔營。」—江南春（註四）

倪雲林的「江南春」，載於其﹁清閟閣全集﹂之中，並附錄周履靖的和韻二闋。而袁褧所藏的原唱「江南春」兩闋手稿，係書寫于淡青箋上，款爲：「瓚錄上求元舉先生、元用文學、克用徵君正之。」（註五）是另外錄給好友王元舉兄弟和虞勝伯、虞克用求正的。早年，爲沈周好友許國用收藏，所以徐禎卿在日，曾題：「嬾公高唱，國用寶之。」

沈周晚歲，許國用乃相城「有竹居」的常客，於是攜倪雲林詩稿求和。「江南春」不但境界高妙，而且韻險；祝枝山、楊循吉、徐禎卿、蔡羽、文徵明、唐伯虎等，雖然紛紛賦和，但無不爲險韻所苦。唯有沈周，以八旬高齡，竟能一和再和，至於三和；這種情形，像其五年前詠「落花詩」一樣，靈思、才力，源源不絕。

倪氏詩稿與諸家和詩，何時易主，不得而知，袁袠倩文徵明爲「江南春」補圖，則爲嘉靖庚寅（九年）七月；「惟庚寅吾以降」，像他所用的閒章那樣，文徵明已經邁進了新的甲子。

圖中朱樓、粉牆、茅亭、拱橋……佈置有緻。桃花和杏花，在槿籬屋舍間，映射出一片春天的氣息。江中舟楫往來，點點遠帆，逐漸沒入天際。夕陽爲樹幹染上一層淺淺的赭色。江畔的歸樵、走馬長堤的遊春之士、掮著山花隨行的奚童，乃至坐語樹下的農夫漁父，更是栩栩如生。在疊疊青山的襯托下，彷佛可以聽到飛燕的呢喃和黃鸝鳥的鳴囀。

補圖之餘，文徵明反復吟誦卷內諸詩，感覺中，好像重新面對逝去的師友，使他的情緒，一時不能自已。到了八月，遂再和「江南春」一首。跋中，他感慨萬千地寫：

「徵明往歲，同諸公和江南春，咸苦韻險。而石田先生騁奇抉異，凡再和，其卒也，韻益窮而思益奇；時八十餘，而才情不衰，一時諸公為之斂手。今先生下世二十年，而徵明既老矣；因永之相示，展誦再三，拾其遺餘，亦兩和之。非敢爭能於先生，聊以致死生存歿之感爾！」（註六）

其後，袁袠也請仇英補繪一圖（註七）。仇英見文徵明江南春圖，設色佈局，純用唐賢的穠麗風格，所以力避窠臼，反而一改其常地採用淡設色，再以青綠朱粉略加點綴，表現出山明水秀，柳軟杏嬌的春天景象。翠閣紅摟之外，有童子擁帚掃花。尋芳客們，有的白馬青絲，奴僕擔榼，隨行陌上，有的以烏篷船載酒，飲於艙中；他所要顯示的是「隄外畫船隄上馬」的意境。畫後，追和的後起之秀，也就愈來愈多了。

△　△　△　△

嘉靖十年初夏，文徵明精雕細琢，費時五年，爲王寵所畫的「松壑飛泉」軸，終告完成。

雄偉的山勢，細密的皴法，飛瀑懸空，溪流湍急，頗具黃鶴山樵的筆意。松下高賢，有的臨流賦詩，有的相互對談。崖壁上面，一人獨坐，仰首觀瀑，奚童侍立于後，予人一種既瀟脫又渾穆的感覺。文氏自題：

「余留京師，每憶古松流水之間，神情渺然。丁亥歸老吳中，與履吉話之，遂為寫此。屢作屢輟，迄今辛卯，凡五易寒暑始就。五日一水，十日一石，不啻百倍矣？是豈區區能事，真不受促迫哉；於此有以見履吉之賞音也。四月十日徵明識。」（註八）

然而，他爲王寵所繪的賞音之作，尚有嘉靖七年冬在楞伽僧舍落墨的「關山積雪」，構思繁複，筆墨精密猶勝於「松壑飛泉」，轉眼已歷四載；唯不知何日可竟。

事過兩旬，王寵欲赴南京國子監就讀，前來停雲館向文徵明道別。

王寵從弱冠時，就補上了蘇州府學生員。每次督學來舉行歲考和科考，王寵都名列前茅。他的文名因此大噪。大江南北，不少學者追隨請益；受過他指點者，紛紛中高科，登顯宦，而他卻困頓依舊。

正德五年，王寵首次鄉試失利，到嘉靖七年，一共七次到金陵赴試，無不像文徵明、蔡羽和陳淳那樣，鎩羽而歸；這不能不說是命。但，他的聲望，卻也像前述幾位師友那樣，愈發見重於士林。

前一年春天，王寵以年資受州里舉薦，貢入京師，參加禮部考試；這次南京國子監之行，推測可能係由北京禮部所分發。北上幽燕，可以說是他生平的壯游。趁赴試的機會，瞭解朝廷的制度，像文徵明那樣飫遊西苑，賦詩誌勝。和四方薦紳、著名的文學之士交遊、議論，使王寵不但眼界大開，詩文也愈發奇肆深邃。

九年四月進京，六月下旬左右步上回程；王寵在北京前後只有兩個月的時間。赴北京之前，由於捨不得相處日久的門生和親知，曾賦「計偕別友生作」五古以明素志。也預訂下歸期：「夏首期來旋，東皐刈麩麥」（註九）

離京返鄉前夕，與宦游金臺的胞兄王守，又無限依依：

「……念與親愛辭，痛結迴中腸，奈何同巢鳥，不得雙翱翔。……」——出京獻家兄履約（註十）

他想像兄弟別離後的心境：

「……逝者日以遠，止者日以望，迢遞千里餘，河山兩茫茫。儻若諧素心，歲晚南山陽，歸當擁吾鋤，為樹杞與桑。」從此詩，不僅可以看出他的感情多麼豐富，也可以見出他赴京之前，就已立定決心，要歸耕田園。

這次京國之遊，使王寵思想起了很大的變化：

「夸士崇朝闕，靜者依山樊，榮寂各戰勝，流止非同源。夙懷蘊真趣，林臥探化元，薄游儲胥觀，假息旃檀園。……」—寓興隆精舍作（註十一）

被薦晉京，既然情非得已，則到京之後，無論祕省召試，或與縉紳交游，唱酬中都明顯地表示要回返江鄉，釣魚種樹的願望。在京期間，曾賦「古意」五古三首，他把古昔的遊俠兒，蒙受明主寵信叱咤不可一世的英雄、時運不濟的豪傑、皓首窮經著書立說的儒者，作過一番分析和比較—或者說經過種種內心的交戰，他對人生路途，既有了新的認識，也有了新的抉擇：

「…達人貴憑化，一蛇而一龍，碌碌不如玉，落落非石同。老氏得其真，善應入無窮，長嘯出鼎門，高步躡嵩口；儻遇王子喬，攜手入雲中。」—古意三首（其三）（註十二）

回到蘇州，當友人問他此行觀感，王寵長嘆一聲說：

「……且夫屈信者時也，利鈍者命也；夫儒者，握寸管，挾方牘，而揚聲名於億載。彼得志者，曳紱垂朱，高爵豐祿，以炫　一時，不知駒馳電滅，雲浮草腐，後世無稱焉；此其與蠖鷃何異哉！」（註十三）

於是，他預計在石湖旁邊，越來溪畔買田築室，準備臨流賦詩，讀經著書，以探求古代學者之堂奧，發明新意。對於新居一帶地勢的雄渾，景色的幽清，王寵眞是喜不自勝：

> 「萬壑千巖當我門，風流寧啻浣花村，浴鳧飛鷺停書舫，草服黃冠啜瓦盆。」—新築越溪莊薛與忠過訪喜賦三絕句三首（之二）（註十四）

旣然隱志已堅，且有新居之樂，王寵的此次前往南京太學，同時也準備參加第八度鄉試；在家庭環境，和親情壓力下，恐怕是有其不得已的苦衷吧！

穿著朱衣白裳的王寵，他的打扮和神情，很像嘉靖二年文氏進京之初所畫「滄浪濯足」扇（註十五）中的人物；也許文徵明畫時，就是有意無意地把王寵作爲描繪的對象吧。

在文徵明心目中，王寵的風儀舉止，永遠那麼特立不群。有關聲色勢利，以及世俗瑣碎之事，從未從他口內說出。如非歲時省視親長，連離家咫尺的蘇州城，都很少出入。現在爲了一點功名，他又要冒著盛暑，奔波於南京道上，使文徵明感到無限同情和憐惜。

經過一陣思索之後，文徵明從案上拾起長不及尺半的畫紙，開始點染起來：高聳入雲的古松、三數株枝枒虬結，同樣蒼老勁拔的槐樹與柏樹；也許是他們氣節和友誼的象徵吧。在螺青和淺絳的襯托下，坐在山石和古木旁邊土臺上，面容清秀，留著微鬚的朱衣人物，就成爲畫面的焦點；自然是他所依依不捨的忘年知交王寵。

接近畫幅右緣，並坐清話的白衣儒者，則是停雲館主人自身的寫照。他的神情蕭散，由於年齡和生活的清閒，頗有一點心廣體胖的意味。樹隙中，現出兩個童子的身影，好像在一旁正準備服侍。畫面恬淡而寧靜，清蔭之下，似乎只聞蟬聲陣陣，不覺溽暑逼人。「停雲館言別圖」，即情即景，這就是嘉靖辛卯五月十日，文徵明送給王寵的臨別贈禮。自題：

「春來日日雨兼風，雨過春歸綠更穠，白首已無朝市夢，蒼苔時有故人蹤。意中樂事尊前鳥，天際修眉郭外峰，可是別離能作惡，尚堪老眼送飛鴻。」（註十六）

△　△　△　△

北宋黃岡詩人潘大臨（邠老），一次覆函好友謝逸：

「秋來景物，件件是佳句，恨爲俗氣所蔽翳；昨日淸臥，聞攬林風雨聲，欣然起題其壁曰：『滿城風雨近重陽』，忽催租人至，遂敗興，止此一句奉寄。」（註十七）

潘大臨的靈思，雖然被催租人打斷，興敗無以爲續，但，故尚書吳寬在時，卻因重陽前的連日風雨，詩興大發，以大臨的「滿城風雨近重陽」首句，續成四首七律：

「滿城風雨近重陽，景物蕭然嬾下堂；門外催租教且去，籬邊送酒喚誰嘗。人期稔歲禾具偃，俗愛佳名菊未黃，無限悲秋莫能記，強將詩句續潘郎。」四首之一（註十八）

後來風靜雨止，斜曛入照，連日爲風雨所苦的鄰居和兒童，傳出一片歡聲，空氣間飄浮著炊煮新米的香味，欣然開甕暢飲之餘，又賦「雨止後復續邠老二首」（同前註）。吳寬學養豐富，性情酣厚而風趣，所詠又是潘大臨自己都無法銜接下去的名句，故一時紙貴，到處傳鈔。受敎於吳寬門下的文徵明，對禮部名篇，自能琅琅上口，印象深刻。燕居多雨，岑寂中，不僅追和吳氏續潘大臨詩四首，也同吳寬一樣，於重九雨止之後，再疊其韻，前後共和六首。

其中最後一首，最能表現文徵明居鄉日久的心境和感受：

「滿城風雨近重陽，一日雨晴秋滿堂；通籍曾叨供奉列，賜糕親拜御筵嘗。宮壺瀉露金莖碧，禁署含暉瑣闥黃；此日江湖回白首，龍鍾誰識紫微郎。」（註十九）

由於文徵明平易近人，向他索求詩册、書扇者日多，所以各種書蹟和著錄中，往往刊載著文氏所書的詩册，例如「落花詩」、「懷歸詩」、「西苑詩」等等，不勝枚舉。其「九月多雨追和匏菴先生續潘邠老詩四首」，也數見於著錄。

款署：「近作數首錄似　子籲提學評訂一笑　徵明」（同前註），下鈐「惟庚寅吾以降」、「悟言室印」及「徵明」三印的詩册，見於〔吳越所見書畫錄〕。册內，除了和續潘氏詩先後六首之外，另有「雪」、「餅梅」、「無錫道中遇雪夜泊」等七律、五古不下十餘首。「子籲提學」何人，一時無從考據，可能係奉派到蘇州府的提學。各詩情境和口吻，先後相應，推測當作於花甲前後。

另外兩本和續潘詩，一本刊於〔書畫鑑景〕卷六頁二三，題爲「文徵明重陽風雨圖卷」；一本載於〔石渠寶笈〕三編册四頁一九〇〇，題爲「明文徵明滿城風雨近重陽圖幷詩」。前者六詩與〔吳越所見書畫錄〕滿城風雨近重陽詩完全相同，後册六首中，僅二首相同，四首不同。或許文徵明所賦和韻不只六首。不過有趣的是，〔鑑景〕和〔寶笈〕兩册中的詩雖不同，尾款卻完全一樣：

「辛卯九月十三日，與次明過飲孔周有斐堂，書此請教，徵明具草。」

紀錄中的兩本書畫卷所鈐印章，也大同小異；「文徵明印」和「徵仲」，兩本均有，〔寶笈〕本則獨多「惟庚寅吾以降」閒章。

按：「孔周」，姓錢名同愛，是文徵明的兒女親家，文彭的岳丈。錢同愛性情豁達，放任不羈，和唐伯虎、徐禎卿最相投契。但是，他並未忽視性格拘謹，行止端方的文徵明；兩人感情，格外篤厚。

宏治十四年至正德十一年，六次鄉試失利，錢同愛遂自行退出庠序，居家讀書爲樂；從這點看，他和釋褐之前的文徵明，倒眞是同病相憐。

錢同愛的有斐堂中，經常高朋滿座，圖書、酒壺、棋局，點綴得又典雅，又熱鬧。歌舞聲、吟哦聲之外，也傳出一陣陣呼盧喝雉的聲音。

重陽過後，文徵明偕同好友到親翁家中雅集。酒後搦管作「滿城風雨近重陽圖」，錄其得意近作和續潘大臨詩，無論時間、情境，以及他們那種濃厚的友誼表現，都可爲後世千秋留下一種風雅的典範。然而，費解的是，同一天，同一個雅集中，卻出現兩本不同的「滿城風雨近重陽」的圖卷。更出人意表的，則是和文徵明聯袂造訪有斐堂的，竟然是太學生吳爟吳次明。

嘉靖二年春天，文徵明、蔡羽入貢北上前，吳爟曾與王寵等餞別於湯珍的雙梧堂，並倩寫眞家圖影留念。當年九月十五日，吳爟便遠離人寰。嘉靖十年九月十三日；距吳爟逝世七年忌辰僅只兩日，文、吳兩位當日好友，竟又同時出現在有斐堂上；不但詭異，恐怕也僅能形之於夢寐中吧！

註一、〔甫田集〕頁七五五「鴻臚寺寺丞致仕錢君墓誌銘」。
二、〔美術叢書〕冊一一，三集第二輯〔我川寓賞篇〕頁一六一「袁氏聞德齋書畫冊」。
三、〔吳越所見書畫錄〕卷四頁四七「明吳中諸賢贈袁方齋書畫冊」。
四、〔清閟閣全集〕頁一四九，倪瓚撰，中央圖書館版。
五、〔過雲樓書畫記〕頁二九一「文衡山補圖雲林江南春卷」。
六、〔虛齋名畫錄〕卷三頁七；本文轉錄自〔文徵明與蘇州畫壇〕頁一五一。
七、〔過雲樓書畫記〕頁三〇八「仇十洲江南春卷」
八、〔文人畫粹編〕冊四頁八一。
九、〔雅宜山人集〕頁八二。
十、〔雅宜山人集〕頁九四。
十一、〔雅宜山人集〕頁八四。
十二、〔雅宜山人集〕頁九〇。
十三、〔雅宜山人集〕頁一，袁袠撰「雅宜山人集序」。
十四、〔雅宜山人集〕頁三三六。
十五、〔吳門畫派〕頁一一七。
十六、〔文人畫粹編〕冊四頁五五、〔吳門畫派〕頁九九。
十七、〔文學家大辭典〕頁六二四條二一六五「潘大臨」。

十八、〔匏翁家藏集〕卷二二頁一三四。

十九、〔吳越所見書畫錄〕卷四頁二四「文衡翁詩册」。

國家圖書館出版品預行編目資料

明四家傳 / 王家誠著. -- 初版. -- 臺北市 :
故宮, 民88
冊 ; 公分. -- (故宮文物月刊叢書 ; 3)
ISBN 957-562-345-2(一套 : 平裝)

1. 畫家 - 中國 - 明(1368-1644)

940.987 88003684

中華民國八十八年四月初版一刷
中華民國新聞局登記證局版臺業字第二六二一號

故宮文物月刊叢書③
明四家傳（三）

發行人：秦孝儀
編輯者：國立故宮博物院編輯委員會
著者：王家誠
出版者：國立故宮博物院
中華民國台北市士林區外雙溪
電話：(〇二)二八八一二〇二一
劃撥帳戶：〇〇一二八七四—一號
印刷者：文盛企業有限公司
台北市廈門街三十四巷十九號
電話：(〇二)二三〇一七九八〇

GPN:020019880037